सिनेमा की सोच

सिनेमा की सोच

अजय ब्रह्मात्मज

वाणी प्रकाशन

वाणी प्रकाशन

4695, 21-ए, दरियागंज, नयी दिल्ली 110 002

शाखा

अशोक राजपथ, पटना 800 004

फ़ोन: +91 11 23273167 फ़ैक्स: +91 11 23275710

www.vaniprakashan.in
vaniprakashan@gmail.com

CINEMA KEE SOCH
by Ajay Brahmatmaj

ISBN : 81-8143-549-4

Cinema

संस्करण 2006
आवृत्ति 2013

मूल्य : ₹ 395

न्यू कृष्णा ऑफ़सेट, दिल्ली-110 093 में मुद्रित

वाणी प्रकाशन का लोगो मक़बूल फ़िदा हुसेन की कूची से

अनुक्रम

मीडिया किसी को बना या बिगाड़ नहीं सकता : रवीना टंडन

अभी रिलीज पर है 'ऑफिसर', 'अक्स', 'दमन' और 'एक हिंदुस्तानी'। कमल जी की दो भाषाओं में बन रही फिल्म शुरू कर रही हूँ। अक्षय आफताब के साथ गौरांग दोशी की फिल्म है। कल्पना जी की नई फिल्म जामू सुगंध के साथ कर रही हूँ। यह थ्रिलर फिल्म है। तनूजा चंद्रा की एक फिल्म कर रही हूँ। वह मानवीय भावनाओं की कहानी है। हरमेश मल्होत्रा की फिल्म गोविंदा के साथ कर रही हूँ। इनमें से कुछ फ्लोर पर हैं, कुछ की शूटिंग जल्दी ही शुरू होगी। रामोजी राव स्टूडियो की भी एक फिल्म है। उसके निर्देशक श्रीनिवासन राव हैं। उन्होंने पुष्पक बनाई थी। यह भी दो भाषाओं मे बन रही है। सोनी की एक फिल्म ई. निवास के निर्देशन में उसमें फरदीन है। रामगोपाल वर्मा की भी एक फिल्म कर रही हूँ।

इतनी सारी फिल्में कर रही हैं आप लेकिन कहीं कोई चर्चा सुनाई नहीं पड़ती?

मैं चाहती हूँ कि मेरा काम बोले मैं ज्यादा बातें नहीं करती। मैंने कोई पीआरओ नहीं रखा है, जो अखबारों के दफ्तर में जाकर मेरी तस्वीरें छपवाए। न्यूज में नहीं रहना चाहती। ये तो चलता रहता है। फिल्म रिलीज पर होती है तो मीडिया में चर्चा होने लगती है। फिल्म नहीं आ रही होती है तो छपना बंद हो जाता है। मैं इससे परेशान नहीं होती। मैं हमेशा चाहती हूँ आपसे अधिक आपका काम बोले। मैंने देखा है कई लड़कियाँ बड़ी-बड़ी बातें करती हैं, लेकिन उनका काम उनकी बातों को सपोर्ट नहीं करता।

लेकिन मीडिया में बने रहना भी तो जरूरी है?

अच्छी बात है कि मीडिया ने हमेशा मेरा साथ दिया। मेरी फिल्म रिलीज हो रही हो या नहीं हो रही हो वे मुझे कवर पे डाल ही देते हैं। मैं ये मानती हूँ कि मीडिया किसी को बना या बिगाड़ नहीं सकता। जिसकी किस्मत में जो है, वह कोई

छीन नहीं सकता।

फिल्मों में आने के बाद से ऐसा वक्त कब आया जब आप कैरिअर को लेकर गंभीर हुईं?

आज मैं जो भी हूँ वह अपने काम की वजह से हूँ। एक वक्त था, 1994 के अंत तक और 95 के शुरू के महीनों में मैं रिटायरमेंट की बात सोच रही थी। उस समय मैं फिल्में छोड़ रही थी। उस समय कुछ बेहद निजी बातें हुईं। मैं फिर से फिल्मों में लौटी। अपने काम के वजह से ही मुझे फिर से फिल्में मिलने लगीं। मैंने तय किया कि अभी और कुछ नहीं सोचना है केवल फिल्में करनी हैं और अपने कैरिअर पर ध्यान देना है। अब मैं अपने काम से जी नहीं चुराऊँगी।

क्या इस दूसरी बार आने को आपके कैरिअर का टर्निंग पाइंट माना जा सकता है?

पहले दौर की फिल्मों से मुझे नाम, प्रसिद्धि और पैसे मिले। दूसरी शुरुआत के समय मैंने कोशिश की कि हर फिल्म पर विशेष ध्यान दूँगी और कुछ अलग करूँगी। मैंने 'दस' फिल्म की। उसमें टेररिस्ट बनी थीं। उसी के साथ मैंने 'जिद्दी' भी की थी। वह कमर्शियल मसाला फिल्म थी। एक तरफ 'शूल' कर रही थी तो दूसरी तरफ 'दूल्हे राजा' भी कर रही थी। अगर 'बड़े मियाँ छोटे मियाँ' की तो 'दमन' भी करती रही। मैंने दोनों में संतुलन रखा। फिल्म, रोल और करेक्टर में एक्सपेरिमेंट से नहीं घबराई। अगर कुंदन शाह के साथ कॉमेडी 'कसम से' कर रही हूँ तो दूसरी तरफ कमल हसन की थ्रिलर फिल्म भी कर रही हूँ। राकेश मेहरा की 'अक्स' कर रही हूँ तो हरमेश मल्होत्रा की कॉमेडी फिल्म भी कर रही हूँ। अब मैं वैसा ही काम करती हूँ जो मुझे उत्साहित करता है।

आपकी उम्र की सारी अभिनेत्रियाँ अब प्रयोग कर रही हैं?

तब्बू, मैं और करिश्मा अपने कैरिअर के ऐसे फेज में हैं, जब हम एक्सपेरिमेंट कर सकते हैं। रानी मुखर्जी, प्रीति जिंटा और करीना कपूर जैसा काम कर रही हैं, वह सब हम लोग कर चुके हैं। हम लोगों को अब इमेज की चिंता नहीं है। अब हम वही काम करना चाहते हैं, जिसमें चैलेंज हो। मैं तो सामान्य काम से बोर हो चुकी हूँ। दो क्लिप लगाया, दो पोनीटेल बनाया और गाना गा कर चले आए। मैं अपने काम में वैराइटी रखना चाहती हूँ। मुझे पुराने या आरंभिक काम से कोई शर्म नहीं होती। मेरा जो भी नाम, काम या दावा है, वह उसी सौंग और डांस से मिला है।

किस तरह की बातें आपको रोज-रोज काम के लिए प्रेरित करती हैं?

मैं डिफरेंट काम करना चाहती हूँ। डिफरेंट लुक, डिफरेंट गेटअप, डिफरेंट कैरेक्टर, डिफरेंट एटिट्यूड आदि बातें प्रेरित करती हैं और उत्साह बनाए रखती हैं। अगर 'शूल' में मैं मिडिल क्लास हाउस वाइफ हूँ तो 'अक्स' में काला जादू करती क्लब डांसर हूँ। इस तरह का डिफरेंस मुझे आकर्षित करता है।

निभाए हुए किरदार कब तक आपके साथ रहते हैं?

मैं कटऑफ हो जाती हूँ। जहाँ छह बजते हैं या शिफ्ट खत्म होती है, मैं अपने-आप में आ जाती हूँ। तब मैं उस कैरेक्टर के साथ नहीं रहती। मुझे तो लगता है कि हम जो भी कैरेक्टर पर्दे पर निभाते हैं, वह थोड़ा-बहुत हमारे अंदर पहले से होता है। वही उस समय उभरकर निकलता है।

बिहार में आपने 'शूल' की शूटिंग की। कैसा अनुभव रहा?

हम लोग बेतिया में शूटिंग कर रहे थे। पहले सभी ने हम लोगों को डरा रखा था कि बेतिया में किडनैपिंग होती है। मेरे लिए उन्होंने विशेष सुरक्षा इंतजाम किया था। एक गाड़ी आगे, एक गाड़ी पीछे और दो-दो मोटरसाइकिल अगल-बगल में चलते थे। लगभग बीस सिपाही मेरे साथ रहते थे। स्टेशन पर जब हम लोग शूटिंग कर रहे थे तो लगभग 60-70 हजार लोग हमें देखने आए थे। 'शूल' में मैंने हमेशा सूती साड़ी पहनी है। जब मैं वहाँ उतर रही थी तो मुझे इंदिरा गांधी जैसा लग रहा था। मैं अपनी गाड़ी में से हाथ जोड़ती थी और पूरी पब्लिक चिल्लाना शुरू कर देती थी। बहुत अच्छा अनुभव रहा। मुंबई में लोगों को आदत हो गई है स्टार को देखने की। जब हम लोग ऐसे इलाकों में जाते हैं, तब हमें पता चलता है कि लोग हमें कितना प्यार और आदर देते हैं। दिल खुश हो जाता है यह सब देखकर। मैं वहाँ किसी तरह के तनाव में नहीं थी। मैं यह मान कर चलती हूँ कि जिस दिन जो होना होगा वह हो जाएगा। आप ही बताएँ डर के जीना भी कोई जीना है क्या? लेकिन इसका मतलब यह नहीं है कि आप चलती हुई ट्रेन के सामने खड़े हो जाएँ और कहें कि मैं डरता नहीं। यह तो सरासर बेवकूफी होगी। अगर हमने किसी का नुकसान नहीं किया है तो कोई हमारा नुकसान क्यों करेगा? दूसरे वहाँ पर प्यार इतना ज्यादा था कि जब मैं शूटिंग के लिए आती थी तो आँचल से सिर ढँकी महिलाएँ मेरे पैर छूने लगती थीं। वे लड्डू खिलाती थीं। कहती थीं कि आप साक्षात बेतिया में आ गईं हमारे धन्य भाग्य हैं। ऐसी बातों से आप झूम जाते हैं। लगता है कि लोग कितना प्यार करते हैं?

'दमन' का अनुभव बताएँ?

'दमन' में हम लोग एक खतरनाक इलाके में घुस गए थे, जहाँ उल्फा के लोग एक्टिव हैं। हिंदुस्तान में ऐसी बात हो गई है कि हम अपने ही देश में शूटिंग नहीं कर पाते। हर जगह कोई-न-कोई समस्या है। आप दार्जिलिंग जाओ, असम जाओ, कश्मीर जाओ, नॉर्थ जाओ, हर जगह तो प्रॉब्लम है। यह दुख की बात है। शायद इसी कारण हमारे फिल्ममेकर मजबूरी में स्विटजरलैंड वगैरह जाते हैं। यह फिल्म विवाह से संबंधित है। इसमें चल रहे एब्यूज और मैरीटल रेप की बातें हैं। यह नारी स्वतंत्रता की फिल्म नहीं है। नारी स्वतंत्रता का मतलब यह नहीं है कि आप अपनी संस्कृति छोड़ दें। आप बड़ों की इज्जत करना बंद कर दें। मैं तो मानती हूँ कि हमारे यहाँ

औरतों की ज्यादा इज्जत होती है। आप पुराने ग्रंथों में पढ़ लें। हमारे यहाँ देवियों की पूजा होती है। कुछ इलाकों में अशिक्षा है। वहाँ धर्म और परंपरा के नाम पर महिलाओं को अधिकार नहीं दिए गए हैं। यह फिल्म उन्हीं की बात करती है। कई महिलाएँ अपने अधिकारों के बारे में भी नहीं जानती हैं।

कल्पना लाजमी के साथ कैसा अनुभव रहा?

उनकी 'दरम्यान' देखकर मेरे रोंगटे खड़े हो गए थे। उस फिल्म को देखने के एक सप्ताह के बाद कल्पना लाजमी से मेरी मुलाकात हुई। मैंने उनसे कहा कि अगली बार कोई ऐसी फिल्म बनाएँ तो मुझे अवश्य मौका दें। कुछ दिनों के बाद उनका फोन आया कि रवीना एक कहानी सुनोगी? मैंने कहा, 'मैडम मैं आप पर विश्वास करती हूँ। मुझे कहानी सुनने की जरूरत नहीं है।' उनके साथ काम करने में मजा आया।

प्रायः ऐसी फिल्में करने के बाद स्टार निर्देशकों के खिलाफ बोलने लगते हैं। मुख्य मुद्दा पैसों का होता है। उन्हें लगता है कि उन्हें उचित पैसे नहीं दिए गए।

मुझे दूसरों की बात नहीं मालूम, मगर मैं इतनी समझदार हो गई हूँ कि इस तरह की बात नहीं कर सकती। ये सब छिछोरी बातें हैं। मैंने नाम और पैसा दोनों देखा है। ऐसा नहीं है कि यह अभी देखा है। अपने पिता के समय से ही यह सब देखती आ रही हूँ। मैं अधिक महत्त्वाकांक्षी नहीं हूँ। मैं अधिक लालची भी नहीं हूँ। सुविधा की तमाम चीजें मेरे पास हैं। पैसों की बात तो आती ही नहीं। यों मैंने सिर्फ पैसों के लिए भी काम किए हैं। पैसा महत्त्वपूर्ण है, क्योंकि हम यहाँ चैरिटी करने नहीं आए हैं। कल्पना लाजमी की फिल्म के साथ ऐसी बात नहीं हो सकती। उनकी फिल्म में मुझे जो कलात्मक खुशी मिली है, वह किसी तरह से नहीं भरी जा सकती है। मैं दोस्तों के लिए भी काम करती हूँ। अशोक होंडा की फिल्म 'रक्षक' काफी लंबे समय से पड़ी हुई थी। उस फिल्म के लिए अशोक होंडा और सुनील शेट्टी ने मुझसे कहा था कि एक गाना कर दो। वह गाना 'शहर की लड़की' था। मैंने उस फिल्म में काम किया। संयोग से वह फिल्म हिट हो गई। एक महीने के बाद अशोक होंडा मेरे घर आए। वह चेक और अगली फिल्म का प्रोपोजल लेकर आए थे। मैंने उनसे कहा कि मैंने आपकी साफ दिल से मदद की है। इसमें पैसे की बात कहाँ से आ गई? इस फिल्म ने मुझे वह सब दे दिया है, जो आपके पैसों से नहीं मिल सकता था। जरूरी नहीं है कि आप अगली फिल्म में मुझे लें। उन्होंने अगली फिल्म सुनील शेट्टी और रंभा के साथ बनाई। उस गाने के बाद मैंने कई फिल्में साइन कीं। मैं आज भी लोगों की अच्छाइयों में विश्वास करती हूँ। जब मैं अच्छी हूँ तो लोग भी मेरे साथ अच्छे रहते हैं।

यह तो किसी बुजुर्ग की बात लगती है। फिल्म कैरिअर आरंभ करने के समय पापा

ने आपको क्या सलाह दी थी?

फिल्मों में आने के पहले मैं बहुत कुछ करना चाहती थी। पापा ने कहा कि हर फील्ड में अच्छे और बुरे लोग होते हैं। यह तुम पर निर्भर करता है कि तुम्हारे साथ लोग कैसा व्यवहार करें। तुम सुंदर लड़की हो, जिस दिन घर से बाहर कदम रखोगी उस दिन दस लोग उँगलियाँ उठाएँगे। उन्होंने यह नहीं कहा कि इंडस्ट्री के लोग बुरे या गंदे होते हैं। मैंने जब एक्टिंग में जाने की बात कही तो उन्होंने पूरा सपोर्ट किया। उन्होंने इतना ही कहा कि इस प्रोफेशन में दबाव और तुमसे बँधी उम्मीदें किसी और प्रोफेशन से ज्यादा हैं। यहाँ सब कुछ सार्वजनिक हो जाता है। अगर आप किसी ऑफिस में काम करते हैं और आपका बॉस आपको निकालता है तो उसके बारे में कोई नहीं जान पाता। लेकिन यहाँ अगर कोई फिल्म फ्लॉप होती है तो वह पब्लिक बहस का हिस्सा बन जाती है। चूँकि तुम अधिक संवेदनशील हो और हमेशा सुरक्षित माहौल में रही हो, क्या तुम ये दबाव झेल पाओगी? मेरा मानना है कि फिल्म इंडस्ट्री में दूसरी जगहों से अधिक बेहतर लोग हैं। यहाँ कुछ भी छिपा नहीं रहता। सब कुछ जाहिर हो जाता है। मैं इतने सालों से यहाँ हूँ अभी तक कोई बुरी घटना मेरे साथ नहीं हुई।

इस लंबे कैरिअर में अफसोस जैसी कोई बात है?

नहीं, मैं किसी भी अफसोस को सीने से लगाकर नहीं बैठती। क्योंकि मैं भाग्य में विश्वास करती हूँ। भाग्य में जो लिखा है वह होना ही है। मैं यही सोचती हूँ कि चलो यही हुआ, इससे बदतर भी कुछ हो सकता था। अच्छा हुआ सस्ते में छूट गए। जिंदगी के प्रति सकारात्मक दृष्टिकोण रखती हूँ। मैं कभी अफसोस नहीं करती। सोचती हूँ कि लाइफ में जब जो मोड़ आया, वह सही था।

क्या कभी प्रोडक्शन या डायरेक्शन में आने का इरादा है?

हमारी एक होम प्रोडक्शन कंपनी है। मेरा भाई उसे चलाता है। मेरी भाभी भी उसमें शामिल है। पिता भी मार्ग दर्शन करते हैं। इंडस्ट्री मेरे लिए बहुत अच्छी है। यहाँ मुझे दूसरा मौका मिला। कहते हैं यहाँ कोई किसी का दोस्त नहीं है। मैं इस बात को नहीं मानती हूँ। अगर आप किसी को प्यार और मोहब्बत देंगे तो वह भी आपको प्यार और मोहब्बत देगा। जब आप सफलता की सीढ़ियाँ चढ़ रहे हों तो उन लोगों को कतई ना भूलें जिन्होंने उस सीढ़ी को थाम रखा है। अगर ऊपर चढ़ते समय उन लोगों को लात मारते जाएँगे तो वे ही लोग आपके नीचे उतरने का इंतजार करेंगे और आपको लात मारेंगे। अगर आप उनसे बतियाते और हाथ मिलाते रहेंगे तो नीचे उतरने पर भी वे आपकी मदद करेंगे। जब मैंने दूसरी बार फिल्मों में आने का फैसला किया तो मेरे सारे दोस्तों ने मेरी मदद की। सभी को-स्टार के साथ मेरी अच्छी दोस्ती हैं। उनकी बीवियाँ भी मेरी दोस्त है। उन्हें मुझसे कोई

खतरा नहीं लगता। सुनील शेट्टी, गोविंदा और संजय कपूर मेरे अच्छे दोस्त हैं।

किन निर्देशकों के साथ काम करने में अधिक मजा आया?

जेपी दत्ता, राजकुमार संतोषी, राजीव राय के साथ मुझे अधिक मजा आया। ई. निवास के साथ भी मजा आया। दरअसल सभी निर्देशकों के साथ मेरे संबंध अच्छे रहे हैं। सबकी अपनी अलग शैली है।

दैनिक जागरण : 27 सितंबर, 2000

चर्चा में न रहना ही ठीक है : सईद मिर्जा

सईद मिर्जा पिछले तीन दशकों से सक्रिय हैं। फिल्म और धारावाहिकों के निर्माण-निर्देशन में उनकी अलग छाप और पहचान है। आठवें दशक के आरंभ में उन्होंने अपनी फिल्मों से शहरी मानस को समझने की कोशिश की। तब का गुस्सा, प्रतिकार, विरोध और लड़ने की इच्छा 'अरविंद देसाई की अजीब दास्तान', 'अल्बर्ट पिंटो को गुस्सा क्यों आता है?' और 'मोहन जोशी हाजिर हो' में दिखी। उनकी फिल्में राष्ट्रीय और अंतर्राष्ट्रीय मंचों से पुरस्कृत हुईं। टी. बी. धारावाहिकों का दौर आया तो उन्होंने कुंदन शाह और अजीज मिर्जा के साथ मिलकर 'नुक्कड़', 'मनोरंजन', इंतजार', 'उम्मीद' और 'सर्कस' जैसे धारावाहिकों का निर्माण किया।

फिर एक लंबी खामोशी-सी रही। देश के राजनीतिक मंच पर अयोध्या कांड के प्रदर्शन के बाद उन्होंने 'नसीम' फिल्म बनाई। इस फिल्म में सांप्रदायिकता की फैलती भावना के बीच मुसलमान नागरिकों की घबराहट, बेचैनी और उत्कंठा का चित्रण था। सईद मिर्जा, यथार्थ का सीधा साक्षात्कार करते हैं। हिंदी के समानांतर फिल्मकारों में प्रगतिशील राजनीतिक विचारों से संपन्न सईद मिर्जा ने हमेशा ज्वलंत प्रश्नों और समस्याओं को खास नजर से देखा। 'नसीम' के बाद वे डाक्यूमेंट्री फिल्मों के निर्माण में जुटे। लंबे अरसे के बाद वे फिर से एक धारावाहिक लेकर आ रहे हैं 'राजा का बाजा'। इस बातचीत में 'राजा का बाजा' से अधिक सईद मिर्जा और उनकी पीढ़ी की दुविधाओं को समझने की कोशिश है। यह संक्षिप्त बातचीत राष्ट्रीय मुद्दों पर संकेत करती है और प्रचलित वृत्तियों को रेखांकित करती है।

ऐसा क्या हुआ कि टी.वी. धारावाहिकों के मार्गदर्शक अब अगली कतार में नहीं हैं?

उसके कई कारण हो सकते हैं। एक वजह यह हो सकती है कि वे कम काम

कर रहे या फिर नहीं कर रहे हैं। और फिर अगली कतार या चर्चा में रहना क्या है? यह तो मैंने देख लिया। मेरे हिसाब से चर्चा में रहना खतरनाक चीज है। अपने आपको महसूस करना कि मैं 'मूवर्स एंड शेकर्स' हूँ। मुझे घबराहट होती है। मैं मूवर्स और शेकर्स नहीं हूँ और न मैं भाँड हूँ। मैं फिल्मकार हूँ, जो यथासंभव ईमानदारी से अपनी बात रखने की कोशिश करता है। पाँच महीने के भारत दर्शन के दौरान मैंने अपनी औकात समझ ली है कि मैं कुछ नहीं हूँ। आम लोग इस देश के हीरो हैं। वे विलक्षण हैं। हम मीडिया के लोगों ने देश के साथ काफी दगा किया है। गद्दारी भी की। जरूरत है खुद को छोटा रखने की।

इसका मतलब कि आप जो सोच और कर रहे थे, उसमें कहीं कुछ गलत हो गया या ठीक से नहीं कर पाए?

नहीं, ये नहीं है। ये खयाल तो बिल्कुल दिमाग में नहीं आता। सिर्फ यह है कि आपका चेहरा नजर आता है टी.वी. स्क्रीन पर, अखबारों में या पत्रिकाओं में और आपकी राय पूछी जाती है कारगिल के बारे में। आप खुद को अचानक बहुत महत्त्वपूर्ण समझने लगते हैं। महत्त्वपूर्ण वे हैं जो मर गए वहाँ। अब उसे भी लोगों ने मंडी बना दिया है। आप देखिएगा कि एक महीने के बाद कुछ नहीं होगा। सब कुछ खत्म हो जाएगा। उसके बाद एक और तमाशा शुरू हो जाएगा। यह तो मैंने देख लिया। चर्चा में रहने के लिए न तो फुटबाल मैच खेलूँगा, न क्रिकेट, चुपचाप अपना काम करो और शहीद हो जाओ। जो लोग शहादत का जश्न मना रहे हैं, उनसे पूछिए कि वे देशभक्त कैसे बने? उनका इतिहास क्या है? क्या किया है उन लोगों ने जिसकी वजह से उन्हें शोहरत मिली। उनका ट्रैक रिकॉर्ड देखिए। ट्रैक रिकॉर्ड क्या है? उनसे पूछिए कि वे देशभक्त कैसे बने? कितने करोड़ हैं आपके स्विस बैंक एकाउंट में और आप जश्न मना रहे हैं कारगिल के शहीदों का। डर लगता है। मुझे साधारण कहानियाँ कहनी है। आम लोगों तक पहुँचना है। उनसे थोड़ी बातचीत करें। थोड़ा हँसें, थोड़ा गाएँ। थोड़ा-बहुत रो लें। थोड़ा-बहुत सोच लें...बस!

भारत दर्शन के अनुभव बताएँ। क्या खास बात दिखी आपको?

प्रचुर प्रतिष्ठा और आन देखी मैंने। क्या लोग हैं वे। आम लोगों में जो व्यक्तित्व की उदारता है...हमें माफ कर दिया। माफ करना हम जैसे लोगों को...गले लगना, खाना खिलाना...तौबा। ये है देश की जनता। ये हैं आम लोग, जो देश को संस्कृति और प्रतिष्ठा देते हैं। और कोई उनके बारे में बात नहीं करता है आजकल। टी. वी. के जो कार्यक्रम बन रहे हैं, उसमें उनकी बात नहीं होती। वास्तव में वे देश की रीढ़ की हड्डी हैं। देश उनकी वजह से खड़ा है। हम लोगों ने तो बेच दिया, सब कुछ बेच दिया हम लोगों ने। वे खड़े हैं।

सचमुच मनोरंजन की दुनिया में वे लोग कहाँ हैं?

सिर्फ, मनोरंजन की दुनिया में ही नहीं, राजनीति में, संगीत में, डॉक्टर, वकील, न्यायाधीश, नौकरशाह, फिल्मकार, राजनीतिज्ञ, मीडिया के लोग सब जगह से उन्हें हटाया है हम सभी ने। हम क्या कर रहे हैं?

यही तो मुद्दा है, आप जैसे लोग अल्पसंख्या में आ गए हैं। या तो अपनी बात रख नहीं पा रहे हैं या रखना नहीं चाहते?

नहीं साहब, हम अल्पसंख्या में नहीं हैं। हम लोग अल्प नहीं होते। उन्हें तो अल्पंसख्यक बनाया जाता है। देश का नब्बे प्रतिशत अल्पसंख्यक नहीं हो सकता। यह प्रचुर संख्या है। मुझे विश्वास है हर तबके में, सिर्फ गरीब तबके में ही नहीं...मेरी बात पर गौर करें...जो लोग सोचते हैं, जिम्मेदार हैं, मेहनत करते हैं ईमानदारी के साथ, देश के लिए सोचते है। वे हैं इस नब्बे प्रतिशत में। बाकी दस प्रतिशत कौन हैं? हड़प लिया है इन लोगों ने। देश को, संस्कृति को...सारी चीजों को हड़प लिया है इन लोगों ने। ये कौन हैं। नहीं साहब, चर्चा में नहीं रहना ठीक है।

आप एक धारावाहिक बना रहे थे 'फिर भी दिल है हिंदुस्तानी'। उसका क्या हुआ?

उस शीर्षक से अजीज मिर्जा फिल्म बना रहा है। एक विचार था। कहानियाँ थीं। माडर्न कहानियाँ। एक तो उसे बनाने में बहुत मुश्किल पड़ती। वह बहुत महँगा था। एक दिन कोई बनाएगा। कोई युवक आएगा...मैं उसे विचार दूँगा। कहूँगा जाकर बनाओ। मुझे तो अब डाक्यूमेंट्री फिल्में बनानी हैं। दो-तीन साल में एक फिल्म बना ली तो ठीक है। मैं खुश रहूँगा।

फिल्मों की क्या योजनाएँ हैं?

मेरे पास एक फिल्म का विचार है। एक शायर थे। उनका नाम जाफर जट्टी हैं। वे बड़े बुरे शायर थे। उन्होंने गंदी भाषा का इस्तेमाल किया शायरी में। उन्होंने अपना नाम जट्टली रखा था। जट्टली का मतलब बेवकूफ होता है। वे औरंगजेब के अंतिम दिनों में थे। शायरी के इतिहास में वे अकेले शायर हैं, दुनिया में, जिन्हें उनकी शायरी के कारण फाँसी दी गई। मैं उनके ऊपर एक फिल्म बनाना चाहता हूँ। मैं एक शांत...खामोश फिल्म बनाना चाहता हूँ कि क्यों एक तीसरे दर्जे के शायर को फाँसी दी गई। कहानी क्या है? उसे फाँसी क्यों दी गई। बेवकूफ, अहमक, क्लाउन, भाँड़...को फाँसी दी गई, क्योंकि कहीं-न-कहीं वह राजसत्ता के लिए खतरनाक था। खतरनाक आदमी। हाँ, कोई पैसे दे दे तो मैं बनाऊँ। अगर कोई और बनाना चाहे तो मैं स्क्रिप्ट लिख दूँ।

इन दिनों क्या व्यस्तता रहती है?

मैं घूमता-फिरता रहता हूँ। मेरी बीवी मुझे बुद्ध कहती हैं। मैं इस कोने में

बैठता हूँ। (सामने की ओर दिखाकर) वो वहाँ बैठती हैं। वो कुछ वहाँ लिखती हैं। लिखने के बाद वह यहाँ आ जाती हैं, फिर हम लोग यहाँ बातचीत करते हैं। फिर दोनों कमरे में जाते हैं। दोनों किताबें पढ़ते हैं। वो कुछ सुनाती हैं। मैं कुछ सुनाता हूँ। उनकी अच्छी जिंदगी है। संगीत सुनते हैं, किताबें पढ़ते हैं। अच्छी जिंदगी है।

अगर मैं कहूँ कि आप अपनी जिम्मेदारी नहीं निभा रहे हैं तो...

(जोरदार ठहाके के साथ) नहीं साहब, जैसे आपने कहा कि जगह कम होती जा रही है। हिंदी अखबारों में सिनेमा या राजनीति पर गंभीर बातें लिखने की जगह नहीं रही। जगह कहाँ है? मेरी भी जगह कम हुई है। ठीक है। यही हो रहा है। लेकिन परिवर्तन आएगा। तब्दीलियाँ आएँगी। सौ प्रतिशत आएगा...शायद हमारे जमाने में नहीं, पर उससे क्या फर्क पड़ता है बाद में ही आए।

आप जैसे लोग राजसत्ता को चुनौती दे सकते हैं। उसके खिलाफ खड़े हो सकते हैं नए लोग ऐसा नहीं कर सकते।

घबराहट यह है...अगर नया आदमी नौकरी चाहता है तो मैं उसकी परेशानी समझ सकता हूँ। कॉलेज से निकलने के साथ ही उन्हें अपने पैरों पर खड़ा होना है। पैरों पर कैसे खड़े हो सकते हैं। यह घबराहट सही है। उनमें से कोई निकल जाए और होगा या होगी। इस लड़की को देखें...अरुंधति राय। खड़ी हो गई और बेतहाशा लोग उसके साथ हैं। यहाँ हमारा विद्यार्थी क्या कर रहा है, वह ब्रिलिएंट क्लासेज में दाखिला ले रहा है। ईरान में क्या हो रहा है...खड़े हो गए। हाँ, दस साल झेल लिया...खड़े हो गए। दक्षिण कोरिया में क्या हो रहा है। थाइलैंड में क्या हो रहा है? अभी आप देखिए...खड़े हो गए न। मेरी फिल्म की तरह ख्वाबें सब में हैं। कुछ दबाकर रख देते हैं...क्या करें यार अभी मजबूरियाँ हैं...ठीक है...कुछ और होता है तो ख्वाब निकल आते हैं।

आपको क्या लगता है? निकट भविष्य में विद्रोह हो सकता है क्या?

मुझे नहीं मालूम। मैं कहता हूँ कि अगर कोई नया...युवा आकर खड़ा होता है तो मैं सवाल नहीं करूँगा। मैं उसके पीछे खड़ा हो जाऊँगा। तुम आगे बढ़ो, मैं साथ हूँ। सच्ची बात है। मेरी उम्र निकल गई। मेरा काम है फिल्में बनाना। अगर कोई युवा देश में खड़ा हो गया। काफी हो चुका...बहुत झेल लिया हम लोगों ने...मैं उस युवक के पीछे खड़ा हो जाऊँगा।

मुंबई में रहते हुए आप कभी शिवसेना के निशाने पर नहीं आए?

अँय...एक छोटी हँसी...शायद मैं उतना महत्त्वपूर्ण नहीं हूँ। बहुत कुछ कहा है उन लोगों के बारे में और कहता रहता हूँ। केवल शिवसेना नहीं...वे तो टुच्चे हैं। यह सिस्टम की बात है। शिवसेना क्या है? इनको मैं जानता हूँ। ये कहाँ से

शुरू हुए। पूरा माहौल जो बन गया है। यह माहौल...आप देखिए कि ये दाऊद इब्राहिम, अरुण गवली, अश्विन नाईक, अमर नाईक, छोटा राजन जो भी हैं...ये कहाँ से आए। सच्चाई तो यह है कि शिवेसना आदि उसी तर्क के हिस्से हैं। दूसरी तरफ अटल बिहारी वाजपेयी, आडवाणी...बजरंग दल...दिल्ली के शाही इमाम बुखारी...बहुत ही जटिलतम क्षरण हो चुका है...मेरे हिसाब से कोई युवक या युवती आएगी। कितना सह सकते हैं लोग। कितने फुटबाल मैच खेलेंगे। कितने वर्ल्ड कप होंगे। देखिएगा...अगला तमाशा चुनाव होगा...उसके बाद सहस्राब्दि (मिलेनियम) सभी प्रायोजक उसके पीछे रहेंगे। सब नाचेंगे, गाएँगे...नियमित उत्सव जारी रहेगा। यह जरूरत है। वर्ना लोग सोचना शुरू कर देंगे। वर्ना लोग सोचना शुरू करेंगे। यह जरूरी है न कि हर छह महीने पर जबर्दस्त तमाशा होना चाहिए। वर्ल्ड कप के बाद कारगिल, कारगिल के बाद चुनाव, चुनाव के बाद मिलेनियम...आप देखते जाइए...हुँह...मगर आम जनता है। वह देख रही है और मैं सिर्फ गरीबों की बात नहीं कर रहा। समाज के हर तबके के आम लोग देख रहे हैं। कितनी पार्टियों में जाएँगे। पार्टियाँ फाइव स्टार की समाचार बन रही हैं कितने मूवर्स और शेकर्स ले आएँगे आप नाटक करने के लिए।

सैटेलाइट चैनल देखते हैं आप?

कभी-कभी देख लेता हूँ। वहाँ आश्चर्यजनक खुशी नजर आती है। सब लोग गा रहे हैं। सब लोग लतीफे सुना रहे हैं। हाँ, मेरे धारावाहिक में भी कामेडी है, गाने हैं, कहानियाँ हैं, किस्से हैं, रोमांस भी है...पर सब अलहदा है। थोड़ा-बहुत सोच भी लेंगे। ग्लोबलाइजेशन (भूमंडलीकरण)...अच्छा शब्द है।

टी.वी. का परिदृश्य कुछ बदलेगा क्या?

यह दौर जो निकल रहा है दुनिया भर में...सिर्फ हमारे देश में नहीं। टी.वी. की हर छवि—आकांक्षापूर्ण छवि होनी चाहिए। घर हो तो ऐसा, बीवी हो तो ऐसी, पड़ोसी हों तो ऐसे, बच्चे हों तो ऐसे, कुत्ते हों तो ऐसे, खाना हो तो ऐसा, गाड़ी हो तो ऐसी, सोफासेट हो तो ऐसा, रेफ्रिजिरेटर हो तो ऐसा...उसके साथ बेचना भी है। यह आकांक्षापूर्ण छवि होगी कहानी...उससे पहले हमारे इश्तहार होंगे। दोनों जुड़े हुए हैं। अच्छी तरह जुड़े हुए हैं। बीच में अगर कुछ और ले आएँ तो बेचने में दिक्कत होगी। ये छवि और बिंब जुड़ नहीं पाएँगे। फिर क्या होगा...उसे दृश्यों से जोड़ना है। यह बाजार की रणनीति है। यह हर बिजनेस के स्कूल में सिखाया जाता है। बच्चे आ रहे हैं बाहर। सीरियल दिखाओ तो कहते हैं...देखिए आप थोड़े 'डाउनमार्केट हो गए हैं', 'अपमार्केट' लाइए। फिर कौन-सी कहानियाँ चलेंगी। 'अपमार्केट' कहानियाँ चलेंगी। परिवार अपमार्केट हो, हसबैंड अपमार्केट हो। बीवी अपमार्केट हो। छवि और बिंबों की संरचना कौन निर्देशित कर रहा है। आप सोचते हैं कि आप धारावाहिक

बनाने के लिए स्वतंत्र हैं।

फिर मीडिया की क्या भूमिका रह जाती है?

मीडिया को इसके पीछे चलना होगा...लोग कहते हैं डीडी और नाक भौं सिकोड़ने लगते हैं। मैं जानता हूँ कि डीडी में खामियाँ हैं। हर संगठन में खामियाँ हैं, मगर उसके बावजूद उसकी पहुँच तो देखिए। अगर वे अपना घर ठीक कर लें तो सभी को पीछे छोड़ देंगे, पर किसके पास दृष्टि है...प्रमोद महाजन के पास, आडवाणी के पास, सोनिया गांधी के पास...या बाल ठाकरे के पास है दृष्टि। किसकी दृष्टि शरद पवार...किसकी दृष्टि चाहिए। यह सोचना होगा। मैं खुद नहीं जानता कि मीडिया की भूमिका क्या होगी। सब लोग खुद से पूछें कि क्या कर रहे हैं? खुद से पूछना होगा जब भी आप खुद से पूछेंगे, नब्बे प्रतिशत लोग आपको साथ हो जाएँगे। खड़े हो जाएँगे। यह मेरा वादा है। एक बार तय कीजिए वे साथ आएँगे, क्योंकि उनकी इज्जत पर हमला हो रहा है। वो भुगत रहे हैं। सच्चाई तो यह है।

(कथाक्रम : अक्तूबर-दिसंबर, 1999)

'नसीम' सफर है अंदर की ओर का...: सईद मिर्जा

इस वर्ष श्रेष्ठ निर्देशन और श्रेष्ठ पटकथा का राष्ट्रीय पुरस्कार सईद मिर्जा को मिला है। पटकथा में उन्हें अशोक मिश्र ने सहयोग दिया था। सईद मिर्जा शुरू से ही अपनी फिल्मों के संवेदनशील और प्रभावकारी विषयों के कारण महत्त्वपूर्ण और चर्चित रहे हैं। 1978 में उनकी पहली फिल्म आई थी 'अरविंद देसाई की अजीब दास्तान'। उसके बाद 1981 में 'अल्बर्ट पिंटो को गुस्सा क्यों आता है', 1983 में 'मोहन जोशी हाजिर हों' और 1989 में 'सलीम लँगड़े पर मत रो' आई। पूरे सात सालों के अंतराल के बाद उनकी नई फिल्म 'नसीम' आई है।

सईद मिर्जा की दूसरी फिल्मों की तरह ही 'नसीम' भी निश्चित सामाजिक संदर्भों से जुड़ी है। पर फिल्म की प्रस्तुति और विषय के निर्वाह में सईद मिर्जा अपनी पिछली फिल्मों की तुलना में अधिक सूक्ष्म और सहज हुए हैं। कुछ समीक्षकों की राय में सईद मिर्जा फिल्मी भाषा और दृश्य संरचना की दृष्टि से परिपक्व हुए हैं, लेकिन सईद खुद मानते हैं कि उनकी पिछली फिल्मों में बहिर्मुखी यात्रा थी। अब वह यात्रा अंतर्मुखी हो गई है। इसके ठोस सामाजिक और राजनीतिक कारण हैं। उनकी विस्तृत चर्चा की जाए तो फिल्मों के समाजशास्त्र से घबराने वाले असहज हो जाएँगे। निश्चित ही सईद मिर्जा फिल्म को सिर्फ मनोरंजन और मुनाफे का माध्यम नहीं मानते।

इस फिल्म के बारे में वे कहते हैं, 'नसीम' एक छोटी सी कहानी है। एक लड़की की कहानी है। उसका नाम नसीम है। वह मुंबई के बांद्रा में स्थित अंजुमन इस्लामिया में पढ़ती है। उसके माँ-बाप यहीं रहते हैं। भाई भी हैं। उसके दादा भी हैं। कहानी दादा और नसीम की है। दादा किस्से सुनाते हैं गुजरे जमाने के। नसीम नहीं जानती कि, दादा के किस्से सच हैं या झूठ, मगर वे मजेदार किस्से हैं। मैंने इस फिल्म को खास समय में बाँधा है। 1 जून, 1992 से कहानी शुरू होती है और 6 दिसंबर, 1992 को खत्म होती है। सभी जानते हैं कि

6 दिसंबर को बाबरी मस्जिद गिराई गई। आजकल लोग उसे 'विवादास्पद ढाँचा' कहते हैं। वास्तविकता यह है कि वह बाबरी मस्जिद है। मगर कहानी दादा और नसीम की निजी कहानी है। मैं नहीं दिखाता कि अयोध्या में या कहीं भी क्या हुआ। मगर टी.वी. और अखबारों के जरिए खबरें आती रहती हैं। छोटे से परिवार में डर और तनाव बढ़ता जाता है। लगता है कि दादा दूसरे जमाने के हैं। उनका जमाना खत्म हो रहा है। नया जमाना है। मगर उन्हें नहीं मालूम कि इस नए जमाने में क्या होगा? मैं खुद भी नहीं जानता और न जानना चाहता हूँ। सोचूँगा तो बहुत डर लगेगा। दादा की मौत होती है। अब नसीम को इस दौर में जीना है। उस लड़की को जिंदा रहना है। चूँकि वह लड़की है और ऊपर से मुसलमान है, इसलिए उसकी बेहद नाजुक स्थिति है। छोटी-सी यही कहानी है।'

इस फिल्म की योजना तो पहले से थी न! सुनने में आया कि पूना फिल्म इंस्टीट्यूट के एक वर्कशॉप के दौरान आपने इस पर सोचा। फिर इतनी देर क्यों हुई?

पूना में 1989 में वर्कशॉप किया था। तब हमारे महान नेता लालकृष्ण आडवाणी देश को जोड़ने अपने रथ पर निकले थे। उन्होंने पलट कर भी नहीं देखा कि वे जहाँ से गुजरे, वहाँ कितने लोग मारे गए। आगे देखते गए। अगर पीछे पलट कर देखते तो शायद पता चलता कि पीछे लोग मर रहे हैं। किसी को भी महसूस नहीं हुआ कि लोग मर रहे हैं। अलग-अलग पार्टियों के नेता संसद में पहुँचते हैं। हँसी-मजाक करते हैं। एक-दूसरे के दोस्त बन जाते हैं। उन्हें कोई फर्क नहीं पड़ता। उस दौर में मैंने लिखना शुरू किया। तब पृष्ठभूमि रथयात्रा थी। मुझे लगा कि बहुत फैलाव आ गया है, इसलिए रख दिया। तब गुस्सा भी कुछ ज्यादा था। गुस्से से काम बनता नहीं। अगर आप कुछ लिखना या कहना चाहते हैं तो गुस्से को थाम कर रहना चाहिए। उसके बाद 1992 आ गया। फिर बाबरी मस्जिद का चक्कर शुरू हो गया। फिर मुझे लगा कि यह गुस्से की नहीं, सोचने की बात है कि क्या हो रहा है? उसके बाद मैंने तय किया कि वह पृष्ठभूमि में होगा और कहानी दादा जान और नसीम की होगी। स्क्रिप्ट में काट-छाँट शुरू की। 140 पृष्ठों की स्क्रिप्ट 50 पृष्ठों की रह गई। फिर जब सार मिल गया तो फिल्म बना दी।

एक मुसलमान होते हुए...

मैं मुसलमान नहीं हूँ। हाँ, मैं सईद मिर्जा हूँ। मेरा नाम है यह, जैसे आपका नाम अजय है। मैं सोचता ही नहीं इस तरह। न मैं नमाज पढ़ता हूँ, न मैं मस्जिद जाता हूँ।

लेकिन आप उस समुदाय से हैं और जब आप ऐसे विषय उठाते हैं तो लोगों को संदेह रहता है कि आप से प्रत्यक्ष या अप्रत्यक्ष रूप से पक्षपात होगा?

लेकिन किसी ने 'अरविंद देसाई', 'अल्बर्ट पिंटो' या 'मोहन जोशी' के बारे में तो नहीं पूछा। 'सलीम लँगड़े' और 'नसीम' पर आकर लोग अटक जाते हैं। मेरी फिल्मों का इतिहास है। उस इतिहास को भी देखिए। चूँकि मेरा नाम सईद मिर्जा है और मैंने 'नसीम' बनाई तो मैं मुसलमान हो गया। यह वाहियात बात है।

आपकी सारी फिल्मों के नाम मुख्य किरदार पर हैं। इसकी कोई खास वजह है क्या? क्या व्यक्ति की भूमिका इतनी महत्त्वपूर्ण होती है?

समाज व्यक्ति से बना है। समाज का मतलब सारे व्यक्ति हैं। उनकी आशाएँ, दुख और आकांक्षाएँ हैं। मैं उन सभी से निकलता हूँ। लगता है मैं व्यक्ति से शुरू कर रहा हूँ या व्यक्ति की बात कर रहा हूँ, पर मैं व्यक्ति से समाज तक आता हूँ। लगता है कि खास है वो, मगर वो आम भी है। हर इंसान में यह बात है। वह खास और आम दोनों है। कोशिश तो यह है कि खास से आम और आम से खास का सफर करूँ।

फिल्म को श्रेष्ठ पटकथा का पुरस्कार मिला। उसमें अशोक मिश्र आपके सहयोगी थे। उनका कितना योगदान है?

अशोक और मैंने, दोनों ने मिलकर स्क्रिप्ट और पटकथा पर काम किया। विशेषकर संवाद अशोक के हैं। स्क्रीन प्ले में भी काफी मदद की। काफी मेहनत की। चार ड्राफ्ट तैयार किए। स्क्रिप्ट लिखना संन्यास लेने की तरह है। अशोक ने संन्यासी होकर काम किया। अशोक में इंसानियत है और वह बेहतरीन लेखक है। दोनों जब मिल जाते हैं तो तौबा, उसे कोई मात नहीं कर सकता।

आपकी फिल्मों में विचार पक्ष प्रबल रहता है, 'नसीम' में उससे किस रूप में अलग हैं?

'नसीम' से पहले की हर फिल्म निबंध की तरह है। लगता है कि कोई कहानी है, मगर कोई कहानी नहीं है। विचारों का प्रवाह है। उसे जोड़कर निकल जाओ। लगता है कि कहानी है, मगर कोई कहानी नहीं है। बातचीत है, संवाद है। शीर्षक भी संवाद है। पहले की फिल्मों की पूरी संरचना-शीर्षक से लेकर फिल्म तक निबंधात्मक है। 'नसीम' में मैंने थोड़ा परिवर्तन किया। अब बातचीत कम है। अब सोचने का दौर आ गया है। मालूम नहीं दर्शकों की क्या प्रतिक्रिया होगी, मगर मुझमें सोचने का दौर आ गया है। अब मेरा सिनेमा 'रिफ्लेक्टिव' हो गया। शायद उम्र भी ऐसी हो गई। मुझमें बदलाव आ गया है। अब मैं गुस्सा नहीं कर पाता। मुझे नहीं लगता कि अब मैं 'अरविंद देसाई' या 'अल्बर्ट पिंटो' जैसी फिल्म बना सकता हूँ। पहले

बहिर्मुखी अभियान था, अब अंतर्मुखी है। खयाल से बाहर से अंदर की यह यात्रा समाजवादी प्रभाव के खत्म होने से आई। उसमें काफी तंगी हो गई है। काफी फँसने की स्थिति है। दूसरी बात है कि फिल्म 'एक्सप्लोर' नहीं करे, 'इंप्लोर' करे तो फर्क आ जाता है। जैसे 'नसीम' में हुआ है। उसकी शक्ति अजीब सी है।

क्या समाजवादी खेमे के टूटने से हमारी सोच में बदलाव आया है?

बिल्कुल फर्क आया है। अब कोई विकल्प ही नहीं है। पूरी दुनिया में यही हाल है। कोई उद्देश्य ही नहीं है। एक ही उद्देश्य है मुनाफा और बस। तो उसका नतीजा भुगतना पड़ेगा–सामाजिक, राजनीतिक और सांस्कृतिक तीनों दृष्टियों से। आप देखते जाएँगे। वह हो रहा है। सांस्कृतिक स्तर पर कुछ ज्यादा ही होता है।

लेकिन सांस्कृतिक स्तर यह इतना प्रत्यक्ष तो नहीं होता?

प्रत्यक्ष नहीं होता, मगर प्रत्यक्ष शक्तियाँ इतनी मजबूत हो जाती हैं कि वे प्रभावित करने लगती हैं। उनके परिणाम सामने आने लगते हैं। आजकल की फिल्मों के विषय देखिए। 'धक-धक करने लगा' उसके हिसाब से सही है, क्योंकि विकल्प है ही नहीं?

'दिलवाले दुल्हनियाँ ले जाएँगे' देखी आपने? क्या वजह है उसकी सफलता की?

मैं सिर्फ इतना जानता हूँ कि एक लाचारी जो है कि हम कहाँ जा रहे हैं? इस लाचारी में अचानक राष्ट्रप्रेम का चक्कर शुरू हो जाता है। लगता है कि हाँ हम हैं। उसकी अभिव्यक्ति होती है। मेरा देश, मेरे देश की धरती, राष्ट्रप्रेम, एन. आर.आई., देश-प्रदेश और अपनी मिट्टी। राष्ट्रप्रेम को भुनाया जाता है। जब ढाँचा हिल चुका है तो ये सब चीजें आनी चाहिए न। ये आएँगी, क्योंकि इससे पैसे बनते हैं।

'बांबे' देखी आपने? उससे 'नसीम' की तुलना की जा रही है।

'बांबे' नहीं देखी। क्यों देखूँ 'बांबे'? 'मजहब नहीं सिखाता आपस में बैर रखना'। मैं तंग आ चुका हूँ इस फलसफे से। आप नफरत की बातें करें। शायद वहाँ से मुहब्बत निकल आएगी। 'हिंदू-मुस्लिम भाई-भाई' 'हम सब एक हैं' इनसे तंग आ गया हूँ। लोग मर रहे हैं, मारे जा रहे हैं। कल शाम कलकत्ते में लोग मरे हैं। घृणा की बातें शुरू करें। घृणा स्वीकार कर बहस होनी चाहिए। वह है। वहाँ सोचें तो शायद कोई जवाब मिले। हल निकले। अगर हम कहें कि घृणा है नहीं तो बकवास है। घृणा करेंगे तो सवाल पैदा होंगे। अगर घृणा नहीं है तो इतने लोग क्यों मारे जा रहे हैं? कोई किसी को चाकू क्यों मार रहा है? किसी की जान जा रही है। यह जान पैसों की वजह से नहीं जा रही है। फिर क्या वजह है? जाति-धर्म और भाषा सभी स्तरों पर यही हो रहा है। दरअसल सारे नारे झूठे निकले। अगर इस वक्त मैं गरीब होता तो चोर होता। और फिर चोर क्यों न बनूँ? सब चोर हैं। राव से लेकर हर्षद तक। सबने आर्थिक अपराध किए हैं। इन पार्टियों को पैसे देनेवाले

कौन हैं? डालमिया एक्साइज में 550 करोड़ का घपला किया और वे विश्व हिंदू परिषद के अध्यक्ष हैं। यह मुद्दा है। ये सब देशभक्त हैं। हिंदू धर्म के रक्षक हैं। इस्लाम बचाने वाला दाऊद इब्राहिम है। मैं क्या करूँ? सब देशभक्त हैं। सब अपने मजहब की फिक्र में हैं। वाजपेयी तो कवि हो गए, मैं क्या करूँ? नरसिंह राव कविता सुनकर रोते हैं—मैं क्या करूँ?

फिर तो राजनीतिक फिल्म बनानी चाहिए?

राजनीतिक फिल्म की जरूरत ही नहीं है। हम खुद उन्हें वोट देते हैं। विकल्प कहाँ हैं? दरअसल रूह में थकान आ गई है। फिल्म में भी वही होनी चाहिए। अब तो बस मुस्कराइए और वक्त का गवाह बनिए।

'नसीम' कब प्रदर्शित होगी?

राष्ट्रीय फिल्म विकास निगम निर्माता है। कहा है कि मानसून के बाद प्रदर्शित होगी पता नहीं क्यों?

अगर फिल्म प्रदर्शित नहीं हो तो उद्देश्य बेकार नहीं जाता क्या?

प्रदर्शित नहीं होने पर उद्देश्य असफल रहता है। मैं जानता हूँ कि यह फिल्म सुपर-डुपर हिट नहीं हो सकती, क्योंकि इसमें गुंजाइश है ही नहीं। मगर इतनी गुंजाइश है कि लोग देखें और फिल्म लोगों को पसंद आएगी। मेट्रो में 25 हफ्ते नहीं चलेगी, हाँ दो हफ्ते जरूर चलेगी। उतनी तो चलने देनी चाहिए।

स्क्रीन 14 जून, 1996

सजग प्रयास किसी भी फिल्म के लिए जरूरी है : सईद मिर्जा

सईद मिर्जा की पिछली फिल्म 'नसीम' राष्ट्रीय पुरस्कारों से सम्मानित हुई थी। राष्ट्रीय फिल्म विकास निगम द्वारा निर्मित यह फिल्म दर्शकों तक पहुँचाने की समस्या थी। इस तरह की फिल्मों और फिल्मकारों पर लंबे समय से आरोप है कि उनकी फिल्में केवल समारोहों और प्रतियोगिताओं में दिखाई जाती हैं। निष्कर्ष यह कि आम दर्शकों के लिए ये फिल्में नहीं होतीं। लेकिन हाल ही में राष्ट्रीय फिल्म विकास निगम ने इसे मुंबई के सिनेमाघर में आम दर्शकों के लिए प्रदर्शित किया। 'नसीम' 6 दिसंबर, 1992 की घटना से प्रेरित बेहद संवेदनशील फिल्म है। प्रस्तुत है इसके निर्देशक सईद मिर्जा से बातचीत। इस बातचीत में सईद मिर्जा ने फिल्म और जीवन को प्रभावित करने वाले सभी पक्षों पर अपनी राय दी है :

किसी फिल्म के चलने या न चलने की मुख्य वजह क्या होती है?

यह अजीब खेल का मैदान है। इसमें कोई नियम नहीं चलता, क्योंकि मैं जानता हूँ कि किसी फिल्म का चलना या न चलना सिर्फ फिल्म के हाथ में नहीं है। बहुत कुछ वितरकों के हाथ में है। प्रदर्शकों के हाथ में है। अगर कोई फिल्म एक हफ्ते में उतर जाती है तो उसके दो कारण हो सकते हैं—एक तो फिल्म बिल्कुल ही बेकार है, दूसरी वजह यह हो सकती है कि कोई किसी व्यक्ति को सिनेमाघर के अंदर भेज दे और शोर-शराबा करवा दे। यहाँ यह भी चलता है। यह साफ मैदान नहीं है। इन सबसे अलग है मनोरंजन—अगर फिल्म मनोरंजक हो तो चल जाती है। मैं भी इस मैदान में, व्यावसायिक फिल्मों के मैदान में उतरना चाहता हूँ।

इन दिनों अच्छी फिल्मों में 'हम आपके हैं कौन' और 'दिलवाले दुल्हिनया ले जाएँगे'

जैसी फिल्मों के नाम लिए जाते हैं। क्या यह सोचने की जरूरत नहीं कि 'अच्छी फिल्मों' का मापदंड क्या हो?

'दिलवाले दुल्हिनिया ले जाएँगे' मैंने देखी है। मैंने उसका विश्लेषण भी किया है। इस फिल्म में चरित्र चित्रण पर ज्यादा ध्यान दिया गया है, जो आम फिल्मों में नहीं होता है। आम फिल्मों में कुछ भी हो जाता है। इसमें सभी चरित्रों पर काफी मेहनत की गई है। मैं बहुत खुश हूँ कि फिल्म चल गई। जहाँ कुछ भी नहीं होता, वहाँ कुछ तो हुआ। इस फिल्म के चलने में तुक्का नहीं है, तर्क है। हाँ, इसमें जो देशप्रेम की भावना दिखाई गई है, उस पर प्रश्न कर सकते हैं। आज पूरा देश इस सवाल से जूझ रहा है कि हम कहाँ आ गए? दिल को छूने वाला यह सवाल इस फिल्म में भी पूछा गया है कि हम कौन हैं...पर फिल्म में दिखाया गया है कि लड़का विलायत से आता है और लड़की को लेकर वापस चला जाता है। तो यह कैसा देशप्रेम है? यह बात अजीब लगी।

लेकिन मूल्यों के स्तर पर यह फिल्म कैसी है?

उस पर अलग चर्चा हो सकती है। लेकिन पूरी ईमानदारी और ध्यान से बनाई गई यह फिल्म है। एक अच्छा प्रयास है। सजग प्रयास किसी भी फिल्म के लिए जरूरी है। इससे लोग समझ पाए कि ध्यान से और दृढ़ता से फिल्म बनाई जाए तो अच्छी फिल्म बन सकती है। एक उम्मीद जगाती है यह फिल्म। इस फिल्म में छेड़छाड़, घूमना-फिरना, नाच-गाना सब कुछ है। परंतु इसके साथ सुंदर प्रसंग भी है। माँ-बेटी के बीच का दृश्य। बाप-बेटे का दृश्य। इससे फिल्म में की गई मेहनत झलकती है।

'नसीम' प्रदर्शित हुई। आपकी क्या प्रतिक्रिया रही?

'नसीम' समाप्त करने के साथ मेरा काम खत्म हो गया था। यह दर्शकों के बीच पहुँच रही है, इससे खुशी है। इसे और भी ज्यादा दर्शकों के बीच पहुँचाने की व्यवस्था होनी चाहिए।

'नसीम' के बाद क्या कर रहे हैं?

'नसीम' के बाद मैं दो चीजों पर काम कर रहा हूँ। एक तो फीचर फिल्म है, जिसके फायनेंसर की तलाश है, क्योंकि इसमें गाने-वाने हैं। संगीत है। दूसरा प्रोजेक्ट इतिहास पर है। तारीख के आईने में मैं देखना चाहता हूँ कि एक देश के रूप में हम कहाँ-कहाँ से गुजरे और इस वक्त हम कहाँ हैं? और उसकी वजह क्या है? जब हम कहते हैं कि हम भारतवासी हैं तो इसका मतलब क्या है? यह प्रोजेक्ट होम टी.वी. को दिया है। वे भी इस पर काम करने को इच्छुक हैं। देखें क्या होता है?

जब देश की बात चल रही है तो क्या हम भारत को एक राष्ट्र मान सकते हैं या यह कई राष्ट्रीयताओं का समूह है?

यह सवाल महत्त्वपूर्ण है। यह सवाल आज बाल ठाकरे पूछते हैं। भाजपा पूछती है। समाजवादी पार्टी और शायद कांग्रेस भी पूछती है। मगर हम आम इंसान, जो पार्टी से परे हैं, वे क्या एक राष्ट्र हैं? अगर हैं तो कैसा? देश के विखंडन की समस्या बड़ी है, अगर हम एक रहना चाहते हैं तो यह एकता क्या है? एकता एक तो जबान से आती है। संगीत से आती है। खान-पान से आती है। जैसे हम बातचीत करते हैं या कपड़े पहनते हैं, वहाँ से शायद आती हो। एक तरह से जिसे संस्कृति कहते हैं, उसकी खोज़ में निकल रहा हूँ मैं और उस हिसाब से मैं इतिहास को देख रहा हूँ। मैं किसी ऐसी जड़ की खोज में हूँ, जिसके आधार पर कह सकूँ कि हम सब एक हैं। यह मेरी यात्रा है। 'भारत एक खोज' धारावाहिक हमारी समझ से परे है। ऊपर से निकल गया।

फीचर फिल्म के लिए लोकप्रिय या व्यावसायिक फार्म में जाने की जरूरत क्यों महसूस हो रही है?

बुल्लेशाह की जबान में कहूँ तो बाजी ले गए कुत्ते। इस क्षेत्र को हमने खुला छोड़ दिया है। अगर इतने सारे लोग इस मैदान में सफल हैं तो जरा मैं भी देख लूँ।

लेकिन जरूरत क्यों महसूस हो रही है?

मैं खंडित व्यक्तित्व का हूँ। मैं 'नुक्कड़' भी बनाता हूँ। मैं 'नसीम' भी बनाता हूँ। दोनों मैं ही कर रहा हूँ तो परिवर्तन क्या हुआ मुझमें। 'नुक्कड़' बेहद लोकप्रिय धारावाहिक था उस जमाने का। वो भी मैं था। 'नसीम' भी मैं था। इसके बाद कहीं और निकल जाऊँ या 5 लाख की फिल्म बना दूँ तो वहाँ भी मैं ही रहूँगा। हाँ, अगर मेरी विश्वदृष्टि में तब्दीली आए तो आप मुझसे सवाल पूछ सकते हैं। ऐसी फिल्म बनाने का यह मतलब नहीं है कि मैंने पलटी खा ली और सीटी बैंक में घुस गया। इसका मतलब यह भी नहीं होना चाहिए कि मेरी फिल्म में गाने आए तो फिल्म खराब हो गई। यह आसान आलोचना है। इस मैदान को मैं अपने हिसाब से देखना चाहता हूँ। फिल्म देखने के बाद कुछ गलत लगे तो पूछिए कि सईद मिर्जा, तुमने तो अपनी विश्वदृष्टि बदल ली। उससे पहले क्यों पूछ रहे हैं आप?

कहीं यह 'न खुदा ही मिला न विसाले सनम' वाली हालत न हो?

अभी पता नहीं, लेकिन मैं बता दूँ कि यह साफ मैदान नहीं है फार्मूला के बावजूद। और भी वजह हो सकती है। सिर्फ जनता तय नहीं करती। मैं सारे खेल इस्तेमाल करूँगा। मैं देखना चाहता हूँ। देख लूँ एक बार, फिर तय करूँगा कि मुझे कहाँ जाना है? कोशिश तो यही है कि मैं सृजनात्मकता में विस्तार करूँ। अब देखते हैं मैदान में क्या होता है? मेरे पास एक विश्वदृष्टि है। वो चाहे 'नसीम' हो या 'नुक्कड़' हो, 'सलीम लँगड़ा हो' या अल्बर्ट पिंटो' हो...

उस विश्वदृष्टि में क्या विकास हुआ है?

बहुत व्यक्तिगत। बहुत मानवीय। कम उपदेशात्मक। कम सैद्धांतिक। अब व्यावहारिकता की जरूरत है। फर्क यही है। मेरे खयाल में अब सोचना पड़ेगा। अगर आप मान लें कि दुनिया में कुछ हो ही नहीं रहा है तो हम मूर्ख हैं। हमें यह समझना होगा कि क्या-क्या हो रहा है? और यह तब्दीली इतनी रफ्तार से आ रही है। यह देखना है। अगले 15-20 सालों में देखिए क्या होता है? इस दौर में हम जिधर जा रहे हैं, उसमें शिव सेना जैसे संगठन होंगे, आर.एस.एस. सवाल पूछ रहा है इस उदारीकरण पर, क्योंकि वे घबरा गए। हमारी परंपरा का क्या हुआ? मैं भी पूछ रहा हूँ परंपरा के बारे में, लेकिन मैं आर.एस.एस. का नहीं हूँ। मेरे मन में भी सवाल है। उनका डर या उनकी घबराहट को मैं जानता हूँ। उन्हें लगता है कि उनका तख्त हिल जाएगा। मेरा डर राम नहीं है। इस्लाम खतरे में है कि हिंदू खतरे में है—यह मेरा डर नहीं है। यह उनका डर है। मेरी घबराहट इंसानियत की है। उसका क्या होगा? मेरे सवाल कहीं और हैं, मगर जब वे लोग सवाल पूछते हैं तो मुझे हँसी आती है।

अभी तो सारी संस्थाएँ टूट और बिखर रही हैं?

सारी संस्थाएँ टूट चुकी हैं। अब तो लोग पूछेंगे कि भइया आपके घर में केक है। मेरे घर में क्यों नहीं है? यह उभर कर आएगा। अब इनसे निबटना होगा। आपको उन सभी से निबटना होगा, जो इसको सामने ला रहे हैं। आपको चंद्रा स्वामी, हर्षद मेहता, शिव सेना, दाऊद इब्राहिम, अमर नाईक, लालू प्रसाद यादव, मुलायम सिंह यादव, मायावती, कांशीराम, जयललिता से निबटने की जरूरत नहीं है।

लेकिन संकट क्या है और कहाँ जाना है?

मुझे नहीं मालूम। मैं केवल इतना जानता हूँ कि कुछ अवश्य होगा। अज्ञात ताकतें आएँगी। अन्ना हजारे बाल ठाकरे से मिले। (अन्ना हजारे के अनशन के पहले यह साक्षात्कार लिया गया।) क्या यह सही स्थिति है। मैं समझता हूँ इसे। मुझे यह आतंक मालूम है। किसको उल्लू बना रहे हैं—ये हैं, वो हैं, हम नहीं हैं, सब हैं। सबकी यही स्थिति है। मौका मिला तो पलटी खा जाएँगे। सब अपनी खाकी पैंट में आ जाएँगे या पाँच बार नमाज पढ़ेंगे। वे घबरा गए हैं। अब वे परंपरा और इस धरती का इस्तेमाल करेंगे।

आप जिनकी बात कर रहे हैं, उन्हें तख्त नहीं मिला। तख्त मिला भी तो तेरह दिनों का, जबकि ये ताकत बने हैं पिछले दस सालों में।

कैसे बने? उसकी वजह है। समय के हिसाब से है। ऐसा ही होगा। यहाँ ही नहीं, पूरी दुनिया में होगा। अभी अफगानिस्तान में हुआ। वे आएँगे। मैं वहाँ जाऊँ तो वे मुझे मार देंगे। मैं जानता हूँ, पर इससे फर्क नहीं पड़ता। वे अब भी

गलत हैं।

तो ऐसा खतरा यहाँ भी महूसस करते हैं?

अगर आपको नजर नहीं आ रहा है तो अफसोस है। अजय, सचमुच अफसोस है। कट्टरपंथी ही नहीं, जातिवादी, भाषावादी सब आएँगे उभर कर और कीचड़ हमारे चेहरे पर आएँगे। फिर यह कहने का मतलब नहीं होगा कि हम तो पलीत हो गए। पलीत नहीं होंगे तो और क्या होगा? 1947 से अब तक जो हुआ, उसकी मूल समस्या कांग्रेस से शुरू होती है। उन्होंने हुकूमत की। लेकिन सिर्फ उनका दोष नहीं है। सबने मदद की और आम इंसान इसमें पिसता रहा। चाहे वह यादव हो, दलित हो, ब्राह्मण हो, वैश्य हो, मुसलमान हो—सभी पिस रहे हैं। वे महसूस नहीं कर रहे हैं। वे कह रहे हैं कि हमारा मामला नहीं है। आखिर क्या है? वे टूट रहे हैं और निकल रहे हैं। अब तेजी से उपभोक्तावाद की तरफ कदम बढ़ा दिया। दोनों के मिलने से जो हुआ या होगा, वह देखिएगा।

आप इस उपभोक्तावाद को गलत मानते हैं?

नहीं, कुछ अच्छाइयाँ भी हैं। इसने मारुति कार दी। अब फिएट पर क्यों बैठें? सवाल है कि वे बेहतर चीजें दे रहे हैं, लेकिन इसको समझाने की जरूरत है। इसे पूँजीवाद या उपभोक्तावाद का प्रतिफल न मानें कि बेहतर उत्पाद उसी में संभव है। समाजवादियों ने गलती की। उन्हें भी इन सुविधाओं का खयाल रखना चाहिए था।

वामपंथी शक्तियों की कितनी गलती है?

बहुत ज्यादा। सत्य केवल उनके पास है, ऐसा वे मानते रहे। यही सोचा उन लोगों ने। वे बाइबिल की तरह सिद्धांत को लेकर घूमते रहे। लेकिन मूल रूप से वह दर्शन गलत नहीं है। उसमें खामियाँ हो सकती हैं, पर दार्शनिक रूप से वे सही हैं। उनमें खामियाँ और कमियाँ होंगी, पर वे दूसरों से बेहतर हैं। दार्शनिक रूप से मैं आज भी उनके साथ हूँ, क्योंकि उनके पास एक सार्वभौमिक दृष्टि है। वे दुनिया के सभी पुरुष और सभी स्त्री की बातें करते हैं। वे किसी देश से नहीं बँधे हैं। मैं उनके साथ हूँ। मैं देश की सीमाओं में नहीं बँधा हूँ। यह लकीर जो खींची गई है, किसने खींची है। यह इंसान ने खींची है। उसमें गलती हो सकती है।

लेकिन आप एक भारतीय हैं?

हाँ, मैं भारतीय हूँ। मेरा नाम सईद मिर्जा है। मैं पैदा हुआ मुसलमान। मैं भारतवासी हूँ, लेकिन मैं दुनिया का भी हूँ। अत्यंत महत्त्वपूर्ण है यह। मैं पैदा हुआ मुसलमान। पैदा हुआ भारत में। जब भारत क्रिकेट में हारता है तो दुख होता है, लेकिन दूसरे जीतते हैं तो उनकी तारीफ करने से नहीं हिचकूँगा। अगर कोई अच्छा खेल खेले तो उसकी तारीफ होनी चाहिए।

अगर पकिस्तान या चीन आक्रमण करे तो?

मैं विरोध करूँगा।

अगर भारत आक्रमण करे तो?

वह भी गलत है। अगर हमने गलती की है तो गलत है। अगर बिना वजह आक्रमण है तो क्या सही कहना चाहिए।

भारत के विभाजन को किस रूप में लेते हैं?

बँटवारा गलत था। मेरी व्यक्तिगत राय तो यही है। इतिहासकार भले ही कुछ भी कहें, लेकिन मेरे हिसाब से सबसे बड़ी समस्या देश का विभाजन रही। वह गलत हुआ। हम आज तक नतीजा भुगत रहे हैं। 'सलीम लँगड़ा' और 'नसीम' में मैंने यही बात कही। यही समस्या है। अनेक समस्याओं के मूल में यह भी समस्या है। देखिए कि बंगाल, पंजाब और सिंध में क्या हुआ? वजह क्या थी? क्या वजह थी कि हम साथ नहीं रह सकते थे। हमारा संगीत, रहन-सहन, बोलने का तरीका, यात्रा, भोजन, पहनावा सब कुछ मिला हुआ था। हम कहाँ से अलहदा हैं। आप लंदन जाइए तो भारतीय और पाकिस्तानी पंजाबी मिलकर दक्षिण भारतीय के मुकाबले खड़े मिलेंगे। खाड़ी देशों में मिलकर रहते हैं। लेकिन जब भारत-पाकिस्तान में झगड़ा होता है तो वहाँ भी वैमनस्य की भावना आ जाती है अगर एक रहते तो आज हम कितनी बड़ी ताकत होते?

अब कैसे पाटा जा सकता है?

अरुण शौरी जानते हैं, उनसे पूछिए आप।

फिल्मकार होने के नाते कुछ बताएँ?

एक महासंघ होना चाहिए। शायद उससे एक रास्ता निकले वह कदम पहले उठाना होगा। आप लोगों को भाषा और जाति के आधार पर कैसे अलग कर सकते हैं। यह मेरी किताब में नहीं है और न जहन में घुसती है ये बात।

अपनी फिल्मों के बारे में बताएँ—सबसे पहले 'अरविंद देसाई की अजीब दास्तान'...

शहर में मनुष्य के मूलभूत अलगाव की कहानी है यह। अरविंद देसाई जैसे हजारों-लाखों लोग तब भी थे और आज भी हैं। वे अलगाव के शिकार हैं और उनके अलगाव की अजीब दास्तान है।

'अल्बर्ट पिंटो को गुस्सा क्यों आता है'?

यह अल्पसंख्यक की समस्या है। मैं ईसाई हूँ। हमारी औरतें स्कर्ट वगैरह पहनती हैं तो हम योरोपीय हो गए। वहीं से जुड़ा महसूस करते हैं। अल्बर्ट पिंटो की दोस्त अधिक समझदार है। वह समझती है। लेकिन अल्बर्ट पिंटो तो कनाडा और आस्ट्रेलिया

की बातें करता रहता है। उसमें घुसा रहता है। उसे समझना चाहिए कि इस विविधता के बावजूद वह यहाँ का है। आप नाचिए, शराब पीजिए, क्या समस्या है, लेकिन खुद को अलग कैसे मान लेंगे? अनैतिहासिक रूप से खुद को अलग समझना कहाँ की बात है।

'मोहन जोशी हाजिर हो'?

मोहन जोशी तो आज के हिसाब से पागल समझे जाएँगे। वह कहता है क्यू में खड़े रहिए। वह गलत चीजों को गलत कहता है। वह कोर्ट में जाता है। नाइंसाफी के खिलाफ बढ़ता है। मैं उसको सलाम करता हूँ। आज लोग उसे 'खड़ूस' कहेंगे। पर वह भारत का नेक नागरिक है। आज तो 'धंधे की कुछ बात करो, कुछ पैसे जोड़ो' का सिद्धांत चल रहा है। देश मोहन जोशी जैसे लोगों से बनता है। देश में ऐसे लोगों की कमी नहीं है।

'सलीम लँगड़े पर मत रो'?

अल्पसंख्यक पर। मैंने कोशिश की थी सही समस्या दिखा सकूँ।

'नसीम'

6 दिसंबर, 1992 इस देश की तारीख में कील की तरह ठुक गया है। जैसे कि 1984 में दिल्ली के दंगे। आप देखते जाइए कि हम कितनी कीलें ठोंक रहे हैं। यह मुसलमान और हिंदू की समस्या नहीं है। यह मानव प्रतिष्ठा के खिलाफ है। समस्या यहाँ है।

टी.वी. पर क्या अच्छा लगता है?

हिंदी के ज्यादातर कार्यक्रम बकवास हैं। डिस्कवरी देखता हूँ केवल।

'मृत्युदंड' में हिंसा नहीं, खौफ है : प्रकाश झा

प्रकाश झा निर्देशित 'मृत्युदंड' प्रदर्शित हो गई है। 'बंदिश' उनकी पहली कोशिश थी लोकप्रिय सिनेमा को समझने के लिए लेकिन वे असफल रहे। वह खुद भी मानते हैं कि 'बंदिश' उनकी भूल थी। इस बार उन्होंने खुद ही विषय चुना है। शिल्प और शैली में लोकप्रिय तत्त्वों को अपनाते हुए भी वे अपने उद्देश्य से नहीं भटके हैं। माना जा रहा है कि 'मृत्यदंड' कला और व्यावसायिक फिल्मों की सफल संधि साबित होगी। माधुरी दीक्षित बतौर अभिनेत्री इस फिल्म में प्रभावित करती हैं। 'मृत्युदंड' के निर्देशन और वर्तमान दौर के सिनेमा पर प्रकाश झा से हुई बातचीत के अंश :

आपकी पिछली फिल्म 'बंदिश' असफल रही। उसकी असफलता को किस रूप में देखते हैं?

'बंदिश' मेरी पहली कोशिश थी लोकप्रिय सिनेमा को समझने की। मेरी खिड़की थी वह। उस खिड़की से जो दृश्य नजर आया, उसे मैं ठीक से समझ नहीं पाया। यही कारण है कि फिल्म के ताने-बाने को सही तरीके से मैं बुन नहीं पाया। लोगों ने लोकप्रिय सिनेमा के खिलाफ मुझे सावधान किया, लेकिन मैं उसमें कोई बुराई नहीं मानता। यह भी समझने की जरूरत है कि कोई भी फिल्म सिर्फ मनोरंजन या मारपीट या एक्शन से नहीं चलती। हर फिल्म में किसी-न-किसी सूत्र का होना बेहद जरूरी है। लोकप्रिय सिनेमा की सफलतम फिल्में 'दिलवाले दुल्हनिया ले जाएँगे', 'हम आपके हैं कौन!' या 'शोले' का ही उदाहरण लें तो स्पष्ट हो जाएगा कि इन सभी फिल्मों में कहने की कोई बात थी। एक सूत्र था। इसी सूत्र को लेकर सारी कहानी बुनी गई थी। मुझे लगता है कि 'बंदिश' में कहने की बात कहीं और रह गई। बीच में इधर-उधर खो गई।

क्या कहा जा रहा है, वह भी तो महत्त्वपूर्ण है। इन सफल फिल्मों में जो बात कही

गई है, उससे सहमत हुआ जा सकता है क्या?

सहमति-असहमति वैचारिकता से प्रेरित है। मैं जब 'सूत्र' या कुछ कहने की बात कर रहा हूँ तो उसका आशय यह है कि निर्देशक की स्पष्टता और विषय पर उसकी पकड़। ये फिल्में आम दर्शकों के मनोरंजन के लिए थीं। उन्होंने मनोरंजन किया भी। मैं उस सूत्र को ही लोकप्रिय शैली में पेश करने की बात कर रहा हूँ। विचार और विश्लेषण करने पर इन फिल्मों में विषय के निर्वाह से मतभेद हो सकता है।

'मृत्युदंड' में क्या सूत्र है?

इस समाज में आदमी और औरत के बीच क्या संबंध है। हम बात-बात में उसकी हेठी करते हैं। रोजमर्रा की छोटी-छोटी बातों में भी। हम अनजाने में भी औरतों को नीचा दिखाते रहते हैं। गाड़ी चला रहे हैं। रास्ते में गाड़ी आड़ी-तिरछी हो जाए तो झट से कह देते हैं कि कोई औरत चला रही होगी। इसी औरत को लेकर यह फिल्म बनाई गई है। वह अपनी सामाजिकता और पारिवारिकता के साथ पुरुष प्रधान समाज में अपने अस्तित्व को साबित करती है। औरतों की स्थिति का वर्णन 'मृत्युदंड' में कई स्तरों पर है। एक शबाना आजमी हैं, जो समाज के अनुरूप चलने में यकीन करती हैं। उसे अपनी नियति के तौर पर उन्होंने स्वीकार कर लिया है। दूसरे स्तर पर शिक्षित माधुरी दीक्षित है, जो अपने पति से बराबर का व्यवहार चाहती है। न मिलने पर विरोध करती है और फिर उसे हासिल करती है। तीसरा स्तर शिल्पा शिरोडकर है। माधुरी दीक्षित से मिलने के पहले वह हर किस्म के शोषण को ही अपनी नियति मानती है। कभी विरोध नहीं करती।

फिल्म में शबाना के चरित्र में आए बदलाव की उत्प्रेरक माधुरी दीक्षित ही हैं।

लेकिन यह बदलाव आसान नहीं रहा है। शबाना पहले प्रतिरोध करती हैं और माधुरी दीक्षित को समझाने की कोशिश करती हैं। वह बार-बार माधुरी से कहती है कि यही नियम है। माधुरी पलटकर कहती हैं 'तुमने तो बहुत मान रखा उनका, क्या भला हुआ तुम्हारा?' दोबारा धर्मशाला में शबाना माधुरी को समझाने की कोशिश करती हैं, लेकिन अब उतना जोर नहीं देतीं। वह कहती हैं कि 'अभी तो तुम जवान हो। लड़ सकती हो। कभी-कभी जीत भी जाओगी, लेकिन जब हारने लगोगी तब मालूम होगा कि औरत का मतलब क्या है?' माधुरी लगातार संबंध को बराबरी पर लेना चाहती हैं। वह समझदार हैं। अपने अस्तित्व को बेहतर समझती हैं। हाँ, कह सकते हैं कि शबाना के चरित्र में आए बदलाव में माधुरी प्रेरणा बनती हैं।

'मृत्युदंड' में मानसिक शोषण प्रसंगों से जाहिर होता है और शारीरिक शोषण प्रतीकों से। शिल्पा शिरोडकर के चरित्र में यह संभावना थी कि आप चालू फिल्मों की तरह औरत का शरीर दिखाते। क्या वितरकों ने भी दबाव नहीं डाला?

शोषण की शारीरिकता को दिखाने की क्या जरूरत थी? पता तो चल ही जाता है। पहले ही दृश्य में पता चल जाता है कि वह शारीरिक शोषण के लिए भी तैयार है। वह हर तरह से हर्जाना भरने को तैयार है। कुछ भी करूँगी। कैसे भी तुम्हारा पैसा दूँगी। उसका मतलब क्या निकलता है। इतनी सूक्ष्मता तो होनी चाहिए। संवादों में बता जाती है 'जब-तब शरीर नोचता रहता है।' ऐसे दृश्यों की जरूरत ही नहीं थी। मुझ पर एक तो किसी ने ऐसे दृश्यों के लिए दबाव नहीं डाला और दूसरे अगर डालता तो भी मैं नहीं मानता। फिल्म देखने के बाद किसी ने महसूस नहीं किया कि शिल्पा या किसी और औरत के शरीर को दिखाना जरूरी था।

आपकी फिल्म में घटनास्थल बहुत वास्तविक रूप में उभरा है। क्या वह फिल्म के लिए जरूरी है?

कहानी कल्पित हो या वास्तविक, मेरे खयाल में किसी भी कहानी में स्थान निर्धारित करना बेहद जरूरी है। वाचिक परंपरा में भी हम देखते हैं कि कहानी में राज्य और राजा का नाम लिया जाता है। उसकी राजधानी का जिक्र होता है। जब तक धरती स्थापित नहीं करेंगे, तब तक कुछ नहीं होगा। मैंने कई महीने तक इसके 'लोकेशन' पर काम किया। अगर मैंने यह फिल्म बिहार के चंपारण जिले में शूट की होती तो वहाँ इस तरह का लैंडस्केप नहीं मिल पाता। फिल्मकार के लिए जरूरी है कि वह स्क्रिप्ट की माँग के मुताबिक एक 'लोकेशन' स्थिर करे। और लोगों ने भी कहा कि 'लोकशन' वास्तविक है। पर आपको बताऊँ कि ये लोकेशन कई जगह पर बँटे हुए हैं—एक गोआ रोड पर, एक महाबलेश्वर, एक वाई है, एक मंडोली गाँव है। लेकिन पता नहीं चलता। हम लोगों ने पेड़ों तक में समानता रखी। इस फिल्म की भाषा भी थोड़ी अलग है।

'मृत्युदंड' सिर्फ औरतों की समस्या तक स्थिर नहीं रहती। अन्य सामाजिक समस्याएँ भी आ गई हैं। क्या ऐसा प्रयोग सोच-समझकर किया है आपने?

तीन घंटे तक लगातार औरत का दमन नहीं दिखाया जा सकता। मेरी फिल्म की पृष्ठभूमि में आज का समाज है। समाज में और क्या-क्या संघर्ष हैं? उन संघर्षों से महिलाएँ भी जुड़ी हैं। दस साल पहले मंदिर-मठ, जात-पाँत, स्त्री-पुरुष का संघर्ष समाज पर हावी नहीं था। यह सब कुछ था। दलित भी थे, मगर अब वे सामाजिक तौर पर जागरूक और प्रतिबद्ध हो गए हैं। आज समाज का हर अंग डरा हुआ है। एक खतरा महसूस कर रहा है। इसी कारण इतनी हिंसा है। संघर्ष बढ़ गया है। मेरी फिल्म में मोहन आगासे, मोहन जोशी, ओमपुरी, हरीश पटेल सभी घबराए हुए हैं और जोड़-तोड़ में लगे हैं। इसी में महिलाएँ भी हैं। इसी में हमारा नायक है। अच्छा-भला लड़का है, लेकिन उसे लगता है कि वह कुछ भी नहीं कर सकता। उसे नौकरी नहीं मिल सकती।

फ़िल्म में संकेत है कि ऊँची जाति का होने की वजह से उसे नौकरी नहीं मिली, क्या यह धारणा सही है?

क्या यह सच्चाई नहीं है। मुझे बताना तो था कि उसे नौकरी क्यों नहीं मिल रही है। आरक्षण है। इस आरक्षण से क्लर्क भी परेशान है। वह कहता है कि तुम लोग साफ-साफ लिखते क्यों नहीं कि किस जाति के हो? यह किस देश या समाज में होता है कि आवेदन पर अपनी जाति के बारे में लिखना पड़े कि अगड़ी जाति है, पिछड़ी जाति है या अनुसूचित जाति है? मैं उसकी वकालत नहीं कर रहा हूँ, पर उस सच्चाई को नजरअंदाज नहीं कर सकता। पूरी फिल्म देखने पर लगेगा कि मैं गरीबों और पिछड़ों के साथ हूँ। फिल्म में हमारा नायक पिछड़ी जाति का ही है। वास्तव में कोई इंसान निकलता है तो वह बरसों की मेहनत से आगे आया ओमपुरी। उसके पास आज ताकत है। वह मानवीय भी है। वह शोषण नहीं करता। मैंने देखा है। मेरे गाँव का गणेश कोइरी बाबा की जमीन बँटाई लेता था। बैंगन, साग और आलू उगाता था। वह खुद, उसकी बीवी और बच्चे सिर पर लाद कर जाते थे हाट में बेचने। आज गणेश कोइरी का बेटा छेदी गल्ले का सबसे बड़ा व्यापारी है। नगद किसी को भी चाहिए तो वह छेदी के पास जाएगा। उसके पास हमेशा पांच-दस हजार नगद रहता है। क्या करेंगे? आपको जनेऊ कराना है, शादी कराना है, अस्पताल जाना है, साइकिल खरीदनी है, कोर्ट जाना है—आप पैसे लेंगे उससे और वह धीरे-धीरे आपकी जमीन हड़प लेगा।

इसका मतलब शोषक और शोषित का पाला बदल रहा है सिर्फ। समाज से शोषण खत्म नहीं होगा।

यह तो नियति है। एक शोषक और दूसरा शोषित होगा ही। यह तो चला आ रहा है। हर युग में हर समय रहा है। हम समानता की बात करते हैं, पर सच्चाई में समानता नहीं है। ताकतवर अपनी ताकत नहीं छोड़ता। पिछले 25 सालों में सामाजिक संरचना बदली है, पर शोषण खत्म नहीं हुआ। 'दामुल' का संजीवना शोषण को अपनी नियति मानता है। इसी कारण वह पीड़ित रहा। वह विद्रोह नहीं कर पाता। 'मृत्युदंड' में रामबरन विद्रोह करता है। वह अब ताकत रखता है। चीजें बदल गई हैं। 'मृत्युदंड' 'दामुल' की ही अगली कड़ी है। इस कड़ी में एक और फिल्म बनाऊँगा।

प्रमुख भूमिका के लिए माधुरी को ही क्यों चुना?

संयोग है। 'मृत्युदंड' ही बनाने आया था। सुभाष घई के साथ बैठा था। उन्हें 'मृत्युदंड' की कहानी सुनाई। उन्होंने कहा कि निराश क्यों होते हो, इसे अवश्य बनाओ। नायिका की बात चली तो उन्होंने माधुरी दीक्षित का सुझाव दिया। उन दिनों उनकी 'खलनायक' की शूटिंग चल रही थी। मुझे बहू की भूमिका के लिए थोड़ी 'मैच्योर' लड़की चाहिए थी। माधुरी के चेहरे पर भाव तो है। मैंने कल्पना की, अगर वह

संतुलित होकर काम करेगी तो कमाल करेगी। लोकप्रिय है ही। माधुरी से बात हुई। कहानी सुनते समय उसकी तन्मयता देखकर मैं दंग रह गया। उसने हाँ किया और आग्रह किया कि एक साल इंतजार करें। उसी एक साल में 'बंदिश' की गलती कर बैठा। खैर, माधुरी ने इतना अच्छा काम किया है। उसका समर्पण देखते ही बनता था।

लेकिन ऐसे वक्त में जब औरत हर मोर्चे पर पुरुष की बराबरी कर रही है, इस फिल्म का क्या महत्त्व रह जाता है?

क्या ऐसा लगता है कि औरत पुरुष की बराबरी कर रही है। मुझे तो लगता है कि हर स्तर पर औरत को समझौता करना पड़ रहा है। मैं भी इसी समाज का हूँ। जाने-अनजाने मैंने भी बहुत तकलीफें दी हैं। समाज में पुरुष औरत को दबा देता है, क्योंकि वह उसे मार सकता है। माधुरी के संवादों में यह बात आती है। वह मानसिक प्रताड़ना सह लेगी, लेकिन मार नहीं खाएगी। उसका पति कहता है कि, 'औकात में रहो, हमारा मर्द बनने की कोशिश मत करो।' इस पर माधुरी जवाब देती है 'औकात को ताकत के तराजू में मत तौलिये'। मैंने इस फिल्म में पति-परमेश्वर का मिथक भी तोड़ा है। वह कहती है 'आप मेरे पति हैं, परमेश्वर बनने की भूल मत कीजिएगा।' जिसको जो कहना है कहे, मैं यह सुनते-सुनते थक गया हूँ।

सारे कला फिल्मकार व्यावसायिक फिल्मों के साथ प्रयोग कर रहे हैं। क्या आप भी कला फिल्मों से थक गए?

'मृत्युदंड' आपके प्रश्न का जवाब है। अगर मैं कला फिल्म से थक गया होता या निराश होता तो मैंने 'बंदिश' जैसी दूसरी फिल्म बनाई होती। अभी के माहौल को समझना बहुत जरूरी है। वर्तमान हालात ऐसे नहीं हैं कि समांतर फिल्में बनाई जा सकें। जब वक्त था, तब समांतर फिल्में बनीं। अच्छी बनीं। नाम, इज्जत और पैसा सब कुछ मिला हम लोगों को। अब उसे चलाते रहना संभव नहीं है, क्योंकि लागत बढ़ गई है। उस तरह का 'रिटर्न' नहीं है। पहले एक दर्शक समूह था। अभी वह बिखर गया है। एक उदाहरण मैं बार-बार देता हूँ कि 'दामुल' मैंने साढ़े बारह लाख में बनाई। आज उसी 'दामुल' को उन्हीं कलाकारों के साथ वैसे ही बनाने पर कम-से-कम पचास-साठ लाख का खर्च है। मजदूरी, स्टॉक की कीमत, कलाकारों की कीमत—सब कुछ में इजाफा हुआ है।

लेकिन व्यावसायिक फिल्मों की अपनी शर्तें भी तो होती हैं?

हाँ, फिल्म को बिक्री योग्य बनाने के लिए वितरकों, प्रदर्शकों और दर्शकों की रुचि के लिए कुछ चीजें जोड़नी पड़ेंगी। उसकी भाषा क्या हो? फिल्म की भाषा। पहले विषय पर ज्यादा जोर होता था। मुख्यधारा में आ रहे हैं तो मुख्यधारा के दर्शक का खयाल रखना पड़ेगा। वितरक पूछता है—वैल्यू क्या है? लुक क्या है? 'मृत्युदंड' में इन सारी चीजों पर हम लोगों ने विचार किया है। फिल्म की 'लुक' हमारे विषय

से हटे नहीं और जम भी जाए। उसकी भाषा, दृश्यों की संरचना सब पर सोचा गया। 'मृत्युदंड' का कोई भी दृश्य सम पर नहीं चलता। हर दृश्य एक बिंदु से शुरू होता है और तनाव पैदा करता है। 'मृत्युदंड' में ऐसी हिंसा तो नहीं है, पर देखकर निकलने पर लोग कहते हैं कि कितनी हिंसा है। 'मृत्युदंड' से यही छवि बनती है। हिंसा दिखाई नहीं पड़ती, माहौल में होती है। वह 'खौफ' है। 'मृत्युदंड' में मैं उसे ही लाना चाहता था। बिहार के किसी भी शहर में उतरते ही ऐसा एहसास होता है। ऐसा समाज है, ऐसी हिंसा है। सभी उबल रहे हैं।

आपको किस तरह के समझौते करने पड़े?

समांतर फिल्म में 'औकात को ताकत के तराजू में तौलिए' संवाद नहीं होता। वहाँ प्रतिकार थोड़ा सूक्ष्म और भिन्न होता है। यह समझौता नहीं। यह नई भाषा गढ़ने की कोशिश है। 'मृत्यदंड' के बारे में कोई नहीं कह सकता कि मैंने समझौता किया है। मैंने एक अलग भाषा गढ़ने की कोशिश की है। लोकप्रिय फिल्म की मेरी भाषा। उसे सीखकर बोल रहा हूँ। उसमें मेरा अपना 'टच' है। बगैर स्टेनगन के मैंने तनाव पैदा कर दिया है। जो मुझे कहना है, उससे अलग नहीं होऊँगा। किस तरह कहना है—यही समस्या है। अब उस भाषा में कह रहा हूँ, जिसे सुनने के दर्शक आदी हैं। यह समझौता कह सकते हैं

इस समझौते की जरूरत क्यों पड़ रही है?

विकल्प नहीं है। बीच का रास्ता खोजना ही होगा। ऐसा संयोग हुआ है कि ऐतिहासिक रूप से पहल 'मृत्युदंड' से हुई है। अगर 'मृत्युदंड' सफल हो गई तो लोकप्रिय सिनेमा में समांतर धारा चलेगी। बहुत सारे लोग हैं, जो चाह रहे हैं कि ऐसी फिल्में बनाई जाएँ।

बीच की इस 'संधि' धारा में और कौन से फिल्मकार हैं आपके साथ?

ढेर सारे फिल्मकार हैं। केतन मेहता, कुंदन शाह, गोविंद निहलानी, सईद मिर्जा, सुधीर मिश्रा और ऐसे कितने युवा फिल्मकार हैं। वे सभी प्रतीक्षा कर रहे हैं। ऐसी फिल्म चलती है तो और भी कई लोग आ जाएँगे। कोई भी पैसा देकर उपदेश नहीं सुनना चाहता, इसलिए दर्शकों को बिठाने की तरकीब खोजनी होगी। मेरे पास कई फोन आते हैं कि आपकी फिल्म अच्छी लगी। अभी उन लोगों ने सिर्फ 'कह दो एक बार सजना' गीत देखा है। पूरी फिल्म देखने के बाद अगर ऐसी सकारात्मक प्रतिक्रियाएँ आती हैं तो मेरा प्रयास सफल साबित होगा।

नवज्योति : जयपुर / 19 जुलाई, 1997)

प्रेम और सेक्स को जीवन का हिस्सा मानना अनिवार्य है : केतन मेहता

अभी कुछ दिने पहले युवा निर्देशक केतन मेहता की 'माया' ने 24वें अंतर्राष्ट्रीय फिल्म समारोह में अपनी निर्भीकता के कारण हंगामा मचाया था। दर्शकों एवं समीक्षकों की भीड़ उमड़ पड़ी। सुनने में यह भी आया कि दो-दो सौ रुपए के पास और टिकट बिके। सच जो भी हो, पर केतन मेहता की 'माया' ने दर्शकों की जिज्ञासा बढ़ा दी है। अपनी फिल्म के प्रति दर्शकों की इस प्रतिक्रिया से केतन मेहता खुश हैं। उनका मानना है कि केवल घटिया फिल्मों के माध्यम से ही लोकप्रिय मनोरंजन नहीं किया जा सकता। बेहतर और सुरुचिपूर्ण फिल्में भी दर्शकों के बीच लोकप्रिय हो सकती हैं। 24वें अंतर्राष्ट्रीय फिल्म समारोह से केतन मेहता लौटे और अपनी फिल्म 'पटेल' में व्यस्त हो गए। एक और फिल्म 'ओ डार्लिंग, ये ही इंडिया' की भी तैयारी कर रहे हैं। बंबई में उनके निवास पर हुई बातचीत के अंश :

फिल्म महोत्सव में आपकी फिल्म 'माया' देखने के लिए उपद्रव मच गया। क्या वजह थी?

कई वजहें थीं। फिल्म के एक दृश्य को लेकर मीडिया ने काफी हंगामा खड़ा कर दिया था। कुछ पत्रकारों ने फिल्म देखे बगैर अपनी तरफ से कुछ चटपटी चीजें लिख दी थीं। दूसरी वजह थी कि फिल्म समारोह में तीन वर्ष के बाद मेरी फिल्म दिखाई जा रही थी। डेलीगेट के अंदर एक जिज्ञासा थी। मीडिया के कारण दर्शकों की भी जिज्ञासा बढ़ गई थी। तीसरी वजह थी कि ऑडिटोरियम बहुत छोटा था। 430 लोगों के लायक ऑडिटोरियम था और तीन हजार डेलीगेट आए थे। फिर जिन्होंने फिल्म देखी, उन्होंने दूसरों को भी देखने की सलाह दी। इससे लोगों की जिज्ञासा बढ़ गई। बहुत अच्छा रिस्पांस मिला। कुछ लोगों ने कहा कि वे लंबे समय के बाद इतनी अच्छी फिल्म देख रहे हैं। जो लोग उस खास दृश्य के प्रति जिज्ञासु थे, उन्हें

भी देखने के बाद पता चला कि आम फिल्मों की तरह इसमें सिर्फ उत्तेजित करने के लिए इसका इस्तेमाल नहीं किया गया है।

खास जिज्ञासा की बात की आपने, क्या यह अपने जानबूझ कर पैदा की थी?

जी नहीं, यह फिल्म दिखाई जाने वाली थी। यह सबको मालूम था।

नहीं, मेरा आशय फिल्म निर्माण या आपकी योजना से है। कहीं यह सोचकर तो आपने इस दृश्य का सृजन नहीं किया था कि इससे दर्शकों और समीक्षकों की जिज्ञासा बढ़ेगी?

सोचकर सृजन किया था, पर जिज्ञासा बढ़ाने के लिए नहीं सोचा था। मुझे लगा कि अब वह समय आ गया है कि हम अपना पाखंड छोड़ें और दोहरे मानदंडों को त्याग दें। एक तरफ हमारी संस्कृति में बहुत पतले नकाब के अंदर कामुकता को दिखाया जाता रहा है। दूसरी तरफ हम औरत के शरीर को छोटे स्तर पर भी स्वीकार करने को तैयार नहीं हैं। इस तरह के पाखंड का बुरा असर पड़ता है। यह विध्वंसात्मक है। एक तरफ औरत के व्यवहार को बाँध दिया जाता है और दूसरी तरफ पुरुष की आक्रामक हिंसा को बढ़ावा दिया जाता है। दोनों ही स्थितियाँ स्वस्थ समाज के लिए बेहतर नहीं हैं। समय आ गया है कि हम औरत के वजूद को पहचानें और इस पर फिर से सोचें। वह दृश्य फिल्म के लिए आवश्यक था, इसीलिए उसे रखा गया। देखने के बाद आप पाएँगे कि वह फूहड़ या उत्तेजक नहीं है और न ही कोई झटका लगता है। यह स्त्री-पुरुष के संबंधों को समझने की कोशिश है, किसी हंगामे के लिए इसे नहीं रखा गया था।

क्या हिंदी फिल्मों का दर्शक इसे स्वीकार करने को तैयार है?

मेरे हिसाब से अश्लील साहित्य या फिल्म में जिसकी रुचि है, उसके लिए हर शहर के नुक्कड़ पर यह सामग्री उपलब्ध है। अश्लीलता के संबंध में मूल्य निर्णय देना अब पुरानी चीज हो गई है। दूसरी तरफ अलग किस्म की चीज को बढ़ावा देने के कारण प्रेम और सेक्स विषयक हमारी धारणा विद्रूप हुई है। अधिकांश लोकप्रिय फिल्मों में कैबरे, बलात्कार और औरतों के भोंडे चित्रण से इस विद्रूपता को बढ़ावा मिला। मेरे खयाल में प्रेम और सेक्स को जीवन का हिस्सा मानना अनिवार्य है। अब उसे अलगाने की जरूरत नहीं है।

पर सेक्स अभी एक वर्जना है हमारे समाज में।

हाँ, है। उसको खत्म करना है, क्योंकि उसका बुरा असर समाज पर पड़ रहा है।

पर क्या औरत का शरीर दिखाकर ही यह संभव है?

फिल्मों में एक पुरुष कलाकार अपनी मांसपेशियाँ और चौड़ा सीना दिखाता

है। दर्शक उस पर ताली बजाते हैं। वह भी गर्व महसूस करता है। अब समय आ गया है। हम यह महसूस करें कि औरत के पास एक शरीर होता है। पचास साल पहले बुरका और घूँघट औरत के जीवन का हिस्सा था। पिछले एक-दो दशकों में यह हट पाया है। औरतों के शरीर के प्रति यह दृष्टिकोण पुरुष और स्त्री दोनों के लिए हानिकारक है। औरत के शरीर के प्रति यह परहेज तो पिछले पाँच-छह सौ वर्षों में हुआ है। इस अलगाव से नुकसान ही हुआ है। हमें अजंता एलोरा की परंपरा में औरत के शरीर को महत्त्व देना चाहिए।

'माया' आपकी पुरानी फिल्मों से अलग है।

हाँ, अब तक मैं सामाजिक विषयों पर फिल्में बनाता रहा। 'भवनी भवाई' और 'मिर्च मसाला' की समीक्षकों ने काफी प्रशंसा की थी। फिर 'हीरो हीरालाल' में मैंने लोकप्रिय सिनेमा के साथ प्रयोग किया। 'माया' में मैंने मनुष्य के मस्तिष्क में घुसने की कोशिश की है। यह बाहर से अंदर की यात्रा है। यह फिल्म मेरा एक स्वप्न था।

'हीरो हीरालाल' के बारे में क्या कहेंगे?

फिल्म जब रिलीज हुई तो न तो समीक्षकों ने इसकी सराहना की और न दर्शकों को यह पसंद आई। हो सकता है कि किसी दिन लोग इस फिल्म को फिर से देखें और पसंद करें। विचार के स्तर पर बिल्कुल आधुनिक फिल्म थी। यह मीडिया के प्रति ताजा दृष्टि थी। मीडिया हमारी वास्तविक जिंदगी को किस कदर प्रभावित कर सकता है। इस फिल्म में वही दिखाया गया था। आज भी मैं सोचता हूँ कि वह अच्छी फिल्म है।

फिल्मों के प्रति आपके चरित्रों का वह आकर्षण 'माया' में भी मौजूद है। माया को फिल्में देखने का शौक है।

यह हिंदुस्तान की हकीकत है। वास्तविक लोगों की ही तरह फिल्म हमारी जिंदगी का वास्तविक हिस्सा है। हमारे विकास में माँ-बाप के साथ ही फिल्मों का भी प्रभाव है। हर पीढ़ी के समय कुछ ऐसी फिल्में रही हैं। कुछ ऐसे कलाकार रहे हैं।

किंतु इस प्रभाव का क्या असर हुआ? अच्छा तो नहीं कहा जा सकता।

अच्छे-बुरे का मूल्यांकन करने लगें तो फिर धर्म का भी तो कोई अच्छा असर नहीं रहा। चारों तरफ हमारी बनाई सामाजिक संस्थाएँ टूट रही हैं। बस इसे स्वीकार करें कि इसका असर रहा है। किसी भी असर के बहिष्कार या भर्त्सना करने की जरूरत नहीं है।

लोगों का ऐसा मानना है कि आपके अंदर एक सनक है काम करने की। कुछ झक्की किस्म के व्यक्ति हैं आप।

नहीं, मैं ऐसा नहीं मानता। इस देश में फिल्म बनाना और वह भी अपनी रुचि और मर्जी की फिल्म बनाना आसान काम नहीं है। 'माया' मैं बना सका, जैसा चाहता था, वैसी बना सका, यह एक बहुत बड़ा संघर्ष था। आज तक मैं केवल अपनी मर्जी की फिल्में बना रहा हूँ। इसमें समय और ऊर्जा खर्च होती है। यह कहना ठीक है कि जो प्रोजेक्ट मुझे नहीं जँचता, जिस पर मैं यकीन नहीं करता, उस पर काम नहीं करता।

एक फिल्मकार के रूप में अपनी यात्रा को कैसे आँकते हैं?

मैं परिवर्तनशील व्यक्ति हूँ।

इस परिवर्तन की कोई दिशा तो होगी?

यदि आप मेरी फिल्मों को देखें तो मेरी प्रत्येक फिल्म दूसरी फिल्म से अलग है। यह सब मेरे पहलू हैं—मेरे अंदर इतनी दिशाएँ हैं। एक तरफ जाकर देखता हूँ, फिर लौटता हूँ। फिर दूसरी तरफ जाता हूँ। मेरे अंदर ही कई मैं हैं। उम्मीद करता हूँ कि यह खोज लगातार जारी रहेगी। मैं दर्शकों को बार-बार चौंकाना चाहूँगा।

'माया' में आपने औरत के वजूद को दिखाने की बात कही। किंतु माया बोल्ड चरित्र नहीं लगती। आप क्या कहेंगे?

मैं स्वतंत्र पहचान की बात कर रहा था। मैंने कभी नहीं कहा कि वह बोल्ड चरित्र है। वह जो है, जैसी है, उसी तरह उसे रखा गया है। निर्देशक के तौर पर उसे दिखाने में मैंने 'बोल्डनेस' दिखाई है। उसके चित्रण में स्पष्टता है। मैंने उसके अंतर्विरोध को पकड़ा है। वह एक साधारण औरत की कहानी है। वह क्रांतिकारी या महान चरित्र नहीं है। आप अपने जीवन में किसी-न-किसी माया को जानते होंगे। हम सबके अंदर एक माया है। मैं नहीं चाहता कि दर्शक उसके लिए आँसू बहाएँ, उससे सहानुभूति दिखाएँ। मैं चाहता हूँ कि दर्शक उस माया को महसूस करें।

'माया' की कहानी किसकी है।

यह स्वतंत्रता के बाद के भारत की कहानी है। समय के साथ थोड़ा-सा सिनेमाई खिलवाड़ किया गया है। यह एक शैली है। इसमें छठे दशक से लेकर वर्तमान समय तक की कहानी है। समय को थोड़ा खींचा गया है, जबकि कहानी सात-आठ साल का समय लेती है।

फिल्म का अंत स्पष्ट नहीं है।

हाँ, मैं इसमें यकीन नहीं करता कि दर्शक को हर चीज काले और सफेद के रूप में बताई जाए। दर्शक भी इसमें सहभागी हैं। वे अपनी तरफ से भी निष्कर्ष निकालें। तथ्य केवल यह है कि माया का जीवन समाप्त हो गया। कैसे समाप्त हुआ? यह दर्शक तय करें।

आपकी एक अन्य फिल्म 'पटेल' किस अवस्था में है। काल विशेष की वह फिल्म करते हुए कोई दिक्कत पेश नहीं आई?

'पटेल' पर काम करते हुए अलग किस्म का अनुभव हुआ। इतने वृहद स्तर पर मैंने काम नहीं किया था। हजार-हजार लोग सेट पर रहते थे। विशाल सेट था। फिर राष्ट्रपति भवन, संसद भवन जैसी इमारतों में शूटिंग करनी थी। एक बड़े स्केल पर काल विशेष का सृजन करना था। उसका मज। और नशा कुछ और ही होता है। एक छोटी-सी फिल्म पर महीन काम करने का मजा अलग होता है।

पटेल पर पूरी फिल्म बनाने के बाद आप पटेल का मूल्यांकन कैसे करते हैं?

वे महान नेता थे। यह देश आजादी के समय 507 राजा-रजवाड़ों में बँटा था। इसको एक करना कितना काम रहा होगा, जबकि हम एक बने-बनाए देश को नहीं सँभाल पा रहे हैं। उस समय कितने दबाव और तनाव रहे होंगे। उन सबसे गुजरते और जूझते हुए पटेल ने इस देश के निर्माण में निर्णायक भूमिका निभाई।

कला सिनेमा किस मुकाम पर है?

कला और लोकप्रिय फिल्म का फर्क करना गलत है। ऐसे फर्क करने से नुकसान ही हुआ। सातवें दशक के अंत और आठवें दशक के शुरू में कुछ फिल्मकारों ने अलग-अलग किस्म की फिल्में बनाने की हिम्मत की। हालाँकि वे सभी अलग-अलग किस्म की फिल्में बना रहे थे। पर सभी को एक कोष्ठक में डालकर एक नाम दे दिया गया। यह शोर किया गया कि ये सभी फिल्में ऊबाऊ हैं, दर्शक इन्हें पसंद नहीं करेंगे। इनको कोई देखना नहीं चाहता। इस तरह का लेबल लगा दिया गया। ऐसे साहसी फिल्मकारों को हाशिए पर डालने के लिए यह जानबूझकर किया गया। सच्चाई यह है कि आज कुछ बेहतर अभिनेता और तकनीशियन उन कला फिल्मों से आए हैं।

आप अपनी फिल्मों को कला फिल्मों की श्रेणी में मानते हैं या नहीं?

जहाँ तक मेरा सवाल है, पहली फिल्म से ही मेरी यह मजबूत धारणा रही है कि बोध और तकनीक के स्तर पर बनी अच्छी फिल्में भी आम दर्शक तक पहुँच सकती हैं। 'भवनी भवाई', 'मिर्च मसाला' और 'माया' में मैंने बगैर कोई समझौता किए व्यापक दर्शक तक पहुँचने की कोशिश की है। तकनीक के स्तर पर बेहतर और सौंदर्यानुभूति के स्तर पर सुंदर फिल्मों के दर्शक मौजूद हैं। मैं यह मानने को तैयार नहीं कि आप घटिया फिल्में बनाकर ही दर्शकों तक पहुँच सकते हैं। जो लोग यह मानते हैं कि केवल व्यावसायिक फिल्में ही दर्शकों तक पहुँचती हैं, वे कहीं-न-कहीं दर्शकों को बेवकूफ मानते हैं। मैं यह मानने के लिए कतई तैयार नहीं हूँ।

आप किन फिल्मकारों को अपने नजदीक पाते हैं?

ऐसा नहीं हैं। फिल्म संस्थान, पूना से मैं प्रशिक्षित हुआ। वहाँ मैंने कई बड़े

फिल्मकारों की फिल्में देखीं। सबसे कुछ-न-कुछ हासिल किया। अपनी फिल्मों में मैं स्वयं को तलाशने की कोशिश कर रहा हूँ। सीधा प्रभाव या किसी के अनुकरण जैसी कोई चीज नहीं है।

फिर भी तुलनात्मक रूप से किसी ने अधिक प्रभावित किया होगा?

पहली फिल्म बनाने के समय में बर्तोल्त ब्रेख्त और कुछ लैटिन अमेरिकी फिल्मकारों के नजदीक था। 'होली' के समय अलग बात थी, अलग भाव थे। 'मिर्च मसाला' के समय मैं पाँचवें दशक के भारतीय फिल्मकारों के अधिक करीब था। 'ह्मीरो हीरालाल' पूरी तरह से समकालीन लोकप्रिय सिनेमा का नमूना थी। 'माया' में मैंने बिलकुल अलग किस्म की रूपात्मक शैली में काम किया। अपनी पहचान की यात्रा है। यह मुझे कई रास्तों और कई मुक़ामों से लेकर जाएगी।

अगली योजना?

'ओ डार्लिंग ये है इंडिया !' यह एक रात की कहानी है। मुंबई की एक गली के जीवन और प्यार की कहानी है। भारत में रहने और जीने के आनंद और आतंक को दिखाऊँगा। इसमें शाहरुख, दीपा, जावेद जाफरी, अनुपम खेर, अमरीश पुरी और रघुवीर यादव हैं।

(अमर उजाला : 21 मार्च, 1993)

हम लोग व्यावसायिकता के ग्लैमर में कैद हैं : माधुरी दीक्षित

आपकी फिल्म 'कोयला' प्रदर्शित हो रही है। क्या सोच रही हैं?

फिल्मों के प्रदर्शन के समय पहले चिंता रहती थी कि फिल्म चलेगी या नहीं चलेगी? आज वैसी चिंता नहीं रहती, पर यह उम्मीद तो रहती ही है कि फिल्म चले। फिल्म चले तो इस इंडस्ट्री में बाकी चीजें भी चलने लगती हैं। इस फिल्म में पहली बार राकेश रोशन के निर्देशन में काम करने का मौका मिला। मैंने उनकी पिछली फिल्में देखी हैं। 'करण-अर्जुन' अच्छी फिल्म थी और चली भी। उम्मीद तो यही है कि यह फिल्म भी चलेगी।

लेकिन शाहरुख खान के साथ आपकी फिल्म 'अंजाम' को दर्शकों ने अधिक पसंद नहीं किया?

उस फिल्म के प्रदर्शन के समय शाहरुख खान बेहद लोकप्रिय थे। मैं भी लोकप्रिय थी। कहीं-न-कहीं लोगों को लगा कि रोमांटिक फिल्म होगी। मैं शाहरुख को मार देती हूँ, यह दर्शकों को अच्छा नहीं लगा। फिल्म में शाहरुख मुझे मारता है, तो वह हिंसा भी लोगों को पसंद नहीं आई। अगर दर्शकों की उम्मीद के मुताबिक फिल्म न हो तो अच्छी-से-अच्छी फिल्म मार खा जाती है। 'अंजाम' के साथ यही हुआ। 'कोयला' में शाहरुख खान के साथ मेरी जोड़ी अलग किस्म की है। यहाँ उद्दाम प्रेम है।

'हम आपके हैं कौन' के बाद आपकी कोई भी फिल्म अधिक चर्चित नहीं हुई?

'हम आपके हैं कौन' में एक ऊँचाई थी। पिछले अस्सी सालों में कोई भी फिल्म इतनी हिट नहीं हुई। आगे भी पता नहीं कोई फिल्म होगी या नहीं होगी। 'हम आपके हैं कौन' से मिली ऊँचाई और सफलता के बाद एक ठहराव आना स्वाभाविक था। सोच रही हूँ कि कुछ अलग किस्म की फिल्म करूँ। 'हम आपके हैं कौन' को पार कर पाना संभव होगा या नहीं, पता नहीं।

क्या वह ऊँचाई ऐसी है, जहाँ से आप अपने विकास को देख सकें?

ऊँचाई तो है, देख भी सकती हूँ, लेकिन मैं पीछे देखती नहीं हूँ। पीछे देखने पर चक्कर आने लगता है, इसलिए मैं आगे देखती हूँ। आगे देखने पर लगता है कि बहुत कुछ करना बाकी है। ऐसा नहीं है कि इतनी बड़ी सफलता मिल गई तो चुप बैठ जाऊँ। सफलता अब मेरे लिए प्राथमिक शर्त नहीं है। मैं अलग किस्म की भूमिकाएँ निभाना चाहती हूँ।

क्या भविष्य में ऐसी फिल्म आ रही है?

'मृत्युदंड' ऐसी ही फिल्म है। इसमें भूमिका अलग हटकर है। यों फिल्म इंडस्ट्री में हर भूमिका को अलग हटकर कहने का चलन है, पर इसमें सचमुच भूमिका अलग हटकर है। आज तक लोगों ने मुझे ऐसी भूमिका में नहीं देखा है।

आपकी ज्यादातर फिल्में आपके 'नृत्य-गीत' के कारण दर्शकों को अच्छी लगीं। थिरकनेवाले हाथ 'मृत्युदंड' में बंदूक उठा रहे हैं, क्या माधुरी दीक्षित अपनी छवि बदल रही है?

फिल्मों में छवि बन जाती है। कोई भी अभिनेता या अभिनेत्री सोचकर अपनी छवि निर्मित नहीं कर सकती। नई भूमिकाएँ मिलें तो अच्छा लगता है। 'मृत्युदंड' में एक अलग चरित्र निभाने को मिला है। एक किरदार मिला है। देखना है कि दर्शक पसंद करते हैं या नहीं। पता नहीं क्या होगा, लेकिन मैं उस भूमिका से खुश हूँ। एक चुनौती है मेरे लिए।

मान लीजिए यह फिल्म चलती है, तो आगे भी इस तरह की भूमिकाएँ करेंगी?

जरूर करूँगी। तब वह मेरे लिए अच्छा प्लेटफार्म होगा।

फिल्म चलने पर तो यह स्वाभाविक है, लेकिन, अगर फिल्म नहीं चलती है तो क्या करेंगी?

फिर भी आगे कोशिश जारी रहेगी। अब मुझे अलग किस्म की भूमिकाएँ चाहिए।

क्या आपको नहीं लगता कि हिंदी फिल्मों में नायिकाओं को ठोस चरित्र नहीं मिलता?

हाँ, यह स्थिति है। अगर कभी ठोस चरित्र मिलता है तो वह अव्यवसायिक हो जाता है या उसे अव्यावसायिक फिल्म मान लिया जाता है। व्यावसायिक फिल्मों में हम अभिनेताओं के लिए नृत्य, गीत, ग्लैमर और कुछ भावपूर्ण दृश्य होते हैं। जैसे 'बेटा' और 'खलनायक' थी। 'हम आपके हैं कौन' बिल्कुल हटकर थी। भूमिका साधारण थी, लेकिन कुछ अलग था उसमें ऐसे ही किरदार चलते हैं। व्यावसायिक फिल्मों में थोड़ा अलग काम करो तो झट से उसे 'ऑफबीट' कह दिया जाता है। यह रवैया है लेकिन चीजें बदल रही हैं। बहुत से निर्देशक कोशिश कर रहे हैं, कुछ

अलग करने की। लेकिन अब भी हम लोग व्यावसायिकता के ग्लैमर में कैद हैं।

यह कैद निर्माता-निर्देशकों के कारण है या आप लोगों की तरफ से भी है?

इस तरीके से किसी एक पर आरोप नहीं लगाया जा सकता। ऐसा वर्गीकरण नहीं हो सकता। यहाँ सब कुछ सफलता पर केंद्रित है। अगर कोई फिल्म सफल हो जाए तो सभी लोग प्रशंसा करते हैं और लीक पर चलने लगते हैं। अगर कोई भूमिका सफल नहीं होती तो वह फिल्म कब आती और कब चली जाती है, पता भी नहीं चलता। लोग भूमिका को पसंद करते हैं, पर फिर सोचते हैं कि ऐसी फिल्म नहीं चलती तो क्या फायदा? इस तरह आगे की कोशिश रुक जाती है।

यह सफलता बॉक्स ऑफिस से तय होती है?

बिल्कुल, व्यावसायिक फिल्मों में यही होता है। व्यावसायिक फिल्मों में प्रशंसा, आलोचनात्मक प्रशंसा या पुरस्कार का महत्त्व नहीं है। पहली और आखिरी शर्त है कि वह व्यावसायिक तौर पर सफल होती है या नहीं। 'बेटा', 'साजन' और 'राजा' जैसी फिल्में चलती हैं। अलग भूमिका करो तो 'ऑफबीट' लेबल लगने लगता है। मुझे खुशी है कि प्रकाश झा ने अलग विषय पर व्यावसायिक फिल्म बनाई है।

मुंबई के एक क्षेत्र जे बी नगर की लड़की आज सारी दुनिया में विख्यात है। क्या इसे हासिल करने में आपने कुछ खोया भी?

जो खोया, उससे ज्यादा पाया। खोया तो यही कि 'प्रायवेसी' नहीं है। बाहर कहीं जाओ तो लोग घेर लेते हैं। लेकिन यह भी एक सवाल है कि अगर मैं बाहर जाऊँ और लोग न पहचानें तो डर जाऊँगी। यह क्या हो गया कि किसी ने नहीं पहचाना? लोग पसंद करते हैं, इसीलिए तो हम हैं। इसलिए खोया तो कम है, पाया ही ज्यादा है। जो लोग मुझे जानते भी नहीं, वे पसंद करते हैं। मेरे लिए दुआएँ करते हैं। यह बहुत बड़ी बात है। फिल्में देखकर ही पंसद करने लगते हैं। कितनी दादियाँ हैं, जो मुझे अपनी पोती ही मानती हैं। कभी मिलती हैं तो बड़े स्नेह से मिलती हैं। कहाँ मिलता है किसी को इतना प्यार। वह अच्छा लगता है। कभी थोड़ी चिढ़ होती है, लेकिन, अगर लोग न मिलें तो...और भी गड़बड़ है।

आप संभवतः पहली मराठी अभिनेत्री हैं, जिसे इतना प्यार और सम्मान हिंदी दर्शकों ने दिया?

यह कहना उचित नहीं होगा। मैं हिंदी फिल्मों में सफल पहली मराठी अभिनेत्री नहीं हूँ। पहले दुर्गा खोटे जी थीं। वह संभ्रांत मराठी परिवार से आई थीं। नूतन जी आईं। नूतन जी के बाद लंबा अंतराल रहा। बीच में लीना चंद्रावरकर जी आईं। उनके बाद तो कोई भी नहीं रहा। मैं व्यावसायिक फिल्मों की बात कर रही हूँ। गैर-व्यावसायिक फिल्मों में स्मिता पाटिल जी थीं। व्यावसायिक फिल्मों में लीना के

बाद में ही आई। प्रभुत्व ज्यादातर दक्षिण भारतीयों का रहा। हिंदी फिल्मों के दर्शकों ने मुझे स्वीकार किया। अपना प्यार दिया, इसके लिए मैं उनकी कृतज्ञ हूँ।

आपने इतने सारे निर्देशकों के साथ काम किया। उनमें किसके निर्देशन से ज्यादा प्रभावित हुईं?

हर निर्देशक की अपनी शैली होती है। वे उसी शैली में अपनी स्क्रिप्ट घुमाते रहते हैं। हर निर्देशक से मैंने सीखा है। जैसे कि विश्वनाथ जी हैं। उनके साथ 'संगीत' में काम किया या बापू के साथ 'प्रेम प्रतिज्ञा' की। एन. चंद्रा के साथ 'तेजाब' या सुभाष घई के साथ 'राम लखन' और 'खलनायक' की। सूरज बड़जात्या के साथ 'हम आपके हैं कौन' की। यश जी के साथ 'दिल तो पागल है' कर रही हूँ। हर निर्देशक में एक खासियत होती है, जो उनके साथ काम करने पर ही सीखने को मिलती है। किसी एक का नाम नहीं ले सकती। हर निर्देशक में मैंने अलग पहलू पाया है।

पुराने निर्देशकों में कौन प्रिय हैं?

बहुत सारे निर्देशक हैं। उन्होंने महिलाओं को केंद्र में रखकर अच्छी फिल्में बनाई हैं। कुछ लोग कहते हैं कि एक औरत ही औरत के विषय पर अच्छी फिल्में बना सकती है, लेकिन मैं कहती हूँ कि आप फिल्मों का इतिहास देखिए, जितनी महिला केंद्रित फिल्में हैं, वह पुरुषों ने बनाई हैं। गुरुदत्त, विमल राय, के. आसिफ और महबूब खान के साथ काम करने का मौका हमारी पीढ़ी को नहीं मिला। यह बात खलती है।

अगर उस जमाने में आप रहतीं तो किस अभिनेता के साथ काम करना पसंद करतीं?

बाप रे, बहुत मुश्किल प्रश्न है, मगर रोचक है। मुझे लगता है कि अलग-अलग कारणों से उनके साथ काम करती। दिलीप कुमार श्रेष्ठ अभिनेता हैं, उनके साथ काम करना पसंद करती। 'स्टाइल' की बात होती तो देव आनंद के साथ काम करना पसंद करती, क्योंकि उनकी फिल्मों के गाने अलग किस्म के होते थे। उनके काम करने का ढंग अलग था। 'कंटेंट' जहाँ आता है, वहाँ राजकपूर जी के साथ काम करती। अशोक कुमार बहुमुखी अभिनेता हैं। उनके साथ गाना जरूर गाती।

अपने समकालीन अभिनेताओं के बारे में क्या राय है आपकी?

जैसा कि मैंने निर्देशकों के बारे में कहा, वैसे ही हर अभिनेता की अपनी विशेषता है। मैं उन्हें उनकी विशेषताओं के लिए सराहूँगी। जैसे आमिर हैं वह बहुत सूक्ष्म अभिनय करते हैं। भावनात्मक और हास्यपूर्ण दृश्य अच्छा कर लेते हैं। शाहरुख नाटकीय दृश्य अच्छा करते हैं। अक्षय कुमार लड़ाई स्टंट अच्छा करते हैं। नृत्य भी अच्छा करते हैं। सलमान खान चंचल और शैतानी के दृश्यों में अच्छे लगते हैं।

समकालीन अभिनेत्रियों के बारे में बताएँ? क्या उनमें से किसी से ईर्ष्या करती हैं आप?

मैं किसी से ईर्ष्या नहीं करती। मेरे खयाल में अच्छे काम की तारीफ होनी चाहिए। मैं उनकी सराहना करती हूँ। करिश्मा कपूर आज भी पीढ़ी की श्रेष्ठ नर्तकी हैं। उसने अभिनेत्री के तौर पर विकास किया है। 'राजा हिंदुस्तानी' मैंने देखी है। उसमें बहुत अच्छा काम किया है उसने। हर एक के लिए निश्चित भूमिका होती है। 'राजा हिंदुस्तानी' उसके लिए वही है, जो मेरे लिए 'तेजाब' थी। मनीषा कोइराला ने 'बांबे' और 'खामोशी' में काफी संवेदनशील काम किया है। ग्लैमर के मामले में उर्मिला मातोंडकर का जवाब नहीं। वह मेहनत करती है। 'जुदाई' में वरिष्ठ अभिनेत्री श्रीदेवी के साथ उसने सुंदर काम किया है। आत्मविश्वास बनाए रखा है। काजोल स्वतःस्फूर्त अभिनेत्री है। शोख और चंचल काजोल को पर्दे पर देखते ही दर्शक मुस्कुराने लगते हैं। उसमें यह खास गुण है।

आपने महिला केंद्रित फिल्मों का जिक्र किया। अपनी फिल्म में आप किसे महिला केंद्रित मानती हैं?

'बेटा', 'प्रेम प्रतिज्ञा', 'संगीत' और मोटे तौर पर 'हम आपके हैं कौन'। इन फिल्मों में नारी चरित्रों का अच्छा चित्रण है। सरलता व निर्दोष व्यक्तित्व की भारतीय महिलाएँ हैं।

महिलाओं के हक के लिए नारीवादी आंदोलन में कितना यकीन करती हैं?

चिल्लाना या नारे लगाना नारीवाद नहीं है। यह घर से शुरू होना चाहिए। अपने यहाँ तो कई ऐसे गाँव हैं जहाँ बच्ची को जन्म लेते ही मार देते हैं। पूरा रवैया बदलना चाहिए। नारी को नारा बनाने से कुछ नहीं होगा। मोर्चा, पोस्टर निकालने या शोर करने से क्या होगा? लड़की हो तो उसे खिलौने में किचेन सेट देते हैं, जबकि लड़कों को कार और बंदूक देंगे। बचपन से ही हम मान लेते हैं कि लड़की को तो घर पर ही बैठना है, किचेन में ही काम करना है। दूसरी तरफ, यह माना जाता है कि लड़के कुछ भी कर सकते हैं। यह पूरा रवैया बदलना चाहिए।

क्या आपको नहीं लगता कि आपकी भी सामाजिक जिम्मेदारी है?

सामाजिक जिम्मेदारी है न। जो लोग लोकप्रिय हैं, जिनकी बातें लोग ध्यान से सुनते हैं, अगर वे सामाजिक प्रतिबद्धता नहीं दिखाएँ तो फिर उनकी सामाजिक समझदारी का कोई फायदा नहीं है। एक हद तक सभी को कुछ करना चाहिए। हम लोग तो फिल्मों के माध्यम से ही कुछ करते हैं। जैसे कि 'मृत्युदंड' में एक संदेश है। उसमें उपदेश नहीं है।

आपकी व्यस्तता के कारण अमिताभ बच्चन के साथ आपकी फिल्म शुरू नहीं हो पा रही है?

आप इंद्र कुमार जी से पूछिए कि 'इश्क' कब खत्म कर रहे हैं। मेरे कारण कोई समस्या नहीं है। उनकी 'इश्क' खत्म नहीं हो रही है। वह उन निर्देशकों में से नहीं हैं, जो कई फिल्में एक साथ कर सकें। वह एक बार में एक ही फिल्म पूरे ध्यान से बनाते हैं। वह जैसे ही 'इश्क' से खाली होंगे, तारीख वगैरह की बातें करके हम काम शुरू कर देंगे।

ऐसी ऊँचाई पर पहुँचने के बाद क्या कभी अकेले में रोई हैं?

हाँ, बिना ग्लिसरीन के रोई हूँ। हम कोई अलग नहीं हैं। उसी मिट्टी के बने हैं और उसी मिट्टी में जाना है। रोना-हँसना सभी के जीवन में होता है। अनुभव के बाद ही हम सभी भावों का चित्रण कर पाते हैं। जिसने कुछ महसूस नहीं किया हो, वह व्यक्त कैसे करेगा?

कभी खुशी के आँसू भी निकले?

हाँ, 'तेजाब' हिट हो गई थी। तब मैं विदेश में थी। फोन पर मुझे बताया गया कि 'तेजाब' हिट हो गई है, पर मैं निश्चिंत नहीं थी। यहाँ एयरपोर्ट पर उतरी। बाहर निकली। गाड़ी में सामान रख रही थी तो गाड़ी साफ करने वाले दो बच्चे घूरते हुए मिले। मुझे देखा तो वे भागकर आए। एक ने पूछा आप तो 'तेजाब' वाली हैं न 'एक-दो-तीन वाली'। पहली बार किसी ने मुझे पहचाना था। मैंने हाँ कहा, तो उसने ऑटोग्राफ माँगा। वह मेरे जीवन का पहला ऑटोग्राफ था मैंने अपना नाम लिखा माधुरी दीक्षित। मैंने जिस लड़के को ऑटोग्राफ दिया था। उसने मेरे हस्ताक्षर का 'एम' अक्षर पढ़ा और अपने साथी से कहा 'देखा न, मोहिनी है'। मोहिनी की याद रही उसे।

पाँच साल बाद खुद को कहाँ देखती हैं?

पर्दे पर ही। शायद पर्दे के पीछे, पता नहीं।

निर्देशन का इरादा है क्या?

करना तो चाहूँगी, पर पहले देखना होगा कि मैं इस योग्य हूँ या नहीं। निर्देशन में जाने की एक प्रक्रिया होती है—मुझे लगता है कि अभी बहुत कुछ सीखना बाकी है। जब तक सीख न लूँ, तब तक शुरू नहीं करूँगी।

अमर उजाला (रंगायन) : 12 अप्रैल, 1997

'सत्या' मेरे लिए एक खोज हो सकती है : रामगोपाल वर्मा

समीक्षकों से मिली तारीफ के बाद अब दर्शकों से क्या उम्मीद कर रहे हैं? खासकर 'दौड़' की असफलता के बाद इस फिल्म की सफलता आपके लिए विशेष मायने रखती होगी?

फिल्म की शुरुआत से लेकर अंत तक मैंने इस संबंध में अधिक नहीं सोचा। दरअसल, कोई भी फिल्मकार यह सोचकर फिल्म नहीं बनाता कि वह हिट फिल्म बनाएगा। कभी कोई चीज अच्छी लगती है। कभी वह काम कर जाती है और कभी काम नहीं कर पाती। यह फिल्मकार की मानसिक अवस्था होती है। 'रंगीला' और 'दौड़' बनाते समय वैसी मानसिक अवस्था थी। 'सत्या' पूर्व नियोजित फिल्म नहीं है। एक बार संयोग से बातचीत के दौरान एक कहानी ने आकर्षित किया। उस कहानी पर हमने काम किया और फिल्म बनी। समीक्षकों ने इस फिल्म की प्रशंसा की है। इसमें हर तरह के समीक्षक शामिल हैं, इसलिए उम्मीद तो करता हूँ कि यह दर्शकों को भी पंसद आएगी।

'सत्या' में अपराध-जगत के किस पक्ष को आपने रखा है?

आरंभ में एक्शन फिल्म बनाने का इरादा था। जब इस सिलसिले में काम शुरू किया, तो अपराध-जगत के लोगों में रुचि बढ़ी। व्यक्ति के तौर पर उन लोगों ने आकर्षित किया। मैं सोचता रहा कि वे भी मेरी तरह मनुष्य हैं, लेकिन वे कैसे इस जिंदगी में चले गए। आखिर क्यों उन्होंने इसे स्वीकार किया? उनकी निजी और पारिवारिक जिंदगी कैसी है? मैं उनकी मानसिकता समझना चाहता था। केवल अपनी स्थितियों और परिस्थितियों के कारण वे हमसे भिन्न हैं। मैं उनकी इस भिन्नता को उनके परिवेश में देखना और दिखाना चाहता था।

फिल्म पूरी करने के बाद क्या यह सब आप हासिल कर पाए?

सौ प्रतिशत तो नहीं कह सकता, क्योंकि तब यह क्लासिक फिल्म बन जाती है। फिर भी इतना कह सकता हूँ कि मैं जो कहना चाहता था, वह कहने में सफल रहा। चरित्र-चित्रण को लेकर दूसरों की राय अलग हो सकती है। भिन्नताएँ तो बची रह जाती हैं। मुझे लगता है कि जो कथा मेरे दिमाग में थी, वह पर्दे पर उतार सका।

'सत्या' फिल्म में अपराध-जगत के प्रति कौन सा दृष्टिकोण है?

मेरी कोशिश रही है कि किसी एक समूह या वर्ग का दृष्टिकोण हावी न हो। होता यह है कि दर्शक के तौर पर हम जो सोचते हैं, वही देखना चाहते हैं। हमें लगता है कि वे पैसे या किसी और वजह से लोगों की हत्याएँ करते हैं। हम उसके आगे नहीं सोच पाते, पर वास्तव में देखें कि वहाँ क्या होता है? उदाहरण के लिए भीखू म्हात्रे किसी की हत्या करके लौटता है। उसकी पत्नी उससे झगड़ती है कि वह देर से क्यों आया? यहाँ वह आम आदमी हो जाता है। पत्नी और पत्नी से हुआ झगड़ा उसे आम आदमी बनाता है। भीखू म्हात्रे के लिए यह रोज का काम है। जैसे कोई दफ्तर से लौटता है, वैसें ही वह हत्या करके लौटता है। 'सत्या' इस दृष्टि से अलग है। व्यावसायिक फिल्मों ('दीवार', 'अर्जुन', 'शिवा' आदि) में प्रतिनायक को भावनात्मक उबाल में दिखाते हैं। निर्देशक बताता है कि उनके साथ अन्याय हुआ, इसलिए वे ऐसे हो गए। उन्हें विद्रोही चरित्र के तौर पर पेश किया जाता है। एक रोमांटिक दृष्टिकोण रहा है कि जो कोई भी अन्याय के खिलाफ विद्रोह करे, वह हीरो है। मैं बताना चाहता हूँ कि ऐसी बात नहीं है। मैं इस फिल्म में सही या गलत का निर्णय नहीं करना चाहता था। पर ऐसा हो सकता है कि उन्हें (अपराध-जगत के लोगों को) अपने कृत्य का एहसास हो और वे उससे बाहर आएँ। फिल्म का नायक सत्या महसूस करता है कि विद्या के साथ उसे खुशी होती है। जब तक इसका एहसास होता है, तब तक वह काफी अंदर घुस चुका होता है। इसलिए निकल नहीं पाता। तो ऐसी स्थिति में न जाएँ। जिससे निकलना मुश्किल हो। यही 'सत्या' का संदेश है। यही दृष्टिकोण है।

अपराध-जगत की इस कहानी में प्रेम-कहानी का होना आवश्यक था क्या?

यह आवश्यक था। यह नहीं होता, तो फिल्म अंडरवर्ल्ड के चरित्रों का दस्तावेज मात्र हो जाती। फिल्म के नायक सत्या के साथ कहानी आगे बढ़ती है। सत्या आजीविका के लिए मुंबई आता है। घटनाएँ ऐसी होती हैं कि वह जेल चला जाता है। जेल में गैंगस्टर से उसकी दोस्ती हो जाती है। गैंगस्टर बनने के बाद उसकी दोस्ती विद्या से होती है। विद्या चाल में रहती है। वह उससे प्रेम करने लगता है। लड़की उसके बारे में कुछ नहीं जानती। वह बता भी नहीं सकता कि वह क्या करता है? विद्या के साथ उसकी दोस्ती और अंडरवर्ल्ड में उसकी भागीदारी समानांतर बढ़ती है। प्यार इतना बढ़ता है कि वह अंडरवर्ल्ड का माहौल नहीं झेल पाता और अपनी पहचान

छिपाने का अपराध-बोध भी उसे सालता है। फिल्म की कहानी यही है कि ऐसी स्थितियों में आदमी के साथ क्या हो सकता है। अपराध-जगत के लोगों के लिए संदेश सत्या के चरित्र से मिलता है। भीखू म्हात्रे, चंदर, कल्लू मामा या दूसरे उस वातावरण के हिस्से हैं। उनमें कोई प्रगति नहीं होती, इसलिए प्रेम कहानी का होना जरूरी है।

ऐसे तो लगता है कि सत्या बेहद समझदार व्यक्ति है, पर फिल्म के अंतिम दृश्यों में वह आम हीरो की तरह अतार्किक और नाटकीय हो जाता है। ऐसा क्यों?

क्योंकि भावना तर्क पर विजयी हो जाती है। अंतिम दृश्यों में यही होता है। प्रेम के साथ यही बात है, क्योंकि तब आप कारणों पर विचार नहीं करते। प्रतिष्ठा का भी खयाल नहीं रखते और ठेस खाने के लिए तैयार रहते हैं। अंतिम दृश्यों में सत्या सामान्य प्रेमी है, इसलिए वैसा व्यवहार करता है।

इस फिल्म का मुख्य किरदार किसे मानें?

सत्या को मुख्य किरदार मानना पारंपरिक सोच का नतीजा है। दर्शक फिल्मों के चरित्रों को नायक, नायिका, चरित्र अभिनेता, खलनायक, कॉमेडियन आदि के रूप में ही देखते हैं। यह उनकी आदत है। मैं तो यही कहूँगा कि अंडरवर्ल्ड मुख्य किरदार है। यह फिल्म उसी के इर्द-गिर्द घूमती है। पुलिस, सत्या भीखू म्हात्रे सभी अंडरवर्ल्ड की बनाई स्थिति में घूमते हैं। इस फिल्म का दूसरा मुख्य किरदार मुंबई है।

इस फिल्म में स्थापित अभिनेताओं को आपने नहीं लिया। स्थापित अभिनेत्री उर्मिला मातोंडकर को लिया, तो उनकी छवि बदल दी?

मैंने नए अभिनेताओं को इसलिए लिया कि वे मेरी फिल्म की लोकेशन में विश्वसनीय लगें। मैं अक्षय खन्ना जैसे अभिनेता को ऐसे लोकेशन में नहीं डाल सकता था। अंडरवर्ल्ड के चरित्रों को निभाने के लिए अपरिचित चेहरे ही अधिक उचित लगते। उर्मिला का चरित्र केवल ऐसा है, जो अंडरवर्ल्ड या पुलिस का नहीं है। चूँकि, प्रेम कहानी इस फिल्म की रीढ़ है, इसलिए उर्मिला जैसी स्थापित अभिनेत्री के साथ प्रेम कहानी जल्दी ही स्थापित हो जाती है। सत्या उसे देखता है और दर्शक समझ जाता है कि वह उससे प्यार करेगा। मुझे उस संबंध को स्थापित करने के लिए अतिरिक्त दृश्यों की जरूरत नहीं थी। इसलिए मुख्यधारा की अभिनेत्री को लिया और बाकी किरदारों में नए कलाकारों को।

चक्रवर्ती और मनोज बाजपेयी से आप कितने संतुष्ट हुए?

वे दोनों नए होने के बावजूद अच्छे अभिनेता हैं। चक्रवर्ती ने मेरे साथ तेलुगु फिल्मों में काम किया है। वह सत्या की भूमिका को निभा सकता था। चक्रवर्ती की उपस्थिति असरदार है। वह एक साथ नाजुक और खतरनाक लगता है, वह पृष्ठभूमि

में खो सकता है, पर सामने आने पर हावी हो सकता है। मनोज बाजपेयी की 'बैंडिट क्वीन' से मैं काफी प्रभावित था। वह असाधारण अभिनेता है। मैंने अभी तक जितने अभिनेताओं के साथ काम किया है, उनमें सबसे अधिक प्रतिभाशाली है। वह अधिक प्रतिभाशाली है, क्योंकि व्यक्ति के तौर पर वह बहुत विनीत स्वभाव का है। वह प्रशंसित और पुरस्कृत अभिनेताओं की तरह नहीं है, जो पर्दे पर और पर्दे के बाहर एक जैसे लगते हैं। मनोज के साथ यह अलग बात है कि कैमरे के सामने वह काफी बदल जाता है। आप उसकी आँखों से देख सकते हैं कि वह बदला हुआ चरित्र है। ऐसे अभिनेता से मैं पहली बार मिला।

क्या आपको नहीं लगता कि संगीत फिल्म के अनुरूप नहीं है?

मैं सहमत हूँ। फिल्में बनाना महँगा काम है, इसलिए मैं इनसे इनकार नहीं करूँगा कि संगीत के बाजार से थोड़ी मदद हो जाती है। चूँकि, नायिका गायिका है, इसलिए मुझे लगा कि संगीत की संभावना बनती है। प्रेम कहानी भी थी। इस तरह दो-चार गीत हो सकते थे। गीत-संगीत को फिल्म का हिस्सा बनाने का इरादा था। वह फिल्म के मूड में मददगार होता।

आप स्वयं किन निर्देशकों से प्रेरित या प्रभावित हैं?

मुख्य रूप से दो-तीन निर्देशक हैं। सबसे पहले शेखर कपूर का नाम लूँगा। शेखर देश के सर्वश्रेष्ठ निर्देशक हैं। फिल्मों में हास्य, हिंसा और माहौल का सृजन मैंने शेखर से सीखा है। 'मि. इंडिया', 'मासूम' और 'बैंडिट क्वीन' से सीखा है। मैं रमेश सिप्पी की 'शोले' से भी प्रभावित हूँ। फिल्मों में भव्य दृश्यात्मक प्रभाव के लिए मणि रत्नम् का उल्लेख करूँगा। 'रंगीला' के गीतों का फिल्मांकन मैंने 'रोजा' से प्रभावित होकर किया। अंत में फिर से कहूँगा कि मैं शेखर कपूर से प्रेरित और प्रभावित हूँ।

आप अलग-अलग किस्म की फिल्में बनाते रहे हैं, क्या किसी विशेष खोज में हैं?

मैं यह नहीं कह सकता कि किस खोज में हूँ। 'सत्या' मेरे लिए एक खोज़ हो सकती है, पर यह भी हो सकता है कि मेरी अगली फिल्म बिल्कुल अलग हो। मैंने सस्पेंस, थ्रिलर, एक्शन, प्रेम कहानी, हॉरर सब कुछ बनाया है।

आपकी अगली फिल्म क्या है?

यह एक सस्पेंस थ्रिलर है। फिल्म का नाम है 'कौन?' बारिश की एक रात में एक लड़की और एक मनोरोगी खूनी के बीच की कहानी है। इसमें कोई गीत नहीं है। सिर्फ एक की कहानी है। मनोज बाजपेयी और उर्मिला मातोंडकर इसके मुख्य किरदार हैं।

अमर उजाला (रविवासरीय) : 14 जून, 1998

हमने चरित्र को नयी पृष्ठभूमि दी : कल्पना लाजमी

कल्पना लाजमी की तीसरी फिल्म है 'दरमियां'। 'एक पल' उनकी पहली फिल्म थी। दूसरी फिल्म 'रूदाली' डिंपल कपाड़िया के अभिनय और 'दिल हूम-हूम करे' जैसे कर्णप्रिय संगीत के कारण अधिक चर्चित हुई। उन दोनों फिल्मों से अधिक चर्चित है 'दरमियां'। निर्माण के दौरान विषय के 'बोल्डनेस' की वजह से जिज्ञासा बनी। शुरू में मुख्य भूमिका शाहरुख खान निभा रहे थे। उनका समय न मिल पाने पर आरिफ जकारिया ने यह भूमिका निभाई इस फिल्म में। किरण खेर, शाहबाज खान और तब्बू भी हैं, पर इन सभी कलाकारों से प्रमुख है विषय। एक बातचीत में कल्पना लाजमी ने 'दरमिया' के कारण अन्य विषयों के बारे में भी बहुत कुछ बताया। प्रस्तुत हैं मुख्य अंश :

कहते हैं पूजा भट्ट की 'तमन्ना' और आपकी 'दरमियां' एक ही व्यक्ति के जीवन पर आधारित हैं। क्या उस व्यक्ति के कारण फिल्म में भी समानता है?

बिल्कुल नहीं, मैंने जब महेश भट्ट का लेख पढ़ा था, तब 'तमन्ना' की बात भी नहीं चली थी। मैंने उस लेख से एक पंक्ति ली—एक अभिनेत्री और उसके बेटे का संबंध। उर्मी जुवेकर के साथ मिलकर मैंने नए ढंग से कहानी लिखी। हम दोनों ने उस चरित्र को नई पृष्ठभूमि दी है। फिल्म की पृष्ठभूमि के साथ नई पारिवारिक पृष्ठभूमि दी और हिजड़ों की अपरिचित दुनिया भी रखी। 1946 से 1960 के बीच हमारी कहानी चलती है। 'तमन्ना' और 'दरमियां' में कोई समानता नहीं है।

कहानी को 1946 से 1960 की पृष्ठभूमि देने की कोई खास वजह है क्या?

चौदह सालों के उस समय में हम माँ-बेटे के संबंध को दिखाते हैं। माँ अपने कैरियर की ऊँचाई से ढलान पर आती है, दूसरी तरफ बच्चा भी बड़ा होता है। वह वयस्क हो जाता है। हमें लगा कि चालीस-पचास साल पहले के माहौल में इस फिल्म की कहानी रहे तो वह प्रभावशाली होगी।

क्या वजह है कि एक साथ कई फिल्में इस साल ऐसे विषय पर आईं?

हर युग में फिल्मकार या कोई भी सृजनात्मक व्यक्ति नए क्षेत्रों की खोज करता है। उसे अलग बात करने की खुजली होती है। सामाजिक वातावरण के प्रभाव में एक जैसे विषय या एक जैसे मुद्दे सभी के दिमागों में घूमते हैं। मैं इसे नकल नहीं मानती। जैसे कि दस साल पहले मैंने 'एक पल' बनाई थी तो मुझे मालूम नहीं था कि अपर्णा सेन 'परोमा' और भवेन साइकिया 'अग्निस्नान' बना रहे हैं। तीनों फिल्में बहुत अच्छी बनीं। विषय एक जैसा था, मगर कहानी के स्रोत अलग-अलग थे।

दस साल के बाद फिर से वैसा ही संयोग हुआ है क्या?

दस साल बाद यह संयोग हुआ है। यह हम लोगों के लिए नया है। पश्चिम में भी कहा जा रहा है कि समान लिंग के व्यक्ति भी शादी कर एक साथ रह सकते हैं। अब तक भारत में यह जाहिर नहीं था, पर चल रहा था। पर्दे में था। पश्चिम से आई हवा ने उस पर्दे को हिला दिया है। मेरी फिल्म समलैंगिकता पर नहीं है। मेरी फिल्म का विषय है एक इंसान अलग-अलग रूप में पैदा होता है तो समाज को अधिकार नहीं है कि उसे उपेक्षित करे। इसमें लड़का पैदाइशी हिजड़ा है। हमने हिजड़ों की दुनिया भी दिखाई है। कैसे कष्ट हैं वहाँ, साथ ही उनके आक्रामक और गुस्सैल रवैए को भी समझने की कोशिश की है। आखिर, क्यों समाज ने उन्हें नहीं अपनाया? मुझे खुशी है कि ऐसी फिल्में बन रही हैं। यह दर्शकों की जागरूकता है। लोगों को अब ऐसी फिल्में बनाने के लिए पैसे मिलने लगे हैं।

क्या बाजार और निर्माताओं का व्यावसायिक दबाव नहीं रहता?

ऐसी फिल्में बना पाना आसान नहीं है। आजकल गीत-संगीत पर जोर दिया जाने लगा है। इस फिल्म में गीत डालने का मौका था, लेकिन अपनी हर फिल्म में जरूरी तौर पर गाने नहीं डालूँगी। बाजार में रहते हुए काम करने में दिक्कत है। हटकर काम करने के लिए पैसे नहीं मिलते, बगैर गानों की फिल्म के लिए तो और भी नहीं मिलेंगे। मुझे अगले पाँच सालों में भी ऐसी स्थिति दिखाई नहीं पड़ती कि कोई निर्माता आकर कहे कि बगैर गानों की फीचर फिल्म मनाओ। हाँ, टी.वी. पर ऐसी कोशिश हो सकती है, लेकिन वहाँ प्रायोजकों को लंबे धारावाहिक चाहिए। प्रायोजक कहते हैं कि बावन कड़ियों से कम होने पर हमारे 'प्रोडक्ट' पर नजर नहीं जाती। टेलीफिल्म की दर्शकता और भी कम है। बहुत मुश्किल स्थिति है। सच यही है कि नब्बे प्रतिशत फिल्में संगीत के साथ बनती हैं।

समांतर और कला फिल्मों का दौर भी खत्म हो गया-सा लगता है?

खत्म ही समझिए। उस प्रवृत्ति के लिए कई चीजें चाहिए। सिर्फ एक फिल्मकार और लेखक पर निर्भर होने से कुछ ही नहीं होगा। यह समझदार फायनेंसर, संवेदनशील वितरक और संवेदनापूर्ण प्रदर्शक...तीनों के परस्पर सहयोग से ही संभव होगा। वितरकों

को सोचना चाहिए। वे करोड़ों की फिल्मों का घाटा सहने को तैयार रहते हैं, मगर कम कीमत की अच्छी फिल्मों को नहीं उठाते। ऐसी फिल्मों में जोखिम कम है, फिर भी वे हिम्मत नहीं करते। हम लोग महँगे व्यावसायिक सिनेमा से लड़ना नहीं चाहते। लड़ भी नहीं सकते। साधारण दर्शक की रुचि अलग है। फिर यह सवाल उठता है कि दर्शकों के पास विकल्प हो तब तो कहा जाए कि वे क्या देखना चाहते हैं। यह विकल्प तभी मिलेगा, जब वितरक आगे आएँगे। प्रतिबद्ध किस्म के कलाकारों, निर्देशकों, वितरकों और प्रदर्शकों के सहयोग से ही संभव होगा।

इन दिनों कला और व्यावसायिक सिनेमा के बीच के रास्ते की खोज चल रही है। कई निर्देशक इस दिशा में प्रयासरत हैं, क्या ऐसी फिल्मों को सफलता मिलेगी? इन्हें संधि फिल्म कहें या कोई और नाम दें?

नाम तो बस सुविधा और श्रेणीकरण के लिए दिया जाता है। पहले विमल राय, गुरुदत्त और महबूत खान ने वैसा काम किया। इधर गोविंद निहलानी, प्रकाश झा और दूसरे निर्देशक कोशिश कर रहे हैं। अगर, बड़े दर्शक समूह तक पहुँचने के लिए वे लोकप्रिय कलाकारों को लेकर कुछ करना चाहते हैं तो क्या गलत है? हमें यह देखना है कि वे अपने सौंदर्य-शास्त्र से अलग तो नहीं हो रहे हैं। किस शैली में कहना है यह हर निर्देशक की अपनी पसंद हो सकती है।

महिला निर्देशकों की श्रेणी को आप किस हद तक स्वीकार करती हैं?

इस तरह की किसी अलग श्रेणी को मैं स्वीकार नहीं करती। यह निश्चित है कि निर्देशक महिला होगी तो स्त्री मनोविज्ञान हमेशा काम करेगा। स्त्री की क्रिया-प्रतिक्रिया किसी भी मुद्दे पर अधिक संवेदनशील होती है। मैं यह नहीं कहूँगी कि पुरुष संवेदनशील नहीं होते। कई लोग काफी संवेदनशील हैं। इसलिए मैं सामान्यीकरण नहीं करती। लिंगभेद से सामान्यीकरण करना मुझे बिल्कुल पसंद नहीं है। आज मैं फिल्मकार हूँ, इसलिए मेरी तुलना फिल्मकार के तौर पर होनी चाहिए। फिर आप श्याम बेनेगल, सुभाष घई, प्रकाश झा, अपर्णा सेन या किसी और से तुलना करें।

फिल्मी सितारों से कितना सहयोग मिल पाता है?

बहुत मुश्किल होता है उनसे सहयोग मिलना। आजकल फिल्मों के नब्बे प्रतिशत कलाकार व्यापारी हो गए हैं। वे सही मायने में व्यावसायिक उद्यमी भी नहीं हैं। वे अपने कैरिअर और काम को अधिक महत्त्व नहीं देते। एक-दो फिल्मों से दर्शकों के बीच लोकप्रिय होकर वे इतने असुरक्षित हो जाते हैं कि कुचक्र में फँस जाते हैं। गिर जाने के खौफ से घिरे रहते हैं। लेकिन अच्छे कलाकार भी हैं—नाना पाटेकर, शाहरुख खान, आमिर खान। लड़कियों में तब्बू, माधुरी दीक्षित और मनीषा कोइराला हैं। इन सभी ने अच्छे फिल्मकारों को समय दिया है। ये प्रतिभाशाली हैं। इसके पास आंतरिक सिनेमाई चेतना है। यह फिल्मकार पर निर्भर करता है कि वह किस तरह

इन्हें कम पैसे पर काम करने के लिए तैयार करते हैं। या तो फिल्मकार बेहद अच्छा हो या फिर फिल्म की स्क्रिप्ट अच्छी हो। अन्यथा करोड़ों कमाने वाला कलाकार क्यों अपना समय देगा और आर्थिक नुकसान करेगा। अगर, सितारों को लेकर काम करना है तो स्क्रिप्ट बहुत अच्छी होनी चाहिए।

आगे की क्या योजनाएँ हैं?

इस फिल्म के प्रदर्शन के बाद दो टी.वी. धारावाहिक का निर्देशन करूँगी। दोनों ही धारावाहिक भारतीय स्वाधीनता की पचासवीं साल गिरह से संबंधित हैं। उसके बाद मनोहर श्याम जोशी के उपन्यास 'कजरी' पर फिल्म बनाऊँगी। अगर आसानी से धन नहीं मिला, तो संभव है कि उसे धारावाहिक का रूप दे दूँ।

अमर उजाला (रविवासरीय) : 24 अगस्त, 1997

'ताल' की प्रस्तुति असाधारण है : सुभाष घई

सुभाष घई की फिल्में प्रदर्शन के पहले से ही चर्चा में आ जाती हैं। इस बार 'ताल' अनिल कपूर, ऐश्वर्या राय और अक्षय खन्ना के अभिनय और आनंद बख्शी के गीत व ए आर रहमान के संगीत से सजकर आ रही है। इस फिल्म ने दर्शकों की जिज्ञासा बढ़ा दी है। एक तो सुभाष घई की रोचक शैली और उस पर रूप, अभिनय और संगीत की त्रिवेणी...इसके अलावा पहली बार सुभाष घई ने त्रिकोणात्मक प्रेमकहानी का त्रिभुज तैयार किया है। 'ताल' और हिंदी फिल्मों की आज की स्थिति पर सुभाष घई से एक बातचीत :

'ताल' में काफी कुछ नया है। क्या कुछ बताएँगे?

सभी लोगों का मानना है कि सफल फिल्मों के लिए स्टार का होना जरूरी है। स्टार के साथ कहानी हो तो सोने पर सुहागा हो जाता है। स्टार फिल्म को ऊपर उठा देते हैं। दर्शक उन्हें ही देखने जाते हैं। बीस-इक्कीस सालों में मैंने बड़े और छोटे स्टारों के साथ फिल्में बनाईं। कुछ कामयाब रहीं, लोगों ने उन्हें सराहा। मेरी जिम्मेदारी कुछ अधिक है। लोग जब मेरी फिल्में देखने आते हैं तो वे स्टार नहीं देखते, वे सुभाष घई की फिल्में देखते हैं। मेरे लिए स्टार से अधिक अहमियत फिल्म की रहती है। मैं पहले फिल्म के बारे में सोचता हूँ, फिर उस फिल्म की कहानी के उपयुक्त स्टारों को चुनता हूँ। स्टारों के पीछे वे लोग पड़ते हैं, जो फिल्म की कहानी अच्छी तरह नहीं बुनते हैं। मैंने कभी बड़े स्टार को नहीं लिया। वह भाव खा रहा हो या उसकी डायरी भरी हो या वह नखरे दिखा रहा हो तो मैंने उसे नहीं लिया। मैंने फिल्म हमेशा मध्यम स्तर के स्टारों को लेकर बनाई है। स्तर की बात मैं बाजार के संदर्भ में कर रहा हूँ, उनकी प्रतिभा इस स्तरीकरण से अलग होती है।

ऐश्वर्या राय को 'ताल' की नायिका बनाने के क्या कारण हैं?

मैं शुरू से जानता था कि ऐश्वर्या राय अच्छी अभिनेत्री है। लोगों और मीडिया की राय अलग थी। कुछ निर्देशक भी नहीं मानते थे। इंडस्ट्री सारी खिलाफ थी। सब लोग कहते थे कि कहाँ से लिया। अक्षय खन्ना की फिल्में नहीं चलती हैं। उसे क्यों तो लिया? आप ही बताएँ कभी एक्टर चलता है क्या? वह कभी नहीं चलता। फिल्में चलती हैं। फिल्म से एक्टर चलता है। एक्टर से फिल्में नहीं चलतीं। फिर भी मीडिया के लोग कलाकारों के चलने या न चलने की बातें करते हैं। अच्छी फिल्मों की वजह से कोई कलाकार चलता है। प्रेस के लोगों और दर्शकों को अपनी धारणा बदलनी चाहिए। मैंने ऐश्वर्या और अक्षय को फिल्म की कहानी के कारण लिया है। छह फ्लॉप फिल्मों के बावजूद अक्षय 'ताल' में खड़ा है। 'ताल' में अक्षय दर्शकों की अपेक्षाओं को पूरा करेगा। 'ताल' के बाद दोनों की तारीफ होगी। लोग इन्हीं को सुपर स्टार बना देंगे। तो फिर क्या हँसी नहीं आएगी।

लेकिन फिल्में फ्लॉप होती हैं। आपकी भी कुछ फिल्में फ्लॉप हुईं। वहाँ क्या बात बिगड़ गई?

जरूर फ्लॉप देखने पड़े, हो सकता है आगे भी देखना पड़े। आदमी यही चाहता है कि मैं 'नॉट आउट' खेलता रहूँ। कभी वह शतक पर आउट होता है तो कभी शून्य पर भी। आप गौर करें कि शतक बनाने वाला ही शून्य पर आउट होता है, जो बीस रन बनाने वाला है, वह कभी शतक नहीं बनाएगा। कभी-कभी फिल्में फ्लॉप होती हैं। उसके तीन बड़े कारण हैं। कभी हम कहानी गलत ले लेते हैं, जो दर्शकों के सामूहिक निर्णय में गलत हो जाती है। उनको लगता है कि कहानी गलत है, ऐसा हो ही नहीं सकता। कभी हम फिल्म ही ठीक नहीं बना पाते। उसकी कहानी ठीक से नहीं कह पाते। हमने 'त्रिमूर्ति' बनाई थी। उस फिल्म के हर दृश्य में गड़बड़ी थी। तीसरी बात कि ऐसी फिल्में प्रतियोगिता में फँस जाती हैं और दूसरी फिल्मों के अनुपात में पिछड़ जाती हैं।

अभी कहा जा रहा है कि 'ताल' की वजह से 'कोहराम' को नुकसान हो सकता है?

नहीं...नहीं...'कोहराम' का अपना रुतबा है। उसमें दो-दो बड़े स्टार और एक्टर हैं। बल्कि हमें डर है कि 'कोहराम' की वजह से 'ताल' के छोटे बच्चे (ऐश्वर्या और अक्षय) मालूम नहीं कहाँ टिकें। हमारे लिए 'कोहराम' 'ताल' से बड़ी फिल्म है।

ए आर रहमान के साथ कैसी संगत रही?

रहमान के साथ अच्छी संगत रही। सिर्फ उनकी समस्या है कि उन्हें हिंदी नहीं आती हिंदी समझाने में मेरी जान निकल जाती थी। आनंद बख्शी को 'पोएट्री'

समझाने में दिक्कत होती थी, लेकिन समझ जाते थे तो संगीत में पूरी तरह से लीन हो जाते थे। रहमान को संगीत की तकनीकी जानकारी है। दुनिया-भर का संगीत वे जानते हैं। संगीत के इस खजाने का गणित बिठाकर वे मधुर धुन बना देते हैं। मैंने उनसे सीखा कि दुनिया भर के बेहतर संगीत का कैसे उपयोग किया जा सकता है।

कह सकते हैं कि रहमान दिमाग से संगीत रचना करते हैं, दिल से नहीं?

नहीं, पहले वे दिमाग से करते हैं, फिर दिल भी लगा लेते हैं। हर सृजन में एक बात जरूरी होती है कि पहले आप दिल से कीजिए और फिर दिमाग से सोचिए।

'ताल' में गीतों के फिल्मांकन पर विशेष ध्यान दिया है आपने? कहते है ऐश्वर्या काफी खूबसूरत दिखी हैं?

किसी भी प्रेम कहानी में लड़की का होना जरूरी है। उसका खूबसूरत होना भी आवश्यक है। अगर फिल्म संगीतपूर्ण है तो नृत्य और संगीत पर जोर होगा। स्क्रिप्ट की माँग के मुताबिक इस तरह की खूबसूरती और नृत्य का होना जरूरी था। कोई भी प्रेमकहानी सरल होती है। 'ताल' कोई अनोखी प्रेमकहानी नहीं है, लेकिन इसका 'ट्रीटमेंट' अलग है। प्रेमकहानी किस तरह दिखाई जा रही है, वही नवीनता है। 'ताल' भी एक प्रेमत्रिकोण है। इसका प्रस्तुतिकरण असाधारण है।

उम्र के इस मोड़ पर आकर आपको प्रेमकहानी सूझी?

उम्र के इस मोड़ पर शायद मुझे प्रेम समझ में आया। इसके पहले मानवीय प्रेम और संबंधों पर फिल्में बनाईं। रोमांटिक प्रेमकहानी को पहले मैं बेकार समझता था। पहले फिल्में देखते समय फिल्मों में प्रेम करते लड़की-लड़के बेवकूफ लगते थे। एक-दूसरे के पीछे भाग रहे हैं और फिर माँ-बाप से लड़ना शुरू कर देते हैं। प्रेमकहानी ने भी उत्साहित नहीं किया। इस कहानी ने उत्साहित किया। इसमें मूल्यों की भी बातें हैं। इस कहानी में प्रेमी एक-दूसरे से जितना प्रेम करते हैं, उतना ही अपने माँ-बाप से भी प्रेम करते हैं। 'ताल' में प्यार का दायरा अलग है। वे अपने परिवार के मूल्य-मर्यादा का कैसे पालन करते हैं और प्रेम भी करते हैं।

इस फिल्म में आपका अपना प्रेम आया है या नहीं?

निश्चित ही शादी के पहले पाँच-छह साल मैंने प्रेम किया। मैंने जिंदगी में यह किरदार निभाया हुआ है। कहीं-न-कहीं, किसी-न-किसी दृश्य में तो वह आया ही होगा। चाहे वह अक्षय खन्ना के रूप में आया हो या बिजनेसमैन अनिल कपूर के रूप में आया हो। कुछ-न-कुछ तो लमहे आए ही होंगे। इन निजी लमहों को रेखांकित न करूँ तो अच्छा वर्ना पत्नी नाराज हो जाएँगी।

हिंदी फिल्मों में किन निर्देशकों की प्रेम कहानियाँ आपको अच्छी लगीं?

प्रेम कहानी कहने वाले दो ही थे। एक गुरुदत्त और दूसरे राजकपूर। उनके किरदार फैंटेसी में जाकर भी स्वाभाविक रहते थे। सिनेमा में भी वे इंसान रहते थे। उसके बाद पिछले पंद्रह-बीस सालों में यश चोपड़ा हैं। बाकी तो प्रेमी हैं भाग-दौड़ वाले। बाकी प्रेम कहानियाँ बेचैन किस्म की हैं।

लेकिन क्या गुरुदत्त और राजकपूर की प्रेम कहानियों में आत्मदया और बेचारगी का भाव नहीं रहता था?

वह तो समाज की देन होती है। तब समाज में यही होता है। आदमी पीछे हट जाता था। आत्महत्या कर लेता था। गम पीता था। बाद में आँसू बाहर निकालने लगा। अब आँसू नहीं बहाता, अब वह आमने-सामने बातें करता है। अभी रोता नहीं है। समाधान खोजता है। 'ताल' के नायक-नायिका खुलकर बातें करते हैं। वे हमारे जैसे नहीं हैं। आज की पीढ़ी रोती नहीं है। बातें करती है। प्रेम कहानी जवान लोगों की होती है। आज की जवान पीढ़ी को देख लें।

आपने बताया कि अब 'क्लास' फिल्में बनती हैं। यह परिवर्तन कब से मान रहे हैं आप?

1991 के बाद, जब 'सौदागर' बनी। उसके बाद 'खलनायक' और 'डर' फिल्म। 'बाजीगर' आई। तब थिएटर का महत्त्व समझ में आया। फिल्म का मजा अब सिनेमाघरों में है। दर्शक सिनेमा का जादू देखना चाहता है।

क्या आप कह रहे हैं कि सिनेमा आम मनोरंजन की चीज नहीं रह गई है...

हाँ, यह आम दर्शक के मनोरंजन की चीज नहीं रह गई है। यह पब्लिक के मनोरंजन की चीज है। पब्लिक तीन किस्म की है—मास, क्लास और मिडल क्लास।

इसका मतलब 'मास' यानी आम दर्शक को सिनेमा की दुनिया से खदेड़ दिया गया है।

आखिर 'मास' को हम क्या दे रहे थे। 'सेक्स' और 'हिंसा' ही न। आप लोगों ने लिखा कि सिनेमा खराब हो रहा है और दर्शकों को भी खराब कर रहा है। हम उनकी वृत्तियों को जगा रहे थे। दर्शक भ्रष्ट हुए हैं। आखिर हमने दिया क्या, इसलिए उस सिनेमा को खदेड़ ही देना चाहिए जो लोगों को भ्रष्ट करे। आप 'क्लास' सिनेमा दीजिए। जिसमें प्यार, अनुभूतियाँ, दोस्ती और अच्छे गुण हों। यह जिम्मेदारी है सिनेमा की।

आप खुद को भी शामिल मानते हैं उसमें?

बिल्कुल...हम भी तो निर्देशक हैं। लेकिन आप ही लोग तो कहते रहे 'मास'...'मास'...'मास'...और फिल्ममेकर को आगे नहीं बढ़ने दिया और न सिनेमा को बढ़ने दिया। अब उल्टा मुझसे पूछ रहे हैं कि फिल्में 'क्लास' के लिए क्यों। उठे तो बैठे क्यों नहीं और बैठे तो उठे क्यों नहीं। इस तरह के सवाल पूछते हैं आप।

'क्लास' की फिल्में देखकर ही 'मास' बदलेगा। वह भी चाहेगा 'क्लास' बनने को। यही तरीका है। हम उन्हें नजरअंदाज नहीं कर रहे हैं। वे तो टी.वी. के माध्यम से सीख रहे हैं। किताबों से सीख रहे हैं। आज 'मास' बहुत होशियार है। उसके पास 'क्लास टेस्ट' है। उसको मालूम है कि 'मोबाइल' क्या होता है। उसे मालूम है कि 'थैंक्यू' क्या होता है, 'एटीट्यूड' क्या होता है, 'आउटलुक' क्या होता है, दृष्टिकोण क्या होता है। आज मास को मालूम है कि अमीर बनने के लिए मेहनत करनी पड़ेगी। चोरी-डकैती से नहीं बनेगा आदमी। समझे न!

नवभारत टाइम्स

मैंने स्वयं ही सब कुछ हासिल किया : करिश्मा कपूर

सन् 1997 में करिश्मा कपूर ने अभिनय की ऊँचाइयों को छुआ। उन्हें 'दिल तो पागल है' के लिए अनेक पुरस्कार मिले। अचानक 'सरकाए लो खटिया' और 'सेक्सी, मुझे लोग बोलें' के लिए चर्चित अभिनेत्री के प्रति सभी का नजरिया बदल गया। उन्हें श्रेष्ठ अभिनेत्री का दर्जा मिला। सन् 1998 में इस अभिनेत्री की एक भी फिल्म नहीं आई। फिल्में न आने से कुछ लोगों को लगा कि वह सफलता के बाद कहीं खो गई, पर करिश्मा कपूर पूरी तरह से यहीं हैं। वह अपने कैरिअर पर गंभीरता से ध्यान दे रही हैं। पेश है उनके कैरिअर और फिल्मों से संबंधित एक बातचीत :

क्या फिल्मों में आने की इच्छा आरंभ से ही थी?

कह सकते हैं कि हमेशा से ही थी। मैं केवल राजकपूर की पोती या रणधीर कपूर और बबीता की बेटी नहीं कहलाना चाहती थी। मैं उतने से संतुष्ट नहीं हो सकती थी। मेरी इच्छा थी कि परिवार के अन्य सदस्यों की तरह मेरा भी एक नाम हो। किसी और क्षेत्र में नाम का कभी खयाल नहीं आया। यह दुनिया मेरी देखी-सुनी थी। इसलिए इस दुनिया में काम और नाम दोनों पाना था।

कपूर परिवार की एक लड़की को इसमें भला क्या मुश्किल रही होगी?

लोग जैसा सोचते हैं, उतना आसान भी तो नहीं रहा। मुझे फिल्म मिली तो कई लोगों की भवें तन गईं। कई लोगों ने मजाक भी उड़ाया। सभी जानते हैं कि मुझे मेरे माता-पिता ने पेश नहीं किया था। उन्होंने मेरे लिए फिल्म नहीं बनाई थी। बाहर की फिल्म करना एक चुनौती थी। लोगों की स्वाभाविक आशंकाएँ भी थीं। किसी नई अभिनेत्री के लिए जो आसानी रहती है, वह मेरे साथ नहीं थी। गैरफिल्मी

परिवार से आई लड़की थोड़ा नृत्य और अभिनय कर ले तो लोग कहते हैं कि अरे नई होकर भी अच्छा काम किया है। इस दृष्टि से मेरा मामला अलग था। मैं फिल्मी परिवार से थी। मेरे माता-पिता ही नहीं, चाचा-चाची, दादा, दादा के भाई और परदादा यानी पूरा खानदान था। फिल्मी परिवार से आए लड़के-लड़कियों को लोग सूक्ष्म नजर से देखते हैं और प्रशंसक की तरह नहीं, बल्कि परीक्षक की तरह देखते हैं। लोगों को तो यही लगता है कि फिल्मी परिवार से होने की वजह से सब कुछ आसान हो जाता है, पर ऐसा नहीं है। दर्शकों की उम्मीद भी हमसे ज्यादा रहती है। बहुत ऊँची उम्मीदें रहती हैं।

अब कैसा लगता है, कहीं कोई अफसोस तो नहीं होता?

मुझे तो लगता है कि फिल्मों में आने का निर्णय मेरी जिंदगी का सबसे अच्छा निर्णय था। मैं हर क्षण, हर पल का मजा ले रही हूँ मुझे तो बहुत अच्छा लग रहा है। अब जैसी फिल्में मेरे पास हैं, उनमें जिस तरह का काम है मेरे पास, उनसे मैं बहुत संतुष्ट हूँ। दूसरों की ही बात नहीं, मैं स्वयं भी महसूस करती हूँ कि मुझ में सुधार हुआ है। मैं सचमुच भाग्यशाली हूँ कि इतने छोटे कैरिअर में ही मुझे कुछ फिल्में ऐसी मिलीं, जिनसे मेरा निखार हुआ। उन अवसरों का मिलना बड़ी बात है।

आरंभिक दिनों का आपका संघर्ष थोड़ा अलग था, फिर भी उन दिनों किन से नैतिक संबल और सहयोग मिला?

मेरा परिवार। इस परिवार में मेरी माँ, बहन, नजदीकी रिश्तेदार और कुछ सहयोगी कलाकारों के साथ मेरे दोस्त। इन सभी से अधिक दर्शकों का संबल और सहयोग रहा। मैं वास्तव में दर्शकों की एहसानमंद हूँ। उन्होंने मेरी पहली फिल्म पसंद की। उन्हें मेरा नृत्य और अभिनय पसंद आया। उन्होंने ही अपनी पसंद से मुझे यहाँ तक पहुँचाया है। सिर्फ कहने की बात नहीं है, सचमुच किसी कलाकार की कामयाबी में दर्शकों का सहयोग सबसे बड़ा होता है।

किन फिल्मों से लगा कि अभिनय के प्रति गंभीर हो जाना चाहिए?

मैं बहुत पहले से स्पष्ट थी कि मुझे अच्छी अभिनेत्री के तौर पर पहचान बनानी है। शुरू की कुछ फिल्मों की आलोचना मेरे प्रशंसक और शुभचिंतक भी करते हैं। मुझे लगता है कि पहचान और विकास की प्रक्रिया में सभी अभिनेत्रियों को ऐसे दौर से गुजरना पड़ा है। धीरे-धीरे सब कुछ बदलता है। हमारी समझदारी बढ़ती है। मुझे लगता है कि 'जीत' और 'राजा हिंदुस्तानी' इन दो फिल्मों में सबसे पहले कायदे की भूमिकाएँ मिलीं। मुझे अपना काम दिखाने का अवसर मिला। 'दिल तो पागल है' उसी का विस्तार है। इस फिल्म के बाद लोग मुझे अच्छी भूमिकाएँ देने लगे हैं।

'दिल तो पागल है' में आप माधुरी दीक्षित के साथ थीं, कहीं न कहीं प्रतिस्पर्धा की

भावना तो रही होगी?

यह बड़ी गलतफहमी है कि दो अभिनेत्रियाँ या दो अभिनेता हों एक साथ तो उनमें प्रतिस्पर्धा होगी। यह कोई सौ मीटर की दौड़ है क्या? हम दोनों की भूमिकाएँ अलग थीं। हमें अपना-अपना चरित्र निभाना था। उसमें कैसी प्रतिस्पर्धा। हाँ, इस फिल्म में माधुरी जी के साथ काम करने की उत्तेजना और घबराहट अवश्य थी। फिल्म में एक जगह हमारे बीच नृत्य प्रतियोगिता है। उस दृश्य को लेकर मैं घबराई हुई थी, पर आपको आश्चर्य होगा कि माधुरी जी ने ही मेरा हौसला बढ़ाया।

आपकी पुरानी सफल फिल्मों के नायक और निर्देशक इन दिनों आपके साथ काम नहीं कर रहे हैं क्यों? क्या आपकी तरफ से ही कोई दिक्कत है?

आप गोविंदा और डेविड धवन का संकेत कर रहे हैं न! मैंने उन लोगों के साथ काम करना बंद नहीं किया है। पिछले साल तो यों भी मेरी कोई फिल्म नहीं आई। 'हसीना मान जाएगी' और 'बीबी नं. वन' में डेविड धवन के साथ ही काम कर रही हूँ। यह छोड़िए, मैं यह जानना चाहती हूँ कि क्या एक ही निर्देशक और नायक के साथ काम करना जरूरी है? इस तरह तो आप बँध जाएँगे।

अभी तक की सबसे बड़ी कामयाबी क्या मानती हैं?

सबसे बड़ी कामयाबी तो यही है कि मैं अच्छी बेटी हूँ। कैरिअर और दूसरी चीजें उसके बाद आती हैं। सबसे पहले हमें अच्छी संतान होना चाहिए। वह सबसे अधिक महत्त्वपूर्ण है। यह नहीं हो तो माँ-बाप जिंदगी भर रोते रहते हैं और कहते हैं कि अरे मेरे बेटा या बेटी को देखो, किसी काम का नहीं निकला। मेरे माता-पिता मुझसे बेहद खुश हैं। मैं फिल्मों में स्वयं आई और मैंने स्वयं ही सब कुछ हासिल किया। वे इस बात की कद्र करते हैं कि मेरी बच्ची ने खुद किया—अपने आप किया। इस तरह यह बड़ी कामयाबी है।

फिल्मों का चुनाव करते समय क्या देखती हैं?

मेरी नजर में सबसे महत्त्वपूर्ण निर्देशक है। उसके बाद कहानी है। इसके बाद निर्माता। इसे यों समझें कि निर्देशक इस जहाज का कप्तान होता है। वह योग्य हो तो फिल्म अच्छी बनती है। अच्छी फिल्म के लिए अच्छी कहानी चाहिए। इसके साथ ही जो पैसे लगा रहा है, उसका भी अच्छा होना जरूरी है।

इस दृष्टि से तो आप नए लोगों के साथ काम ही नहीं कर पाएँगी?

ऐसी बात नहीं है। मेरे कहने का मतलब है कि सेटअप ठीक हो। मैंने नए निर्देशकों के साथ भी काम किया है। इतना ही नहीं, मैंने तो नए नायकों के साथ भी काम किया है। सबसे जरूरी यह बात है कि जो लोग फिल्म बना रहे हैं, वे अपनी फिल्म के बारे में संतुष्ट हों।

ऐसा कहा जाने लगा है कि आप भूमिका से अधिक पैसे को महत्त्व देती हैं? आप चालाक हो गई हैं?

चालाकी की बात मेरी समझ में नहीं आती। अगर चालाक होती तो क्या मुझे इतने लोगों से ठेस लगती। मेरे पास कपूर परिवार का संस्कार है और एक समझ है। अगर लोग इसे चालाकी समझते हैं तो यह उनकी समस्या है। अगर भूमिका अच्छी हो तो मैं मुफ्त में भी काम कर सकती हूँ। अगर किसी के साथ काम करने की इच्छा हो तो पैसे की परवाह नहीं करती। मैंने बड़े निर्देशक से लेकर नए निर्देशक और नए नायक से लेकर बड़े नायक तक के साथ काम किया है, इसलिए ऐसी बात नहीं होनी चाहिए। पैसा महत्त्वपूर्ण है, पर वह भूमिका और कैरिअर से ही आता है।

अपने दादा राजकपूर के जीवनकाल में आप फिल्मों में नहीं आ सकीं, फिर भी उन्हें आपकी इच्छा की जानकारी तो रही होगी और उन्होंने कुछ सलाह भी दी होगी।

दादा जी जानते थे कि मैं फिल्मों में काम करना चाहती हूँ। उन्होंने इस पर कोई आपत्ति नहीं की थी। उन्होंने कड़ी मेहनत और धैर्य का पाठ पढ़ाया था। उनका यह पाठ मुझे अभी तक याद है। मैं दादा जी के बेहद करीब थी। आज अगर वे जीवित होते तो मुझ में और निखार आया होता। उनकी पारखी नजर और सुझाव का खास महत्त्व होता।

ऐसी कोई फिल्म जिसे आप बार-बार देखती हों, जो आपके दिल के करीब हो?

एक पसंदीदा फिल्म है मेरी 'कल, आज और कल'। इस फिल्म में मेरा पूरा खानदान है। जब मैं छोटी थी तो उसे देखने में बड़ा मजा आता था, क्योंकि माता-पिता, दादा और परदादा सभी हैं इसमें। केवल मैं ही नहीं हूँ। मैं तो माँ से कहती हूँ कि आर.के. की तीन पीढ़ियों के साथ काम करने का अनुभव अद्‌भुत रहा होगा। वह बेहद भाग्यशाली थीं कि उन्हें यह मौका मिला।

पिछले साल आपकी कोई फिल्म नहीं आई?

अच्छा ही हुआ कि कोई फिल्म नहीं आई। अगर लगातार फिल्में आती रहती तो लोग पूछते कि इतनी फिल्में क्यों? वैसे अब भी लोग पूछते हैं कि क्यों एक भी फिल्म नहीं आई। ऐसा हो जाता है कभी-कभी। आमिर खान की भी तो किसी साल कोई फिल्म नहीं आती या दो फिल्मों के बीच लंबा अंतराल रहता है। एक तरह से अच्छा ही है। प्रतीक्षा के बाद कुछ मिले तो आनंद होता है। इस साल दर्शक मेरी कई फिल्में एक साथ देख सकेंगी।

आने वाली फिल्मों में कौन-सी उल्लेखनीय फिल्में हैं?

मैं अपनी सभी फिल्मों में दिल लगाकर शत-प्रतिशत ईमानदारी से काम करती हूँ। मालूम नहीं रहता कि कौन-सी फिल्म दर्शकों को अच्छी लग जाए। आने वाली

फिल्मों में 'सिलसिला है प्यार का' में मेरा चरित्र बहुत अच्छा है। एक सामान्य लड़की हूँ। प्रतिभाशाली होने के बावजूद उसे नौकरी नहीं मिलती, क्योंकि वह मॉडर्न नहीं है। वह सलवार-कमीज पहनती है। फिल्म में बताया गया है कि कैसे वह अपने आपको बदलती है। बहुत भावनाप्रधान कहानी है। 'बीवी नं. वन' भी काफी अच्छी फिल्म है। अगर कोई पति किसी दूसरी औरत को ले आए तो पहली औरत विवश होकर स्वीकार कर लेती है, पर इस फिल्म में पत्नी लड़ती है और बीवी नं. वन का दर्जा हासिल करती है। फिर सूरज बड़जात्या की 'हम साथ-साथ हैं' है। उनकी फिल्मों के बारे में तो सभी जानते हैं। कुछ और भी फिल्में हैं। ये सभी निर्माता के विभिन्न चरणों में है। उन पर बाद में कभी विस्तार से चर्चा करेंगे।

अभी आपने बताया कि 'सिलसिला है प्यार का' में आपकी भूमिका सलवार-कमीज वाली लड़की की है, वह मॉडर्न नहीं है। इसे आप अच्छी भूमिका भी कह रही हैं। यों यह माना जाता है कि मिनी स्कर्ट का फैशन आपकी फिल्मों के कारण ही चला, क्या यही 'माडर्निटी' है?

पहनावे का आधुनिकता से रिश्ता एक हद तक ही होता है। देखने में अवश्य ही 'मिनी स्कर्ट' वाली लड़की मॉडर्न लगेगी। यह तो बात करने पर पता चलेगा कि वह सलवार-कमीज पहनने वाली किसी लडकी से मॉडर्न है या पिछड़ी हुई। मैंने जानबूझ कर कोई फैशन नहीं चलाया है। निर्देशकों ने भूमिका और चरित्र के मुताबिक जो कपड़े दिए, वे मैंने पहन लिए। अब वह फैशन बन गया तो निश्चित ही उसमें आकर्षण रहा होगा। मुंबई में 'मिनी स्कर्ट' का फैशन आम है और वह फिल्मों में मेरे आने के पहले से है।

क्या आपको नहीं लगता कि अब कुछ अलग किस्म की फिल्में भी आपको करनी चाहिए?

मैं अभी इन चीजों के लिए छोटी हूँ। मैंने छोटी उम्र में काम करना शुरू कर दिया था, इसलिए मेरी फिल्मों की संख्या अधिक हो गई। अभी समय है। एक उम्र और अनुभव के बाद ही परिपक्व भूमिकाएँ अच्छी लगती हैं। मैं भी मुख्यधारा से बाहर की फिल्में करना चाहूँगी। गुलजार साहब या श्याम बेनेगल के साथ काम करना चाहूँगी।

आपका स्वभाव कैसा है?

मैं बहुत नाजुक और भावुक स्वभाव की हूँ। मुझे यह स्वभाव बदलना है। मैं अभी तक खुद को नहीं बदल सकी हूँ।

कामयाबी और पुरस्कारों से जो स्टारडम मिला है, वह कैसा लग रहा है?

मैंने पहले भी कहा कि अपनी कामयाबी के लिए मैं दर्शकों की एहसानमंद

हूँ। कई लोग पैसा और नाम आने पर उसे स्वाभाविक मान लेते हैं। कहने लगते हैं कि यह तो होना ही था। मैं ऐसा नहीं कह सकती। मैं संघर्ष समझती हूँ। मैं उससे गुजर चुकी हूँ। मैंने कभी इस स्टारडम का दुरुपयोग नहीं किया।

कपूर परिवार की 'आ अब लौट चलें' सफल रही, क्या आपको नहीं लगता कि इस फिल्म में आपको होना चाहिए था?

यह चिंटू अंकल (ऋषि कपूर) की पहली फिल्म थी। मैं इसमें रहती तो उनका ध्यान बँट जाता। वे मेरा खयाल करते कि निर्देशन करते। उन्होंने बाहर से हीरोइन लेने का बिल्कुल सही निर्णय लिया। यह आपस का निर्णय है। आप लोग जो सोच, समझ रहे हैं, वैसी कोई बात नहीं है।

अमर उजाला : जुलाई, 1999

सभी अभिनेत्रियों को ऐसे अवसर नहीं मिलते : करिश्मा कपूर

करिश्मा कपूर की दो महत्त्वपूर्ण फिल्में इस साल प्रदर्शित होंगी। पहली फिल्म खालिद मोहम्मद निर्देशित 'फिजां' और दूसरी फिल्म श्याम बेनेगल निर्देशित 'जुबैदा' है। इन दोनों फिल्मों में करिश्मा कपूर की केंद्रीय भूमिका है। कह सकते हैं दोनों ही नायिका प्रधान फिल्में हैं। 'फिजां' और 'जुबैदा' करिश्मा कपूर के कैरिअर की विशेष फिल्में हैं। निश्चित ही उन्हें इन फिल्मों से अनुभवी और संवेदनशील अभिनेत्री का दर्जा मिलेगा। 'फिजां' और 'जुबैदा' के प्रदर्शन के पूर्व उनसे हुई बातचीत के अंश प्रस्तुत हैं :

क्या आपको नहीं लगता कि 'फिजां और 'जुबैदा' जैसी फिल्मों में काम कर आप जोखिम उठा रही हैं?

यह सवाल लोग मुझसे पूछते रहे हैं। उन्हें लगता है कि खालिद मोहम्मद और श्याम बेनेगल के साथ मैं कला फिल्म में काम कर रही हूँ। मैं स्पष्ट कर दूँ कि 'फिजां' और 'जुबैदा' कला फिल्में नहीं हैं। कोई भी फिल्म केवल फिल्म होती है। मेरे खयाल में लोग अपनी सुविधा के लिए उन्हें अलग-अलग नाम दे देते हैं। अरे ये तो वो है, वो तो ये है। मेरे खयाल में यह सही नहीं है। मुझे नहीं लगता कि मैं कोई जोखिम उठा रही हूँ। मेरे लिए तो यह बहुत अच्छी बात हुई है कि मुझे ऐसी फिल्में अभी मिल गई हैं।

क्या ये फिल्में बॉक्स ऑफिस पर सफल होंगी?

यह मैं नहीं कह सकती। क्या हम किसी भी फिल्म के हिट या फ्लॉप होने की गारंटी ले सकते हैं। सफलता के लिए निश्चित ही बॉक्स ऑफिस का महत्त्व है। मैंने इसे बार-बार साबित भी किया है। अब मैं कुछ अलग काम करना चाहती

हूँ। अलग किस्म की भूमिकाएँ चाहती हूँ। मैं ऐसी भूमिकाएँ निभाना चाहती हूँ कि लोग याद रखें...लोग याद रखें कि करिश्मा कपूर ने श्याम बेनेगल की 'जुबैदा' और खालिद मोहम्मद की 'फिजां' में काम किया था। कमर्शियल सफलताएँ लोग भूल जाते हैं। यहाँ हर शुक्रवार को चीजें बदल जाती हैं। शनिवार की सुबह लोग आपको अलग ढंग से देखते हैं। हालाँकि यह दुख की बात है, पर यही सच है। आज इंडस्ट्री इतनी तेजी से बदल रही है। फिर भी 'फिजां' और 'जुबैदा' जैसी फिल्में हमेशा याद की जाएँगी। यह महत्त्वपूर्ण तथ्य है। सभी अभिनेत्रियों को ऐसे अवसर नहीं मिलते। उन्होंने सफलता तो हासिल की, पर उन्हें ऐसी भूमिकाएँ नहीं मिलीं। ऐसी फिल्मों के अवसर नहीं मिले। मैं इन फिल्मों में अपना अभिनय देखना चाहती हूँ।

ऐसी फिल्में करने के लिए क्या यह सही वक्त है? आमतौर पर अभिनेत्रियाँ कैरिअर के अंतिम दौर में ऐसी फिल्में करती हैं?

सही कह रहे हैं आप। मैंने अपने कैरिअर के उठान पर ऐसी फिल्में करने का जोखिम लिया है। चूँकि जोखिम शब्द आप लोगों को प्रिय है, इसलिए मैं उसका इस्तेमाल कर रही हूँ। मैं इसे प्रयोग कहना पसंद करूँगी। मैं अभी जैसी फिल्में कर रही हूँ, उनसे काफी संतुष्ट हूँ। इससे बेहतर की माँग नहीं कर सकती मैं। प्रयोग करना या कुछ अलग करना या आप पत्रकारों के शब्दों में कहूँ तो जोखिम लेना आवश्यक होता है। 'दिल तो पागल है' में मैंने ऐसा किया था। इस देश की सारी अभिनेत्रियों ने उस भूमिका को निभाने से इनकार कर दिया था। यहाँ तक कि मैंने भी पहली बार मना कर दिया था। पूरा चक्र लगाकर फिर से वह प्रस्ताव मेरे पास आया था। तब मैंने कहा कि मैं स्क्रिप्ट पढ़ूँगी। सचमुच उस समय माधुरी दीक्षित के साथ अभिनय करना या नृत्य करना किसी चुनौती से कम नहीं था। मैंने सोचा क्यों न इस भूमिका को निभाऊँ? अगर मैं अच्छी हूँ तो लोग सराहना करेंगे। अगर मुझमें दम है तो जरूर दिखूँगी। आप जब कोई चुनौती स्वीकार करते हैं तो आपको फायदा होता है।

'दिल तो पागल है' के लिए आपको कई पुरस्कार और सम्मान मिले। क्या 'फिजां' या 'जुबैदा' से ऐसी उम्मीदें हैं?

हमें जब भी पुरस्कार या सम्मान मिलता है तो हमें अच्छा लगता है। अगर मैं कहूँ कि इससे कोई फर्क नहीं पड़ता तो मैं झूठ बोल रही हूँ। यह एक यादगार के तौर पर आपके पास रहता है, जो आप अपने नाती-पोतों को दिखा सकते हैं। मैंने राष्ट्रीय पुरस्कार को सँभाल कर रखा है। यों फिल्म का चल जाना भी पुरस्कार है। अगर कोई पुरस्कार मिल जाए तो वह बोनस है। अगर पुरस्कार न भी मिले और लोगों की सराहना मिले तो काफी है।

'फिजां' कैसी फिल्म है और उसमें आपकी क्या भूमिका है?

'फिजां' सीधे चोट करने वाली फिल्म है। हार्ड हिटिंग है। यह अत्यंत समसामयिक फिल्म है। फिल्म में मैं फ़िजां की भूमिका निभा रही हूँ। रितिक रोशन मेरे भाई बने हैं। मेरी माँ की भूमिका जया बच्चन ने निभाई है। दमदार भूमिका है मेरी। इस फिल्म से मैं काफी संतुष्ट हूँ। निश्चित ही दर्शकों को मेरा काम पसंद आएगा। मैं अलग-अलग भूमिकाएँ करना चाहती हूँ। और मुझे ऐसे अवसर मिल रहे हैं। मेरा भाई सालों से घर नहीं लौटा है। मेरा और माँ का विश्वास है कि वह जिंदा है। मैं उसकी तलाश में निकलती हूँ।

आज के लोकप्रिय अभिनेता रितिक रोशन की बहन की भूमिका निभा रही हैं आप? क्या आपको नहीं लगता कि इससे आपकी छवि प्रभावित होगी?

'फिजां' में मैं रितिक की बहन अवश्य हूँ, लेकिन यह आम फिल्मों की बहन वाली भूमिका नहीं है। इस फिल्म की नायिका फिजां है। हाल ही में प्रदर्शित 'जोश' में ऐश्वर्या राय ने शाहरुख खान की बहन की भूमिका निभाई। क्या उससे उनकी छवि प्रभावित हुई? एक दो फिल्मों की भिन्न भूमिकाओं से छवि प्रभावित नहीं होती।

निर्देशक खालिद मोहम्मद के साथ कैसा अनुभव रहा?

खालिद मोहम्मद बेहद जानकार निर्देशक हैं। उनकी समीक्षाओं से सभी परिचित हैं। खालिद इस फिल्म के निर्देशक भर ही नहीं हैं। यह उन्हीं की लिखी फिल्म है। उन्हें मालूम था कि मुझसे उन्हें क्या करवाना है। फिल्म के प्रति निर्देशकों में ऐसी समझदारी कम दिखाई पड़ती है।

हाल ही में आपने 'जुबैदा' भी पूरी की? श्याम बेनेगल के साथ कैसा अनुभव रहा?

मेरे खयाल में वे निर्देशन के उस्ताद हैं। वे हार्ड टास्क मास्टर हैं। वे बारीक से बारीक चीजें भी नहीं छोड़ते। चेहरे के छोटे-मोटे हाव-भाव से लेकर सामने पड़ी मेज पर रखी चीजों तक पर उनका ध्यान रहता है। मेरे खयाल में यही उनके निर्देशन की खूबी है। शूटिंग के समय सब कुछ सामान्य-सा दिखता है। मगर फिल्म देखते समय पता चलता है कि एक छोटी-सी प्रतिक्रिया से दृश्य कैसे बदल गया।

क्या आप भविष्य में चालू किस्म की फिल्में भी करती रहेंगी? या अब सिर्फ गंभीर फिल्मों पर ध्यान देंगी?

मेरे खयाल में लंबे समय के बाद मैं अकेली ऐसी अभिनेत्री हूँ जो एक साथ श्याम बेनेगल, खालिद मोहम्मद, डेविड धवन और इंद्र कुमार जैसे निर्देशकों के साथ काम कर रही हूँ। यह अपने आप में विचित्र तथ्य है। मुझे कहीं भी दिक्कत नहीं होती। मैं खुद को बहुत सौभाग्यशाली मानती हूँ कि हर तरह के निर्देशक मुझ पर भरोसा करते हैं।

अभी फिल्मों का चुनाव किस आधार पर करती हैं?

सबसे पहले तो निर्देशक अच्छा होना चाहिए। पुरानी कहावत है कि वह कैप्टन ऑफ द शिप होता है। दूसरे सेटप ऐसा हो कि मैं कोई परेशानी महसूस न करूँ। यूनिट के लोगों के साथ मुझे कोई दिक्कत न हो।

अब तो आपकी बहन भी फिल्मों में आ गईं? अभिनय का यह सफर आपको कैसा लगता है?

मुझे खुशी है कि करीना को दर्शकों ने स्वीकार कर लिया। मुझे अपनी जगह बनाने में काफी दिक्कत हुई थी। कितने सालों के बाद लोगों ने मुझे स्वीकार किया। लोगों को लगता है कि फिल्मी परिवार से होने की वजह से हमारे लिए सब कुछ आसान हो जाता है। वास्तव में हमें ज्यादा मुश्किल होती है। हमें कई स्तरों पर साबित करना होता है। लोगों का रवैया रहता है कि देखें कपूर परिवार की बेटी क्या कर लेती है? यह हमारा दोष नहीं है कि हम कपूर परिवार में पैदा हुईं।

आपने 'बीवी नं. 1' और 'फिजां' जैसी फिल्में कीं? किसी अभिनेत्री के लिए यह कितना आवश्यक है कि वह निभाए गए किरदार में यकीन करे?

हो सकता है 'बीवी नं. 1' की नायिका में मेरा यकीन न हो, लेकिन व्यक्तिगत जिंदगी में मैं वैसा पति स्वीकार नहीं कर सकती। मैं उसे घर से बाहर निकाल दूँगी। लेकिन फिल्म में अभिनय एक पेशा है। अगर मुझे लगता है कि ऐसी फिल्म करने से मेरे कैरिअर को फायदा होगा तो अवश्य करूँगी। कैरिअर के लिए थोड़े समझौते करने पड़ते हैं। मैं बगैर लाग-लपेट के यह बात कह रही हूँ। हमें कैरिअर में एक संतुलन बना कर चलना पड़ता है।

अपनी फिल्मों में से तीन यादगार फिल्मों के नाम बताएँ?

'दिल तो पागल है', 'प्रेमकैदी' और 'राजा हिंदुस्तानी'।

कोई ऐसा निर्देशक जिसके साथ काम करने की तमन्ना बाकी हो?

अब वे नहीं रहे। मेरी तमन्ना पूरी नहीं हो सकती। दादाजी की फिल्म में काम कर मुझे सबसे अधिक खुशी होती।

अगस्त, 2000

हम लोग हिट फिल्में भी देने लगे हैं : करिश्मा कपूर

काफी समय से आपकी कोई फिल्म नहीं आई है। क्या बात है?

यह बड़ी अजीब-सी बात है कि किसी एक्टर की फिल्म रिलीज नहीं होती है तो लोग बात भी नहीं करते और जब करिश्मा कपूर की कम रिलीज हो तो सवाल पूछे जाने लगते हैं। पिछले साल मेरी तीन फिल्में रिलीज हुईं। 'एक रिश्ता' ने कमर्शियली अच्छा बिजनेस किया। 'आशिक' नहीं चली और 'जुबैदा' से मुझे काफी तारीफ मिली। उससे मुझे सराहना, शोहरत और इज्जत मिली। मेरे लिए पिछला साल अच्छा रहा। मुझे लगता है कि लोगों की मुझसे उम्मीदें कुछ ज्यादा ही रहती हैं तो लोगों को लगता है कि हर तीन महीने के बाद एक पिक्चर रिलीज होनी चाहिए। हर कोई यही पूछ रहा है कि क्यों कोई फिल्म रिलीज नहीं हो रही है। अभी करीना की फिल्में रिलीज हो रही थीं तो लोगों को लगा कि मैं तो खो गई। यह लोगों की सोच है। और भी तो अभिनेता-अभिनेत्री, जिनके लिए पिछला साल अच्छा नहीं रहा। उनकी भी फिल्में रिलीज नहीं हुईं, मगर उनसे कोई कुछ नहीं पूछता।

कहीं ऐसा तो नहीं कि करीना को मौका देने के लिए खुद को लो प्रोफाइल रखा?

वैसी बात नहीं है, लेकिन एक तरह से मैंने कुछ सोचा था। मैंने सोचा तो था कि इस साल मेरी कई फिल्में रिलीज हों। पिछले साल उसकी ज्यादा फिल्में थीं तो मैंने सोचा कि क्यों न केवल उसी की चर्चा हो। उसके लिए मैंने जगह खाली कर दी थी। फिर भी एक बात कहूँ, वह समान रूप से प्रतिभाशाली है। उसके अनेक प्रशंसक हैं। पिछले डेढ़ साल में उसने सब हासिल किया है। यह आश्चर्यजनक है।

'जुबैदा' के बाद काफी प्रशंसा मिली, लेकिन पुरस्कार नहीं मिले?

मैंने कभी इस लिहाज से फिल्म नहीं की कि मुझे नेशनल अवार्ड या कोई और अवार्ड मिलेगा। और फिर 'जुबैदा' मेरे कैरिअर में अलग किस्म की फिल्म थी। एक स्टेप आगे थी वह फिल्म। 'जुबैदा' और 'फिजां' में मुझे जैसे मौके मिले, वैसे मौके के लिए तो कोई भी एक्ट्रेस कुछ भी कर लेगी। मैं इससे बेहतर की उम्मीद

ही नहीं कर सकती थी। वह मेरे लिए एक अलग अनुभव था। उस फिल्म से मुझे इज्जत और सराहना मिली। मुझे पहले कई अवार्ड मिल चुके हैं। मुझे कोई अफसोस नहीं है कि मैंने वह फिल्म क्यों की? ढेर सारे लोग मुझसे कहते हैं कि अवार्ड तो आपको मिलना चाहिए था। मेरे लिए यही अवार्ड है। मेरे खयाल में यही मेरे काम की प्रशंसा है।

'हाँ, मैंने भी प्यार किया' में क्या खास है?

एक लंबे समय के बाद धर्मेशजी के साथ काम कर रही हूँ। सुनील दर्शन इसके प्रोड्यूसर हैं। इसमें मैं, अभिषेक और अक्षय हैं। एक प्रेमत्रिकोण है। यह बहुत ही सहज फिल्म है। इसमें मेलोड्रामा नहीं है। यह भी नहीं है कि बहुत कुछ हो रहा है। फाइट है, यह भी है, वह भी हे। ऐसी पिक्चर नहीं है यह। इट्स ए वेरी सिंपल, बट वेरी बोल्ड स्टोरी। इसके साथ ही यह बहुत पारंपरिक भी है।

आपका किरदार कैसा है और उसे निभाना कितना आसान रहा?

यह किरदार निभाना बड़ा मुश्किल था। परफार्मेंस में बारीकी थी और बारीक काम करना मुश्किल होता है। बोल्ड किरदार है मेरा। सिंपल और ट्रैडिशनल गर्ल है दिल्ली की मिडिल क्लास की। जीवन में जैसे अनुभवों से गुजरती है और अपने अधिकारों के लिए लड़ती है, उससे कमर्शियल फिल्म में भी लोग उसके समर्थन में आ जाएँगे। उन्हें लगेगा कि वह ठीक सोच रही है। यही मेरे किरदार का बेसिक ग्राफ है। यह संवेदनशील फिल्म है, बेहद संवेदनशील।

अभी अक्षय कुमार के साथ जोड़ी बनाने का इरादा है क्या?

अधिक लोग नहीं जानते या याद कर पाते कि मैंने अक्षय के साथ कई फिल्में की हैं। मेरी जोड़ी गोविंदा और सलमान खान के साथ ही मशहूर रही है। अक्षय और मैंने कई फिल्में एक साथ की हैं। हमारी जोड़ी मैच्योर होने के साथ सफल हो गई है। अभी हम लोग हिट फिल्में भी देने लगे हैं। लोग हमारी जोड़ी पसंद भी कर रहे हैं।

आपकी 'राजा हिंदुस्तानी' की तरह अभिषेक बच्चन के लिए यह फिल्म खास होगी?

हाँ, होना चाहिए, क्योंकि उन्होंने बहुत बेहतर काम किया है। लोग उन पर खास तौर से गौर करेंगे। लुक और परफार्मेंस बेहतर है। 'राजा हिंदुस्तानी' पहली ऐसी फिल्म थी, जिससे मैं नंबर वन की होड़ में आ गई थी। उस फिल्म में ये भी है, वो भी है–सब कुछ था पिक्चर में दिखाने को। बहुत ही सेंसिटिव परफार्मेंस था। इस फिल्म में मैं अपनी आँखों से बोल रही हूँ। ऐसा नहीं है कि बहुत सारा डायलॉग बोलते जाओ। वैसी पिक्चर नहीं है। उन्होंने एक्टिंग का अगला कदम मुझे दिया है। इसमें कम समय में मुझे अधिक बातें कहनी थीं, वह भी कम शब्दों में...यह बहुत

मुश्किल काम था। खुशी की बात है कि मुझसे ऐसा काम करवाया धर्मेश दर्शन ने।

मधुर भंडारकर की फिल्म भी कर रही हैं आप?

मधुर की फिल्म अभी फाइनल नहीं है। और भी ऑफर हैं, मगर मैंने फैसला नहीं किया है। मुझे अभी तक कमर्शियल फिल्में मिल रही हैं। मैं वह करती रहूँगी, मगर उसके साथ ही मैं एक संतुलन भी बिठाना चाहूँगी। ऐसा भी कुछ करूँगी, जिससे मुझे संतोष मिले। इसके साथ कमर्शियल फिल्में भी करती रहूँगी। मैं सही संतुलन बिठाकर चलना चाहती हूँ। मेरे पास अनेक ऑफर हैं। इस साल के अंत में श्याम जी के साथ फिर से एक फिल्म करूँगी। मैंने उनसे कहा भी कि अब 'जुबैदा' से आगे की फिल्म होनी चाहिए। 'करेक्ट...क्या करूँ' रिएक्शन था उनका। उन्होंने खुद बोला कि उससे आगे करना पड़ेगा हम लोगों को। वह मेरे अद्भुत किरदार लिख रहे हैं। वह फिर से नारी प्रधान फिल्म होगी। मैं अधिक नहीं बताना चाहती। उसमें डांस, म्यूजिक, एक्टिंग सब कुछ होगा। ताकि वह भी रोचक हो।

'जुबैदा' के बारे में क्या कहना चाहेंगी?

मेरे लिए हर फिल्म महत्त्वपूर्ण होती है। और आप देखें कि सारे ग्रेट स्टार और कल्ट एक्टर–अमित जी, राजेश खन्ना जी, हेमामालिनी जी, रेखा जी सभी ने अपने व्यस्त दिनों में कमर्शियल फिल्मों के साथ ही दूसरी तरह की फिल्में भी कीं। हृर्षीकेष मुखर्जी, गुलजार और मुजफ्फर अली जैसे निर्देशकों के साथ काम करते रहे। 'आनंद', 'उमराव जान', 'किनारा' जैसी फिल्में कीं उन्होंने। मेरे खयाल में अगर मुझे अभी ऐसी चुनौती मिल रही है तो क्यों न मैं वैसी फिल्में करूँ। लोगों को जब कमर्शियल फिल्में नहीं मिलतीं तो लोग मजबूरी में कहने लगते हैं कि अरे मैं तो आर्ट पिक्चर करती हूँ। सार्थक फिल्में कर रहे हैं। मुझे आज दोनों तरह की फिल्मों के मौके मिल रहे हैं। सुनील दर्शन और इंद्र कुमार के साथ ही मैं श्याम बेनेगल के साथ भी काम कर रही हूँ। यह बड़ी बात है। इसी में संतुलन बिठाना ठीक है। और फिर आखिर कितनी हिट फिल्में दे सकती हूँ मैं? यह तो असमाप्त प्रक्रिया है। हिट और फ्लॉप की प्रक्रिया तो चलती ही रहेगी।

'जुबैदा' के बारे बता रही थीं?

'जुबैदा' सोच-समझकर नहीं किया था। वह बस हो गया। मैंने अपने कैरिअर में कभी सोच-समझकर फिल्में नहीं कीं। जो कुछ होना था, वह बस हो गया। 1999 में मैंने चार हिट फिल्में दीं। उस समय सारे लोग यही कहते थे कि आपने चार हिट दी हैं। 'हम साथ साथ हैं', 'बीवी नं. वन', 'हसीना मान जाएगी' और 'जानवर' अब इसके आगे क्या करोगे? आपने नेशनल अवार्ड लिया है। वह भी कमर्शियल फिल्मों के लिए। मुझे अवार्ड पाने के लिए आर्ट फिल्म नहीं करनी पड़ी। अभी आप

क्या करोगे? और क्या खोज रहे हो? 'फिजां' और 'जुबैदा' मुझे मिलीं। मुझे कहीं नहीं जाना पड़ा। दोनों फिल्में मेरी गोद में आ गईं। खालिद के पास ऐसी कहानी थी। कई लोगों ने कहा कि तुम रिस्क ले रही हो। मैंने कहा भी, क्यों नहीं? लोगों ने कहा भी कमर्शियल फिल्मों में अच्छा कर रही अभिनेत्रियाँ थोड़े ही आर्ट फिल्में करती हैं? वे वहाँ खुश रहती हैं? अच्छे पैसे मिल रहे हैं और अच्छे हीरो के साथ काम करने का मौका भी मिल रहा है। मुझे लगा कि क्यों न करूँ? कुछ अलग तो करूँ? मैं कृतज्ञ हूँ कि दर्शकों ने वहाँ भी मुझे स्वीकार किया और सराहा। अभी भी दोनों में संतुलन बिठाना चाहती हूँ।

करीना कपूर की प्रतिभा और सफलता के संबंध में आपकी राय?

उसका प्लस पाइंट है। वह जन्मजात स्पॉनटेनियस एक्स्ट्रेस है। वह मुझसे बिल्कुल अलग है। न वह मेरी तरह दिखती है और न ही मेरी नकल करती है। यह उसके पक्ष में बड़ी बात है। उसमें कुछ ऐसा है कि लोग उसे देखना चाहते हैं। मैं हमेशा उससे कहती हूँ कि मैं जिंदा उदाहरण हूँ। अगर तुम मेहनत करोगी। ईमानदारी से काम करोगी। किसी दाँव-पेंच के बारे में सोचे बगैर काम करोगी तो कोई भी नहीं रोक सकता। तुम वहाँ पहुँच सकोगी, जहाँ के बारे में सोचती हो। निश्चित तौर पर उसके लिए यह सफर थोड़ा आसान रहा। ठीक है कि उसे ब्रेक इजली मिला। 'कहो ना...प्यार है' का जो भी हो गया था दुर्भाग्य से। एक तरह से अच्छा ही हुआ। उसे 'रिफ्यूजी' मिली। दर्शकों ने एक एक्ट्रेस को देखा। उसने मेरी भूलों से सीखा। उससे उम्मीदें काफी ग्रेट थी। उसको भी मेहनत करनी पड़ी।

लेकिन आपकी मेहनत ज्यादा थी?

निश्चित ही मुझे ज्यादा मेहनत करनी पड़ी थी, मगर उसके सामने भी बड़ी चुनौतियाँ थीं। उन पर खरा उतरना ही था। मैंने तो मजदूरी की है। सीखा और समझा है। रेखा से मेरी तुलना तो बधाई है। मैं वैसा करना ही चाहूँगी। श्रीदेवी-रेखा जी को देखें। अच्छी बातें सीखीं। कुछ पाने की कोशिश की।

कौन सी बातें प्रेरित करती हैं अभिनय के लिए?

इसी फिल्म को लें। यह नार्मल कैरेक्टर नहीं है। 'एक रिश्ता' में नार्मल रोल किया। डिफरेंट कैरेक्टर-डिफरेंट रोल—यही प्रेरित करता है मुझे। इस रोल को लें। यह डिफरेंट है। असामान्य है, क्योंकि चालू हीरोइन नहीं है। इससे मैं चार्ज और उत्साहित होती हूँ। कुछ अलग है इस फिल्म में (मेरे जीवन साथी)। मैं पूरा नहीं बताना चाहती। इतना कह सकती हूँ कि ऐसा रोल पहले नहीं किया। आपने देखा—एक ऑबसेस्ड लड़की हूँ, पर यह 'प्यार तूने क्या किया' या 'डर' जैसी फिल्म नहीं है। यह अलग है। यह इमोशनल और गहरा किरदार है। इसके बाद 'शक्ति' होगी। बोनी

कपूर की फिल्म। दक्षिण के निर्देशक हैं। नाना पाटेकर, शाहरुख खान, संजय हैं इस फिल्म में 'शक्ति' में बहुत स्ट्रांग चरित्र है मेरा। इस फिल्म को देखते समय लोग सीट के किनारे पर बैठ जाएँगे। वह 'हाँ, मैंने भी प्यार किया' से बिल्कुल अलग होगी। लवस्टोरी–सेंसिटिव परफार्मेंस–शक्ति में बोल्ड, स्ट्रांग और बढ़ा हुआ–यह शक्ति–पावर की कहानी है। पावर ऑफ भारतीय नारी। यह स्ट्रांग फिल्म है। उसके बाद 'मेरे जीवन साथी' आएगी। मैं इंद्र कुमार की फिल्म कर रही हूँ अनिल कपूर के साथ। मधुर की फिल्म–स्ट्रांग फिल्म है।

करीना के कैरिअर से कितनी संतुष्ट हैं?

करीना के कैरिअर के प्रति काफी खुश हूँ। कैरिअर की शुरुआत में ही उसने अलग किस्म के रोल किए। 'रिफ्यूजी' और 'अशोक' के साथ उसने 'मुझे कुछ कहना है' और 'कभी खुशी कभी गम' भी किया। उसकी विविधता देख सकते हैं। वह यह नहीं सोचती कि उसे केवल हीरोइन के ही रोल करने हैं। मुझे हमेशा एक जैसा काम करना चाहिए सुरक्षा के लिए। 'अशोक' थोड़ी कलात्मक थी–उसमें वह कितनी अच्छी लगी है। उसने अच्छा काम किया है। 'रिफ्यूजी', 'अशोक'...'कभी खुशी कभी गम' भी अच्छी लगी।

20 जनवरी, 2002

रिफ्यूजी सरहद के आरपार की प्रेम कहानी : करीना कपूर

पहली फिल्म के प्रदर्शन के पहले ही किसी अभिनेत्री की ऐसी ठोस पहचान हिंदी फिल्म इंडस्ट्री में पहले नहीं दिखी। अभी करीना कपूर की फिल्म 'रिफ्यूजी' प्रदर्शित नहीं हुई है। पत्र-पत्रिकाओं में कुछ तस्वीरें छपी हैं और टी.वी. के विभिन्न चैनलों से प्रचार के लिए प्रसारित 'रिफ्यूजी' के गीतों के टुकड़ों में उनकी झलक मात्र दिखी है। करीना कपूर का दर्शक इंतजार कर रहे हैं।

करीना कपूर का छोटा-सा परिचय है कि वह हिंदी फिल्मों के कपूर परिवार की हैं। पृथ्वीराज कपूर से आरंभ अभिनय की परंपरा को आगे बढ़ाने के लिए वह आ रही हैं। मात्र बीस साल की कन्या राशि की करिश्मा कपूर का आत्मविश्वास उनसे मिलकर ही समझा और जाना जा सकता है। 'रिफ्यूजी' के निर्माता-निर्देशक जे.पी. दत्ता की हिदायत थी कि फिल्म प्रदर्शन के बहुत पहले पत्रकारों से बातें न करें वह। कारण है कि करीना कपूर के साक्षात्कार अभी प्रकाशित नहीं हो रहे हैं। 'रिफ्यूजी' प्रदर्शन के करीब है। अब वह पत्रकारों से बातें कर रही हैं। इस बातचीत को संभव होने में दस दिनों का समय लगा। हर अगली संभावित तारीख को उनकी व्यस्तता निकल आती थी और बातचीत अगले दिन के लिए टल जाती थी। बातचीत का समय करीना कपूर के निजी प्रचारक अजीत घोष निश्चित करते थे और फिर माफी माँग लेते थे। कभी सुभाष घई से मुलाकात तो कभी जे.पी. दत्ता की नसीहत। कभी फिल्म की प्रचार सामग्रियों की व्यवस्था की मीटिंग तो कभी अप्रत्याशित कार्यक्रम। आखिरकार एक दोपहर अजीत घोष का फोन आया कि आज निश्चित बातचीत हो जाएगी। बस, आप देर न करना।

ऐसी बातचीत और मुलाकात में देर कैसे हो सकती थी। नियत समय पर बांद्रा के पाली हिल में स्थित उनके फ्लैट में पहुँचने पर करीना कपूर बिल्डिंग

के आहाते में ही दिख गईं। वह एक कार के पास खड़ी हाथों में कुछ कागज लिए किसी को कुछ समझा रही थी साथ में नोट भी करती जा रही थीं। उन्होंने अंदर बैठने का संकेत किया। बांद्रा के इस फ्लैट को करिश्मा कपूर ने ऑफिस बना लिया है। यहीं वह निर्माता-निर्देशकों से मिलती हैं। फिल्मों की कहानियाँ सुनती हैं और कभी-कभी विश्राम करती हैं। अब छोटी बहन करीना कपूर का दफ्तर भी यही है। बाहर के कमरे में सूटकेश के ऊपर सूटकेश रखे हुए थे हर सूटकेश में कपड़े और कपड़े थे। सलवार-कमीज, साड़ी, सैंडल आदि का लेबल ऊपर चिपका था। पता चला कि करीना कपूर और करिश्मा कपूर की शूटिंग से संबंधित सामान हैं।

थोड़ी देर में माँ बबीता आईं। नमस्ते के आदान-प्रदान के बाद वह अंदर चली गईं। फिर बड़ी बहन करिश्मा कपूर ने प्रवेश किया। वह दिल्ली से आ ही रही थीं। करिश्मा कपूर ने परिचित मुस्कान फेंकी और आँखों से ही सवाल किया। यह बताने पर कि आज करीना से बातचीत करनी है। उन्होंने राहत की साँस ली।

आखिरकार अंदर से बुलावा आया। अंदर कमरे में करीना कपूर की बाईं तरफ की जगह खाली थी। करीना कपूर की मदद के लिए माँ या बहन में से कोई नहीं था। आरंभ में वह थोड़ा धीमे और संकोच के साथ बोल रही थीं। दस मिनट के बाद उनकी आवाज सामान्य हो गई और उनकी हँसी-मुस्कुराहट भी लौट आई। इस बातचीत का आनंद इसी में है कि पूरी बातचीत ज्यों-की-त्यों आप पढ़ें। संभव है कुछ सवाल और कुछ जवाब अधूरे लगें, पर यही इस बातचीत की खास बात है। संभवतः हिंदी में करीना कपूर का यह पहला साक्षात्कार है। वह बीच-बीच में अंग्रेजी वाक्यों और पदों का प्रयोग कर रही थीं। हिंदी फिल्म इंडस्ट्री में यह सामान्य बात है। हिंदी फिल्मों के सारे कलाकार जवाब देते समय अंग्रेजी की तरफ मुड़ जाते हैं, करीना कपूर तो अभी नई हैं। यह अच्छी बात है कि उन्होंने हिंदी में पूछे सवालों को समझा। तो आइए करीना कपूर से मिलें :

रिफ्यूजी प्रदर्शन के लिए तैयार है आपकी कैसी तैयारी है?

ऐसी कोई तैयारी नहीं है। फिल्म इंडस्ट्री में आने की इच्छा थी। परिवार की परंपरा का अनुकरण करना था। कोई योजना या तैयारी नहीं है, जो होना है सो होगा।

फिल्मों में आने का फैसला कब लिया?

बचपन से अभिनेत्री बनने की मेरी इच्छा थी क्योंकि मैं और कुछ कर ही नहीं सकती थी। किसी और चीज के लिए मैं बनी ही नहीं थी। केवल अभिनय

और कैमरे के आगे काम करने के बारे में ही सोच पाती थी।

आपको कब एहसास हुआ कि आप कपूर परिवार की सदस्य हैं?

मुझे लगता है बचपन से ही यह समझ में आ गया था। बचपन में मम्मी-डैडी की फिल्में देखा करती थी। बाद में परिवार के और भी सदस्यों को पर्दे पर और अपने आस-पास देखा तो समझ गई कि हम लोग किसी खास परिवार के हैं। जिसके सार सदस्य अभिनय क्षेत्र में सक्रिय हैं। मम्मी-डैडी की बातों से फिल्मों की जानकारी मिलती रही। मैंने कहीं अधिकृत रूप से प्रशिक्षण नहीं लिया। मैं किसी अभिनय के स्कूल में नहीं गई और न ही अभिनय की किसी पद्धति में प्रशिक्षण लिया। मेरे खयाल में अभिनय नैसर्गिक प्रतिभा है यह या तो होती है या नहीं होती।

आपके लिए अभिनय क्या है?

अभिनय अंतःस्फूर्त प्रक्रिया है। वह अंदर से निकलनी चाहिए। अभिनय का प्रशिक्षण नहीं दिया जा सकता। कुछ स्थूल बातें सिखाई जा सकती हैं कि कैसे खड़े हों, कैसे बातें करें, कैसे देखें यह सब तो बताया जा सकता है लेकिन अभिनय आखिरकार खुद ही करना पड़ता है। यह थोड़ी-बहुत तकनीकी चीज है निर्देशक, कैमरामैन वगैरह आपकी मदद करते हैं। अभिनय के लिए प्रतिभा तो होनी चाहिए। केवल सुंदर दिखने से कुछ नहीं होता।

जे.पी. दत्ता ने क्या सुझाव दिए थे आपको?

जे.पी. दत्ता वैसे निर्देशक नहीं हैं, जो फिल्म की कहानी या किरदार के बारे में आपको बताते हैं। उन्होंने एक रात मुझे यह फिल्म दी और उसके बाद शूटिंग आरंभ हो गई। उन्होंने कुछ खास निर्देश नहीं दिया। लेकिन मुझे मालूम था कि मैं क्या करने जा रही हूँ। मुझे मालूम था कि जे.पी. दत्ता कैसे निर्देशक हैं। वे गंभीर किस्म के अभिनय में यकीन करते हैं वे बिल्कुल अलग हैं। इसलिए मैं जानती थी कि मुझे अलग ढंग से चित्रित किया जाएगा।

पहले दिन का अनुभव बताएँ?

मैं बिल्कुल नहीं घबराई थी। मुझे बचपन से मालूम था कि एक दिन मुझे कैमरे के आगे आना है। इसलिए किसी प्रकार की घबराहट या खास सावधानी नहीं थी। मुझे खुशी हुई कि मैं महान निर्देशक के साथ काम कर रही हूँ। मेरे साथ के कलाकार भी बहुत अच्छे हैं। इसलिए मैं उस दिन के प्रति बहुत उत्साहित थी। उस दिन केवल मेरे साथ अभिषेक थे। हाँ, मेरी माँ वहाँ थी। उन्हें तो होना ही था। करिश्मा व्यस्त थी इसलिए वह नहीं आ पाई।

क्या उस पहले दृश्य के बारे में बताएँगी?

बताने की जरूरत नहीं है वह देखने के बाद आप खुद समझ जाएँगे कि अच्छा

यह लगता है कि यह पहले किया है।

पिछले डेढ़ सालों में फिल्म के दौरान आपके विकास की प्रक्रिया चलती रही होगी?

हाँ, यह तो होता ही है। फिल्म के साथ आप सीखते जाते हैं। कैमरा और अभिनय दोनों के बारे में जानकारी बढ़ती है। जे.पी. दत्ता वैसे भी बड़े निर्देशक हैं। वे अभिनय पर ज्यादा जोर देते हैं। उनसे मैंने बहुत कुछ सीखा। आज मैं जो भी हूँ वह सब मैंने उनसे ही सीखा है। उन्होंने बहुत कुछ सिखाया है इस फिल्म के दौरान।

रिफ्यूजी के बारे में कुछ बताएँ?

यह एक प्रेम कहानी है। लेकिन यह हिंदी फिल्मों की प्रचलित प्रेम कहानी नहीं है। यह बिल्कुल अलग है। मुझे नहीं मालूम कि दर्शक इसे किस रूप में स्वीकार करेंगे। फिर भी इतना कह सकती हूँ इसमें सभी का अभिनय जबर्दस्त है। इसके गीत सुंदर और मधुर हैं। जे.पी. दत्ता की फिल्मों के दृश्यों के बारे में क्या कहना। वह बहुत रस्टीक और कलात्मक है। इसमें विदेशों के लोकेशन और फैंसी ड्रेस नहीं हैं फिर भी–इसमें सेना नहीं है, एक्शन नहीं है। चालू किस्म की कोई बात नहीं है। यह एक पाकिस्तानी लड़की और हिंदुस्तानी लड़के की प्रेम कहानी है।

क्या यह भी हिना जैसी है?

नहीं, हिना की कहानी में फैमली ड्रामा था। इसमें वैसा ड्रामा नहीं है। यह सरहद के आरपार की प्रेम कहानी है। इसमें हम दोनों देशों की बातें नहीं करते हैं। कोई भी राजनीतिक या सामाजिक प्रसंग नहीं आता है। यह दो प्रेमियों की कहानी है, जो संयोग से सीमा के आरपार रहते हैं।

इस फिल्म के किन दृश्यों में आपको अधिक आनंद आया?

पूरी फिल्म में मजा आया। यह फिल्म हँसते-खेलते बन गई पता ही नहीं चला कि फिल्म कब पूरी हो गई। आखिरी दिन हम सभी रो रहे थे कि फिल्म पूरी हो गई। एक परिवार की तरह हम सभी ने काम किया। हर दिन उसका यादगार दिन था। पहली फिल्म में वैसे भी सब कुछ अच्छा-अच्छा लगता है।

आप पहले रितिक रोशन के साथ 'कहो न प्यार है' में आने वाली थीं फिर आप अलग हो गईं वह फिल्म अभी हिट हो गई है। क्या आपको कोई अफसोस नहीं होता?

नहीं, मुझे कोई अफसोस नहीं होता। मैं बहुत भाग्यशाली हूँ कि मेरी पहली फिल्म 'रिफ्यूजी' है। 'कहो न प्यार है' में मैं लड़की के लिए कुछ खास नहीं था। राकेशजी अपने बेटे को पेश कर रहे थे। उनकी फिल्म से उनका बेटा स्टार बन गया। लड़की को तो कोई फायदा नहीं हुआ। पिक्चर हिट होने से लड़की रातोंरात स्टार नहीं बन पाई। प्रोड्यूसर की लाइन हीरो के घर के बाहर लगी है। लड़की के

नहीं। तो फिर भला मैं क्यों अफसोस करूँ? मुझे कोई अफसोस नहीं है। बल्कि अच्छा ही हुआ इस फिल्म से मेरी खास पहचान बनेगी। स्टार तो बहुत बनते हैं। आते हैं, जाते हैं। पहली ही फिल्म में अभिनेत्री के तौर पर पहचान बनाना बड़ी बात है। यहाँ तो दस-पंद्रह फिल्मों के बाद कोई एक फिल्म मिलती है जहाँ आप कुछ कर पाती हैं।

स्टार और अभिनेत्री में कोई फर्क होता है?

स्टार में भी प्रतिभा होती है। लेकिन संयोग और भाग्य भी जुड़ा होता है। इसी प्रकार अभिनेत्रियाँ कई हैं लेकिन उनमें से बहुत कम ही भाग्यशाली है।

बहन करिश्मा ने आपको क्या सुझाव दिए?

उन्होंने केवल इतना बताया था कि मेरी भूलों से सीखो। उसने जो किया वह मैं न करूँ। उसने काफी संघर्ष किया। लेकिन अभी वह नं. वन है और बहुत अधिक सफल है। लोगों को अपेक्षा रहेगी कि मैं पहली ही फिल्म में उसकी बराबरी कर लूँ। अगर आप इसे भाग्य मानें तो भाग्य कह लें कि मुझे पहली ही फिल्म इतनी अच्छी मिली। उसने मुझे अभिनय के बारे में कुछ भी नहीं बताया। हाँ, फिल्मों के बारे में राय जरूर दी। उनके बारे में बताया। उसने यही कहा कि जो ठीक लगे वही करो। किसी और की परवाह नहीं करो। तुम्हारे दिमाग में जो आए वही करो। मैं जो सोचती हूँ वही करूँगी। लोग क्या सोचते हैं इसमें मेरी रुचि नहीं है।

माँ और बहन के अलावा अभिनेत्रियों में कौन पंसद है?

पुरानी अभिनेत्रियों में मुझे मीना कुमारी और नर्गिस पसंद हैं। नई में काजोल पसंद है। काजोल सचमुच अभिनेत्री हैं। सुंदर तो बहुत सारी लड़कियाँ हैं लेकिन अभिनेत्री केवल काजोल है। मैं अंग्रेजी फिल्में पसंद नहीं करती हूँ। मैं केवल हिंदी फिल्में देखकर बड़ी हुई हूँ, इसलिए उन्हीं की बात कर सकती हूँ।

अपने परिवार की कौन-सी फिल्म पसंद है?

'कल आज और कल', 'जागते रहो', इन दोनों की कहानी बहुत अच्छी थी। वैसे दादा जी की सारी फिल्में उल्लेखनीय हैं। करिश्मा की फिल्मों में मुझे 'राजा हिंदुस्तानी' और 'दिल तो पागल है' अधिक पसंद हैं।

हाँ, अभी और कौन-सी फिल्में कर रही हैं?

सुभाष घई की 'यादें' और करण जौहर की 'कभी खुशी कभी गम' में मैं रितिक के साथ हूँ। अब्बास-मस्तान की 'अजनबी' में बॉबी देओल के साथ हूँ।

शौक क्या हैं आपके?

केवल तैराकी, मैं खेलों में बहुत रुचि लेती हूँ। मैं बहुत ज्यादा पढ़ती हूँ। मुझे बेस्टसेलर की किताबें ज्यादा पसंद हैं। सिडनी सेलडन को ज्यादा पढ़ा है मैंने।

क्या गंभीर साहित्य भी पढ़ा है?

नहीं।

क्या गंभीर चीजों में रुचि नहीं है?

मैं बहुत गंभीर हूँ। जिंदगी और पेशे के प्रति काफी गंभीर हूँ। मैं संवेदनशील लड़की हूँ।

संवेदनशील लड़कियाँ ज्यादातर अंतर्मुखी होती हैं? क्या आप भी...

मैं अंतर्मुखी स्वभाव की नहीं हूँ। मैं लगातार बातें करती हूँ सभी से। मुझे कोई समस्या नहीं होती। मैं किसी भी विषय पर बातें कर सकती हूँ।

कपड़ों में क्या पसंद है?

भारतीय परिधान। सलवार-कमीज में ज्यादा आराम महसूस करती हूँ। जरूरत पड़ने पर साड़ी पहनती हूँ।

खानपान में क्या पसंद है?

मुझे हर तरह का खाना पसंद है। कुछ भी दे दो, मैं खा लूँगी। मैं ऐसी ही हूँ। चायनीज भी पसंद है। ताज का चायनीज मुझे ज्यादा पसंद है। घर में भी बनता है कभी-कभी।

देश में कहाँ-कहाँ घूमी हैं?

'रिफ्यूजी' की शूटिंग में भुज गई थी। कच्छ का रन देखा है। भारत के सभी महानगरों को देख चुकी हूँ। भीतरी इलाकों में जाने का मौका नहीं मिला है। उत्तर भारत के शहर नहीं देखे हैं मैंने। दक्षिण में हैदराबाद और चेन्नई बार-बार जाने का मौका मिला है।

मुंबई में क्या खास बात है?

यहाँ के लोग अलग हैं। यह शहर चौबीस घंटे चालू रहता है। रात में भी नहीं सोता है। दूसरे शहरों में जाने पर उकताहट होने लगती है। मेरी तरह यह शहर भी जिंदादिल है। यहाँ पर इतने धर्म-संप्रदाय और राज्यों के लोग रहते हैं, मगर आमतौर पर लड़ाइयाँ नहीं होती हैं। यह बहुत अच्छी बात है मुझे खुशी है कि मैं इस शहर में पैदा हुई।

क्या भारतीय समाज और संस्कृति से अच्छी तरह परिचित हैं?

हाँ, मुझे लगता है कि मैं अपने देश को अच्छी तरह जानती हूँ। यहाँ की संस्कृति से वाकिफ हूँ।

क्या आप धार्मिक प्रवृत्ति की हैं?

हाँ, लेकिन किसी एक धर्म के लिए कट्टर नहीं हूँ। मैं मानती हूँ कि एक ईश्वर है, लेकिन मैं पूजा-पाठ या कर्मकांड में यकीन नहीं करती।

भारतीय त्योहारों में क्या पसंद हैं?

मुझे दीवाली अधिक पसंद है। यह रोशनी का त्योहार है, इसलिए ज्यादा मजा आता है।

कहीं ऐसा तो नहीं कि आप खुद रोशनी में रहना चाहती हैं, इसलिए रोशनी का त्योहार पसंद है?

हाँ, वह तो है ही। निस्संदेह वह बात है।

क्या राजनीति में रुचि है?

बिल्कुल नहीं।

इतना तो मालूम होगा कि देश का प्रधानमंत्री कौन है?

अटल बिहारी वाजपेयी। इतना तो जानती ही हूँ, बस इससे ज्यादा नहीं।

आपसे मिलने को सभी बेताब रहते हैं। क्या आप भी कभी किसी से मिलना चाहती हैं?

नहीं, मेरी कभी कोई इच्छा नहीं होती, लेकिन कोई मिलने आए तो मिलने से इनकार भी नहीं करती।

किन निर्देशकों के साथ काम करने की इच्छा है?

सुभाष घई के साथ काम करने की इच्छा थी। वह 'यादें' से पूरी हो गई। अब सूरज बड़जात्या और यश चोपड़ा आदि के साथ काम करने की इच्छा है।

आपकी बहन तो श्याम बेनेगल के साथ काम कर रही हैं?

उनके साथ भी काम करूँगी। अब तो यही सब करना है। मैं श्याम बेनेगल के साथ काम करने के लिए भी तैयार हूँ।

बहन के कैरिअर को किस रूप में देखती हैं?

अभी तो वह बड़ी अभिनेत्री हो गई हैं। भाग्य और सफलता ने उसका साथ दिया। इसके लिए उसने मेहनत की है और उन्हें हासिल किया है। उसने जितनी मेहनत की है, उतनी और किसी ने नहीं की होगी। उसने आरंभ से ही हर तरह के दिन देखे, इसलिए सफलता पर उसका वाजिब हक है।

क्या आपको डर नहीं लगता कि आपकी तुलना करिश्मा से की जाएगी?

डर कैसा? यह स्वाभाविक है। फिल्म देखने के बाद लोग समझ जाएँगे कि मैं करिश्मा से कितनी अलग हूँ। कितनी अलग दिखती हूँ।

क्या सचमुच आप उनसे अलग हैं?

बेशक...एक्टिंग में...दिखने में...हर तरह से अलग हूँ। वह बहुत अंतर्मुखी है। मैं बिल्कुल बहिर्मुखी हूँ। वह बाहर जाना पसंद नहीं करती। मुझे बाहर ही मजा आता है।

क्या कभी बहन से झगड़ा हुआ?

हाँ, हम लोग लड़ते रहते हैं।

ये लड़ाइयाँ सिर्फ बचपन में होती थीं या अब भी होती हैं?

हम छोटे थे तो खूब लड़ते थे।

'रिफ्यूजी' के बाद और किसी फिल्म की शूटिंग की आपने?

हाँ, 'अजनबी' की शूटिंग की और एक फिल्म अजय देवगन के साथ की है।

जे.पी. दत्ता के तुरंत बाद अब्बास-मस्तान के साथ काम करने का अनुभव कैसा रहा?

बहुत मजा आया। थ्रिलर करने में ज्यादा मजा आता है। वे लोग बहुत अच्छे निर्देशक हैं। अब्बास-मस्तान जे.पी. दत्ता की तरह भावनाओं आदि में नहीं डूबते। वे थ्रिलर पसंद करते हैं। जे.पी. दत्ता विदेशों में शूटिंग नहीं करते। उन्हें रेगिस्तान ज्यादा पसंद है। अब्बास-मस्तान को विदेशी लोकेशन बहुत पसंद है। ये शुद्ध व्यावसायिक हैं। बहुत अलग हैं।

कौन-सा हीरो पसंद है?

शाहरुख खान।

रितिक रोशन के बारे में क्या खयाल है?

'ही इज टेरिफिक', अभिषेक और रितिक दोनों ही सुपरस्टार होंगे। दोनों ही बहुत अच्छे हैं अपने-अपने हिसाब से, लेकिन अभी तो सुपरस्टार शाहरुख खान हैं।

पुराने हीरो में?

अमित जी।

अभिषेक और रितिक दोनों में कौन आगे जाएगा?

दोनों अलग किस्म के हैं। आगे जाने की बात तो 'रिफ्यूजी' के प्रदर्शन के बाद पता चलेगी। दोनों एक्टिंग में बिल्कुल अलग हैं अभिषेक में आवेग और तीव्रता है। रितिक सुंदर है। नृत्य अच्छा करता है। एक्टिंग भी अच्छा कर लेता है। एक-दो फिल्मों के बाद ही पता चलेगा कि वह कितना सफल है।

अभिषेक में क्या खास बात है?

वह अभिनेता है। जन्मजात अभिनेता है। लोग उसे पर्दे पर देखेंगे तो समझेंगे। मेरे खयाल में वह पिता से बेहतर है। अपने पिता से सौ गुना बेहतर है।

अब आप फिल्म इंडस्ट्री में आ गई हैं तो इसके काले पक्ष के लिए कितनी तैयार हैं? आपके बारे में अफवाहें फैलेंगी? आपके प्रेम के किस्से बनेंगे?

कोई बात नहीं इन चीजों पर ध्यान ही नहीं देना चाहिए। मैं ध्यान ही नहीं दूंगी तो परेशान होने की बात भी नहीं आएगी। ध्यान दें, उसके बारे में सोचें, तब परेशानी होती है परवाह नहीं कीजिए तो कुछ नहीं होता। कुछ भी प्रभावित नहीं करेगा। इन चीजों से कोई फर्क नहीं पड़ता। उसकी वजह से मैं अच्छी या बुरी अभिनेत्री नहीं हो जाऊँगी।

क्या आपने किसी से प्रेम किया या किसी के प्रति आकर्षण महसूस किया?

अभी तक तो नहीं। मगर ऐसा कुछ हुआ तो आपको बुलाकर बताऊँगी। मेरे ढंग का तो कोई मिला नहीं, इसलिए ऐसी बात ही नहीं हुई।

लगता है आप समय से पहले समझदार हो गई हैं?

हाँ, आप कह सकते हैं और यह अच्छी बात हुई है।

ऐसा क्यों हुआ?

शायद इसलिए कि मेरी माँ बहुत समझदार हैं और मैं उनके साथ रहती हूँ। मैंने अपनी बहन को भी देखा है, इसलिए थोड़ी जल्दी परिपक्व और समझदार हो गई।

अपने परिवार में कितनी खुश हैं आप?

मैं तो बराबर चाहूँगी कि इसी परिवार में पैदा होऊँ। मुझे यही माता-पिता मिलें और यही बहन मिले।

अगर कभी मुश्किल में हों तो किसकी मदद लेती हैं?

मम्मी की। वह माँ है। उसने बेटियों को बड़ा किया है। हम दोनों बहनें उसी की देख-रेख में पली हैं, इसलिए स्वाभाविक रूप से माँ का सहारा लेती हूँ। करिश्मा आज जो भी है, वह माँ की मेहनत के कारण है। मेरी माँ महान महिला हैं।

और पापा?

वे बड़े आराम से जीते हैं। उनको यह चिंता नहीं रहती कि कुछ करना है। खुद में मस्त रहते हैं।

क्या आप कभी नहीं सोचती कि आपके पापा को भी सक्रिय होना चाहिए। दादा की तरह फिल्में निर्देशित करनी चाहिए या अभिनय करते रहना चाहिए?

हम सोचते और चाहते हैं, लेकिन हर आदमी का स्वभाव अलग होता है दो लोग एक जैसे नहीं हो सकते। उनके पिता राजकपूर थे। इसका मतलब यह नहीं कि वे भी राजकपूर हों। मेरी माँ ने हमलोगों के लिए इतना किया है कि हमने महसूस ही नहीं किया कि पापा को कुछ करना चाहिए।

ऐसा क्यों हुआ कि आप दोनों बहनों ने बाहर की फिल्मों से ही शुरुआत की?

उस समय आर. के. (आर.के. स्टूडियो) के पास कोई फिल्म नहीं थीं। समय बीता जा रहा था, इसलिए बाहर की फिल्म कर ली। वे लोग बहुत धीमे काम करते हैं। अभी कोई योजना नहीं है काम करने की।

अगर आप कपूर परिवार की नहीं होतीं तो फिल्मों में आना कितना मुश्किल या आसान होता?

बहुत मुश्किल। हमें ज्यादा संघर्ष करना पड़ता। हमें ज्यादा भाग्य की जरूरत पड़ती। यह अच्छी बात है कि हम लोग फिल्म इंडस्ट्री से हैं हमें मालूम है कि इंडस्ट्री कैसी है। यहाँ कैसे काम होता है, इसलिए हमें थोड़ी आसानी हुई। इंडस्ट्री के बाहर से आए लोगों को पता नहीं रहता कि इंडस्ट्री कैसी है। वे गलत रास्ते पर भी चले जाते हैं। उनके साथ बुरा हो जाता है। हमारे दिमाग में तो वैसी बातें नहीं आतीं। सभी इज्जत से मिलते हैं।

इसके साथ मुश्किलें भी तो बढ़ जाती होंगी?

निश्चित रूप से...दर्शकों की अपेक्षाएँ बढ़ जाती हैं। हमें ज्यादा मेहनत करनी पड़ती है और साबित करना पड़ता है कि हम कपूर परिवार से हैं।

आप खुद के बारे में कितनी आश्वस्त हैं?

बहुत आश्वस्त हूँ। बहुत ही ज्यादा आश्वस्त हूँ...निश्चित हूँ।

हमें देश में शिक्षा और ज्ञान बढ़ाना है : अनिल कपूर

वह क्या फोर्स है जो आज तक आपको प्रेरित कर रही है और आप टिके हुए हैं?

मुझे हैरत होती है कि लोग पूछते हैं कि क्या चीज मुझे प्रेरित करती है। मुझे तो लगता है कि हर इंसान को ऐसा ही होना चाहिए। जो काम वह ले, उसे पूरी मेहनत से और ईमानदारी से करना चाहिए। उसकी वैसी महत्त्वाकांक्षा हो, जोश हो, ऊर्जा हो, उसे लगना चाहिए कि उसका हर काम...उसकी हर फिल्म पहली फिल्म है। वह खुद-ब-खुद होता है। ऐसा नहीं होता कि मैं सोच रहा हूँ या समझ रहा हूँ। मजा आता है, अपने काम का आनंद लेता हूँ। मैं जो फिल्म लेता हूँ, कम लेता हूँ, उससे एक्साइटमेंट होती है। कुछ लोगों को शराब पीने से होती है, कुछ लोगों को सिगरेट पीने से होती है, कुछ लोगों को अच्छी-अच्छी लड़कियों के साथ घूमने से होती है। कुछ लोगों को पैसों से होती है और मेरे पास इतना पैसा वगैरह-वगैरह...मुझे अपने काम से होती है। हर नई फिल्म से लगता है कि नई माशूका मिल गई है। परफॉर्म करता हूँ तो मुझे उत्साह होता है। जोश आता है। वह उत्साह...कैमरे के सामने काम करने का उत्साह बचपन से ही था...वह उत्साह अभी तक है। मेरे खयाल में वहाँ जाना ही नहीं चाहिए। अगर प्यार है, तो वह उत्साह जाना ही नहीं चाहिए। पैसे तो अपने आप आते ही रहते हैं। काम करो तो पैसे खुद ही आते रहेंगे।

हर फिल्म नई फिल्म ही नहीं, पहली फिल्म की तरह लेना संभव होता है। इतने सालों से काम करने के बाद एकरसता तो आती ही होगी। मन थकता तो होगा?

थकान तो होती है। पर उसे तोड़ना और जूझना ही तो काम है। इससे बहुत फर्क पड़ता है कि डायरेक्टर कौन है। जैसे कि अभी सुधीर के साथ काम किया है। या मैं हनी जी के साथ काम कर रहा था। हनी जी की पहली फिल्म है। सुधीर जी की पहली कमर्शियल फिल्म है। इससे भी मुझे उत्साह आता है। उनकी ऊर्जा से मुझे ऊर्जा मिलती है। लगता है कि अलग डायरेक्टर है, कुछ अलग कर रहा है। हनी की पहली फिल्म है। कुछ अलग कर रही है। दूसरे ऐसा नहीं करते। उसमें भी उत्साह बनता है। यार! मैं अमिताभ के साथ पहली बार काम कर रहा हूँ। मैं

प्रीति के साथ पहली बार काम कर रहा हूँ। अरे यार, कलकत्ता में पूरी पिक्चर यार, कलकत्ता मेल—कलकत्ता में लाखों लोगों के साथ कैसे काम करूँगा। उनके बीच छुप-छुपकर काम करना। उन्हें पता नहीं चले कि अनिल कपूर आया है। मैं पच्चीस साल पहले जब 'कहाँ से कहाँ गुजर गया' की शूटिंग करने गया था तो इतने प्रॉब्लम नहीं थे। अब मैं जहाँ खड़ा होऊँ, तो लाखों लोग जमा हो जाते थी। अभी इनसे छिपके कैसे शॉट दूँ। शॉट तो चाहिए हमें। उसमें उत्साह होता था। सुबह जाते हैं। छुपकर...फिर आतंकवादियों की तरह काम करते थे। गोली मारकर निकल जाओ। छापामार। कैमरा छिपाकर रखते थे और अचानक निकालते थे।

कलकत्ता मेल क्या है?

कलकत्ता मेल थ्रिलर है। यह एक इमोशनल थ्रिलर है। इस फिल्म की खासियत यही है कि पूरी स्क्रिप्ट, इसके किरदार, शॉट बाई शॉट, सीन बाई सीन और रील बाई रील खुलते हैं। फिल्म शुरू होगी तो समझ में नहीं आएगा कि क्या हो रहा है। किस तरह जानेवाली है फिल्म।

माना जाता है कि अधिक प्रयोग नहीं करना चाहिए?

मैंने तो हमेशा प्रयोग किया। यह भी एक कारण है। मुझे लगता है कि जब तक आप प्रयोग नहीं करेंगे। कुछ अलग नहीं करेंगे तो आप ऊब जाएँगे। एक ही चीज करते रहेंगे तो दूसरों को भी निराश करेंगे। समय के साथ सब कुछ बदलता रहता है। कपड़े, हाव-भाव और सब कुछ। हम लोग क्या प्रयोग करते हैं? जो करना चाहिए, उस तुलना में कुछ भी नहीं है। लोग मुझे कहते हैं कि तू बहुत प्रयोग करता है। मुझे हमेशा लगता है कि और भी करना चाहिए। एक-दो फिल्म नहीं भी चले तो क्या फर्क पड़ता है। काम अच्छा करना चाहिए।

आपने खुद को बदला। नया चोला धारण किया। 'हम आपके दिल में रहते हैं' के समय से...

समय और ट्रेंड के हिसाब से मैं बदलता रहा। फूल-पत्तियों और एन.आर.आई. का दौर था तो 'हम आपके दिल में रहते हैं', 'हमारा दिल आपके पास है' जैसी फिल्में कीं। 'बीवी नं. वन'—हँसते-खेलते—गाने-वाने—सपनों में गीत वगैरह। तीनों फिल्में सुपरहिट हुईं। फिर जब एक्शन का जमाना था तो एक्शन फिल्में कीं। हमेशा ट्रेंड के हिसाब से दो-तीन फिल्में करता था और अपने हिसाब से भी फिल्में करता था। बीच में एक 'विरासत' और 'ईश्वर' जरूर कर लूँगा। एक 'कलकत्ता मेल' और 'अरमान' कर लूँगा। 'रिश्ते' कमर्शियल फिल्म नहीं चली, मगर उसके साथ 'कलकत्ता मेल' थी। लोग कहते हैं, अचानक बिल्कुल अलग फिल्म की है। हमारे पास एक-दो फिल्में अलग जरूर रहती हैं। कमर्शियल फिल्में कर रहा हूँ। उसको

तोड़ने के लिए ये फिल्में जरूरी हैं।

हिंदी फिल्मों के स्टारों की छवि बनती है, फिर स्टार उस छवि से निकल नहीं पाते। उसी में फँस जाते हैं।

मैंने ऐसा नहीं किया। शुरुआत से ही यह अत्मविश्वास रहा। 'अरमान' और 'कलकत्ता मेल' अलग-अलग फिल्म हैं। 'वो सात दिन' और 'मशाल' अलग-अलग फिल्म थी। 'ईश्वर', 'तेजाब' अलग-अलग थीं। हमेशा मेरे कैरिअर में ब्लैक एंड ह्वाइट चलता रहा है। दोनों एक-दूसरे से भिन्न होती हैं। उसमें ऐसा चैलेंज अच्छा लगता था कि दोनों में कैसे बिल्कुल अलग दिखूँ। कभी-कभी थोड़े आसपास आ जाती थीं फिल्में तो लोगों को तुलना करने का मौका भी मिल जाता था। उससे जोश बढ़ता है। लोग कहते हैं कि दोनों एक ही एक्टर की फिल्म हैं, मगर बिल्कुल अगल किस्म की हैं। कभी-कभी ऐसा भी हुआ कि दोनों फिल्में चलीं। ये नहीं हुआ कि एक नहीं चली, दूसरी चली। ऐसा भी हुआ।

अपने कैरिअर में किन फिल्मों को महत्त्वपूर्ण पड़ाव के रूप में देखते हैं? मील का पत्थर मानते हों जिन फिल्मों को?

मील का पत्थर...मैं अपने हिसाब से कह सकता हूँ। लोगों को पता नहीं क्या अच्छी लगी हो। मेरे हिसाब से 'वो सात दिन', 'कर्मा', 'मि. इंडिया', 'बेटा', 'ईश्वर', 'तेजाब', 'रामलखन', 'लम्हे', 'विरासत', 'पुकार', 'ताल', 'परिंदा', '1942 : ए लव स्टोरी'...इन फिल्मों को लोगों ने याद रखा। इन फिल्मों को आज भी लोग देखते हैं तो पसंद करते हैं। ये फिल्में पुरानी नहीं हुई हैं। मैंने सुना है कि लोग आज भी टी.वी. पर इन्हें देखते हैं। 'साहब', छोटी-सी फिल्म थी, मगर लोग पसंद करते हैं। अभी भी उसकी लोग बातें करते हैं। सौभाग्य की बात है कि इनमें से अधिकांश बॉक्स ऑफिस पर भी सफल रहीं। 'लम्हे' को छोड़कर बाकी सब चली हैं। 'लम्हे' भी ओवरसीज में बड़ी हिट थी। जबर्दस्त हिट थी।

पसंद के निर्देशक...अनिल कपूर को निखारने में जिसने मदद की हो...

निर्देशकों में मेरी पहली फिल्म के डायरेक्टर बापू साहब जो थे, उनसे काफी सीखा मैंने। फिर उसके बाद शेखर कपूर, मणि रत्नम, इनसे भी बहुत सीखने को मिला। सुभाष घई, यश चोपड़ा, जावेद साहब लेखक के तौर पर बड़ा योगदान रहा है उनका मेरे कैरिअर में। शबाना आजमी से बहुत सीखा मैंने।

एक्टिंग का प्रशिक्षण लेकर नहीं आए थे?

नहीं, मैंने रोशन तनेजा के साथ एक साल का कोर्स किया था। एफ.टी.आई. के लिए मैंने कोशिश की थी, मगर वहाँ फेल हो गया था। लिखित परीक्षा में फेल हो गया था। वहाँ जब इंस्टीट्यूट गया तो उन्होंने कहा कि मैं मुंबई आ रहा हूँ।

वे प्रोफेसर थे वहाँ पर। उन्होंने कहा कि तुम आ जाओ वहाँ पर। पुणे में एक्टिंग कोर्स बंद हो गया था।

एक्टिंग को कैसे परिभाषित करेंगे?

हर आदमी के अंदर या जिसके अंदर यह भावना है एक्टिंग करने की...कैमरे के आगे या स्टेज पर...यह कोर्स उस क्राफ्ट को उभारने में मदद करता है। वह मशीन जो अंदर है, वह कुछ उपकरण देती है। मानसिक उपकरण देती है। आप जाँच सकते हैं कि आपके प्लस पाइंट क्या हैं। आपके माइनस पाइंट क्या हैं? यह कोर्स उसमें मदद करती है। लेकिन अंदर वह चीज होनी चाहिए। वह मशीन होनी चाहिए। अगर वह चीज नहीं है तो कोर्स करके भी कोई फायदा नहीं। अगर आपके अंदर वो चीज है तो कोर्स आपकी मदद करती है।

एक्टिंग में बाह्य रूप और आंतरिक रूप में कौन-सा अधिक महत्त्वपूर्ण है?

मेरे खयाल में आंतरिक अधिक महत्त्वपूर्ण है। उसको अंदर से महसूस करना जरूरी है। बाहर तो आपका ड्रेसमैन, आपका कॉस्टयूम, आपका मेकअप, आपका कैमरामैन, आपका डायरेक्टर आपकी मदद कर सकता है, आंतरिक रूप से वे आपकी मदद नहीं कर सकते। आंतरिक बहुत जरूरी है।

इसमें कौन लोग आपकी मदद करते हैं?

यह खुद करना पड़ता है और लेखक से मदद मिलती है। एक लेखक जो लिखकर लाता हैं वह आपको विस्तार से बता सकता है। वह समझा सकता है। निर्देशक आपकी मदद करता है। पढ़ने से आपको भी काफी मदद मिलती है कि यह किरदार या निर्देशक क्या चाहता है। उससे आपको बहुत कुछ मिलती है।

कोई ऐसा किरदार मिले, जो आपके निजी अनुभव में नहीं रहा हो तो उसे आप कैसे निभाएँगे? दूसरे के बताए निर्देश से आप कैसे जी सकते हैं उसे?

अधिकांश किरदार ऐसे ही होते हैं। उसमें आपको अपने सामान्य ज्ञान और प्रतिभा का उपयोग करना पड़ता है। जब मैं महेश भट्ट के लिए 'आवारगी' कर रहा था तो मैं एक ऐसा किरदार कर रहा था, जो एक डॉन का हिटमैन है। मैंने तो किसी का खून नहीं किया। किसी की सुपारी नहीं ली। मैंने इसके बारे में केवल पढ़ा-सुना था। मैंने क्या किया...मैंने ऐसे लोगों से मिलने की कोशिश की। मैं भायखला पुलिस स्टेशन गया। भायखला में पुलिस ऑफिसर से मिला। उन्होंने बताया कि अभी-अभी एक हिटमैन आया है। उसे हिरासत में रखा है। वह ठाणे जेल जाएगा तू उससे मिलना चाहता है तो मिल ले। मैं उससे मिला। काफी उससे बातचीत की। वहाँ के जेलर मेरे चाहने वाले थे। वहाँ के पुलिस ऑफिसर ने मेरी काफी मदद की।

ऐसी चीजों से काफी मदद मिल जाती है। बातचीत करने से...उसे ऑब्जर्व कर सकते हैं। उसके बारे में सुन सकते हैं। किस तरह बैठा है, किस तरह बात कर रहा है, किस तरह खड़ा हो रहा है। क्या-क्या सोच रहा है? क्या रहा है उसके पास्ट में।

अभी तक आपने किसी परिचित किरदार को नहीं निभाया। किसी जानी-मानी हस्ती को पर्दे पर नहीं उतारा। ऐसा कोई प्रस्ताव नहीं आया क्या?

प्रस्ताव ही नहीं आया। मेरी शक्ल ऐसी है कि मैं किसी ऐतिहासिक व्यक्ति जैसा नहीं लगता। काश, मेरी ऐसी शक्ल होती, जो थोड़ी-सी इन लोगों जैसी महान हस्तियों जैसी होती। कभी-कभी कुछ एक्टर होते हैं, जैसे बने किंग्सले। उसकी शक्ल कितनी मिलती है गांधी से। डेंजिल वाशिंगटन से जैसे मैल्कम एक्स का रोल किया। वैसी बातें कुदरती होती हैं। भगवान ने मेरी वैसी शक्ल बनाई होती तो, जो किसी से मिलती-जुलती होती तो शायद मैं कर सकता। अभी मुश्किल है।

किसी सहअभिनेता से कोई चुनौती महसूस की कभी। दिलीप साहब हैं अमित जी हैं, या कोई और?

चुनौती तो मैं हमेशा महसूस करता हूँ। चुनौती तो हमेशा लेनी चाहिए अंदर से। मगर यह हमेशा रहा कि मैंने कभी किसी का सीन बिगाड़ने की कोशिश नहीं की। हमेशा यही चाहा कि उसका सीन भी अच्छा हो। चाहे वह पुराना कलाकार हो या नया कलाकार हो। मैंने हमेशा सहयोग किया और मिलकर काम किया। मैंने कभी किसी के सीन नहीं कटवाए। उससे तात्कालिक फायदा हो सकता है। अगर लंबी पारी खेलनी है तो...आज अमिताभ जी को देखिए...एक कारण यही है कि...वह एक बार स्क्रिप्ट सुनते हैं और उसके बाद सेट पर हस्तक्षेप ही नहीं करते। आज इतने सारे लोग उनके साथ काम करना चाहते हैं। एक कारण तो यही है कि सब उन्हें प्रोफेशनल एक्टर मानते हैं। कोई टेंशन नहीं, कुछ नहीं, अपना काम करेगा और निकल जाएगा। कुछ ऐसे कलाकार हैं, जो खुद ही सब कुछ करना चाहते थे...उनके साथ वो बात नहीं हो पाई। आरंभ में उन्हें फायदा हुआ होगा, मगर लंबे समय में नुकसान ही हुआ।

किसी एक दृश्य के बारे में बताएँ, जिसके लिए खास तैयारी की हो?

'मशाल' का एक दृश्य है। इंटरवल के पहले आता है मैं शराब पीकर धुत्त हूँ। दिलीप कुमार साहब को पता चलता है कि मैं दो-तीन दिनों से शराब पी रहा हूँ दिन-रात। वे मुझसे मिलने आते हैं। उस दृश्य के लिए मैं इतने तनाव और घबराहट में था कि मैंने जरूरत से ज्यादा ही उसकी तैयारी कर ली। इतनी ज्यादा तैयारी हो गई थी कि दृश्य करते समय मैं संवाद ही भूल गया। दिलीप साहब को सामने देखकर घबराहट और बढ़ गई। आज भी याद है वह घटना। उस घटना से मैंने काफी कुछ सीखा कि इतना भी ज्यादा नहीं सोचना चाहिए और इतनी ज्यादा तैयारी

नहीं करनी चाहिए। ज्यादा तैयारी करने से भी कभी-कभी आप काम अच्छा नहीं कर सकते। आपको एक लेख लिखना है या कोई रिपोर्ट करनी है और आपने इतनी ज्यादा तैयारी कर ली है कि आप प्रचुरता से ही पका देंगे। इससे उसकी सहजता खत्म हो जाती है। वह मेरे साथ हुआ था। वह घटना मुझे आज तक याद है।

फिर क्या तरीका अपनाते हैं आप?

यह दृश्य पर निर्भर करता है। कई बार आप दृश्य पढ़कर भूल जाते हैं और सेट पर जाकर सहज रूप से करते हैं। कुछ दृश्य होते हैं, जिन्हें आप पूरी तरह से अपने अंदर घोल लेते हैं, अपने सिस्टम में और जाकर फिर परफॉर्म करते हैं। उसे घोल लेने के बाद उसे भूल जाने की कोशिश करते हैं। कुछ ऐसे भी होते हैं जैसे 'बीवी. नं. 1' की मैंने। वहाँ पूरी तरह से कॉमेडी थी। मैंने कोई दृश्य तैयार ही नहीं किया था। फिर भी उसमें मुझे बेस्ट कॉमेडियन का एवार्ड मिला। मैंने जो भी किया, सेट पर किया। सेट पर ही इंप्रूवाइज किया। सेट पर ही डॉयलाग बदलता था। जो लिखकर आया था, उसमें पंजाबियत नहीं थी। मैं खुद वहीं सेट पर बैठकर पंजाबी लोगों की मदद से पंजाबियत करता था।

कितने हँसोड़ और विनोदी स्वभाव के हैं?

मैं मूड में रहता हूँ तो हँसी-मजाक भी बहुत करता हूँ। ज्यादातर लोग ये समझते हैं कि मैं सीरियस किस्म का इंसान हूँ। निश्चित ही मैं अपने काम के बारे में ज्यादा सीरियस हूँ। अपने काम के बारे में, अपनी फैमिली के बारे में, अपनी जो-जो चीजें हैं, जिसके बारे में सीरियस होना चाहिए इंसान को, उसे मैं हल्के रूप में नहीं लेता। मगर जब हँसी-मजाक का समय होता है तो वह भी करता हूँ। लेकिन मैंने देखा है कि ज्यादातर सीरियस लोग कॉमेडी अच्छी करते हैं। जो लोग रियल लाइफ में हँसी-मजाक करते रहते हैं, वे पर्दे पर कुछ खास नहीं कर पाते।

कहा और माना जाता है कि आप थोड़े अक्खड़ किस्म के व्यक्ति हैं।

अगर मेरे साथ कोई बदतमीजी करेगा तो वह तो मैं बर्दाश्त नहीं करूँगा। मैं चाहता हूँ कि अपने काम में मुझे कोई डिस्टर्ब न करे और मैं उसको भी डिस्टर्ब नहीं करना चाहता हूँ। काम के वक्त मैं खुद में लीन हो जाता हूँ। मैं बुरा बर्ताव तो नहीं करता, लेकिन मैं खुद को अलग कर लेता हूँ। घुलता-मिलता नहीं हूँ। मैं अतिरिक्त प्रयास नहीं कर सकता...फिर भी अगर लगता है कि कोई अच्छा इंसान है, जिससे मिलकर मुझे कुछ सीखने को मिलेगा। कोई प्रतिभाशाली व्यक्ति है तो उससे बात करने में कोई दिक्कत नहीं होती।

'अरमान' कैसी फिल्म है?

बहुत जबर्दस्त फिल्म है। 'अरमान' बहुत ही गरिमापूर्ण और अच्छी फिल्म है।

अमिताभजी उस दिन बता रहे थे। आज की संवेदना है उसमें। मुझे लगता है कि आज के दर्शक इस तरह की फिल्म ही देखना पसंद करेंगे। यह बाप-बेटे की फिल्म नहीं है। यह अलग ड्रामा है।

आजकल हर कोई यह उल्लेख करता है कि मेरा सौभाग्य है कि मैं अमितजी के साथ कोई काम रहा हूँ। क्या यह सचमुच बड़ी बात है?

सचमुच बड़ी बात है। क्योंकि वह एक तो सीनियर एक्टर हैं। इतने कामयाब...इतने टैलेंटेड, उनमें इतनी सारी खूबियाँ हैं। इतने सालों से खुद को मेनटेन कर रहे हैं। वह एक ऐसी चीज है कि इज्जत करने का दिल करता है। दिलीप साहब को लें, उनके प्रति भी मन में आदर पैदा होता है। किस तरह सँभाला है इन लोगों ने अपने कैरिअर को। उन्होंने जैसा काम किया, जिस तरह की फिल्में की हैं। कुछ लोग सीनियर हो जाते हैं तो उनके काम में वह बात नहीं रह जाती। वे खुद को सँभाल नहीं पाते। उनका कैरिअर नीचे चला जाता है। खुद ही बर्बाद हो जाते हैं। ऐसे लोगों को कम आदर मिलता है। इतने साल तक आप मेनटेन करेंगे तो आपको इज्जत मिलेगी।

इस फिल्म में अमितजी के साथ काम करने का कोई खास अनुभव?

अमितजी ने अपने कंधे से बोझ उतार दिया है। हीरो के कंधे पर बहुत जबर्दस्त बोझ होता है। वह बोझ उन्होंने अपने कंधों से निकाल दिया। वह रिलैक्स हो गए हैं। वह इतने रिलैक्स हो गए हैं कि लोग पसंद भी कर रहे हैं उनको। वह खुश हैं। आदमी खुश होता है तो वह उसके चेहरे पर दिखता है।

आपने खुद के कैरिअर के लिए कुछ डिजाइन किया है क्या?

आप आरंभ से ही देख लें। मैंने आरंभ से ही किरदार निभाए हैं। आज भी किरदार निभा रहा हूँ। इसलिए मुझे कभी तकलीफ हुई नहीं है। लेकिन निश्चित ही मुख्य भूमिका की बात ही अलग होती है। जितने लंबे समय तक हो सके मैं मुख्य भूमिका निभाता रहूँगा। आजकल मुख्य भूमिका के प्रति दर्शकों का नजरिया बदल गया है। लोग कम उम्र बच्चों को देखना नहीं चाहते। वे एक आदमी को देखना चाहते हैं। एक मर्द को देखना चाहते हैं। किरदार चाहते हैं। गहराई के साथ जरूरी नहीं है कि वह गाना-वाना गाए। दूसरे लोग गाना गा सकते हैं। 'अरमान' में डॉक्टर का रोल कर रहा हूँ। यह रोल कौन निभा सकता था। किसी छोटे बच्चे को तो आप ले नहीं सकते थे। एक न्यूरो सर्जन है तो मुझे ही करना पड़ेगा। मुझमें वह परिपक्वता है कि मैं वह रोल कर सकूँ। तो इस तरह की फिल्में बहुत बन रही हैं। 'कलकत्ता मेल' देखकर लगता है कि अनिल के अलावा कौन कर सकता है। उसमें एक गहराई चाहिए। जिस आदमी ने लाइफ देखी हो। निचले स्तर पर वह हर दौर से गुजर चुका हो। किसी बच्चे को वो नहीं ले सकते। इस तरह की बहुत फिल्में

शुरू हो रही हैं। अभी 'आल्विन कालीचरण' मैंने शुरू की। इस फिल्म में गाने हैं। मगर मैं एक भी गाना नहीं गा रहा हूँ। कुछ फिल्मों में गाना वाना होगा, वो आज भी भैया गा सकते हैं। इसमें क्या है?

लेकिन हीरो तो वही होता है, जिसे हीरोइन मिलती है?

नहीं, वह सब बदल गया है। अभी 'ताल' मैंने की थी। मुझे ऐसा लगता है कि फिल्म का हीरो मैं था। सौ प्रतिशत वह किरदार था। मुझे हीरोइन मिली नहीं। कई एक्टरों ने वह रोल छोड़ दिया था कि हीरोइन नहीं मिली तो हीरो नहीं है। 'ताल' से मुझे जितना फायदा हुआ, उतना दूसरी पिक्चर से नहीं हुआ। आजतक हो रहा है। मैंने तो 'वो सात दिन' से यही किया। बाकी एक्टर तो अभी कर रहे हैं। किरदार वह, जो हीरो से बढ़कर हो। 'त्रिमूर्ति' हो या 'युद्ध' हो या 'कर्मा' हो या 'बीवी-नं-1' हो।

क्या यह आपका विश्वास और फैसला था या किसी ने मार्गदर्शन किया?

किसी ने मार्गदर्शन नहीं किया। खुद की सोच थी।

आत्मनिर्भर और स्वनिर्मित व्यक्तित्व है आपका?

बिल्कुल...एक-एक कर जोड़ा है। कैरिअर, घर, परिवार...कुछ। लोग कहते हैं कि बिना समझौता या छल-कपट किए मैंने सब कुछ हासिल किया। आजतक कोई एडफिल्म नहीं की, नहीं तो उसमें बहुत पैसे बना सकता था मैं। मैंने नहीं किया। स्टेज शो किया। विदेश में किया।

विज्ञापनों से ऐसी एलर्जी क्यों है?

एलर्जी नहीं है। मुझे उस वक्त बेहतरीन एड मिल रहे थे। मैंने सैद्धांतिक फैसला किया कि एड नहीं करूँगा। एक तो एड अच्छे नहीं बनते थे और बेजरूरत एक्सपोजर होता था। आज जैसे एड बन रहे हैं, उसमें आप एक-दो एड करो तो बुराई नहीं है। अगर पैसों ही सख्त जरूरत है तो एकाध कर लो। उसमें बहुत पैसा है। मुझे लगता है कि एकाध कर लेना चाहिए।

एक एक्टर को अपने सार्वजनिक जीवन का कितना ध्यान रखना चाहिए?

बहुत ज्यादा। क्योंकि लोग उसे देख रहे होते हैं। लोगों ने आपको बनाया है। आप सिर्फ एक्टर नहीं हैं, स्टार हैं। लोग पैसे देकर आपको देखने जाते हैं। आपकी नकल करते हैं। हो सकता है कि आपकी किसी बात का उन पर बुरा प्रभाव पड़े। ऐसी चीजें नहीं करनी चाहिए। किसी गलत काम से आप देश के युवकों का नुकसान कर सकते हैं।

देश के किस हिस्से से सबसे ज्यादा प्यार मिलता है?

ऐसा बता पाना मुश्किल होगा। पूरे देश में मैं लोकप्रिय हूँ, केवल अपने घर

को छोड़कर। घर में कोई परवाह नहीं करता। घर की मुर्गी दाल बराबर। बाकी सब जगह पूछ होती है। कुछ लोग नापसंद भी करते होंगे। ज्यादातर लोग पसंद करते हैं। लोगों के बीच रहना मुझे पसंद है। मैं उन्हें हैंडल कर लेता हूँ। इसी कारण तो 'कलकत्ता मेल' की शूटिंग कर सका।

'आल्विन कालीचरण' में क्या रोल है?

मैं इसमें एक पुलिस ऑफिसर का रोल कर रहा हूँ। मगर वह अलग किस्म का है। वह धीरे-धीरे खुलता है। आप फिल्म देखने जाएँगे तो यह समझ में नहीं आएगा कि कैरेक्टर क्या है? मगर वह आज का कैरेक्टर है। आज के लोग कैसे हैं कि अपना काम निकालने के लिए क्या-क्या तिकड़म भिड़ाते हैं। एक-दूसरे को लड़ा देते हैं अपना काम निकालने के लिए इधर मिर्ची लगाई, उधर मिर्ची लगाई और अपना काम निकाल लिया। दूसरों का आपस में झगड़ा करवा दिया। वह रोचक फिल्म है।

प्रोडक्शन का अनुभव कैसा रहा?

प्रोडक्शन का अनुभव बचपन से है। वह तो हमारे खून में है। मैं नहीं चाहता था कि मैं प्रोड्यूसर बनूँ। मैं एक्टर बनना चाहता था। मैं अभी भी प्रोडक्शन देखता हूँ। 'बधाई हो बधाई' के समय सुभाषजी ने मेरा नाम जबर्दस्ती दे दिया था। मुझे एक्टिंग का शौक है। एक्टिंग करते रहेंगे दादा मुनि की तरह या अमिताभ जी की तरह।

बोनी का योगदान कैसा रहा?

उनका जबर्दस्त योगदान है। पूरे परिवार का कंट्रीब्यूशन है। उसने कोई तिकड़म नहीं की। कुछ चीजें ऐसी होती हैं कि कोई मेरे मुँह पर बुराई तो कर नहीं सकता, क्योंकि उसे मेरे साथ काम करना है। कोई मिलता नहीं तो बड़े भाई की बुराई करो। यह कभी-कभी होता है। अंदर से सभी को मालूम है कि बोनी ने सभी की कितनी मदद की है। आज भी करते हैं वो। जब भी कोई फिल्म प्रॉब्लम में होती है तो उसे कैसे रिलीज करवाते हैं। मेरी ऐसी कोई फिल्म नहीं है, जो रिलीज नहीं हुई हो। जिसे वितरक नहीं मिला हो। इतने लंबे कैरिअर में कोई ऐसी फिल्म नहीं, जो डब्बे में पड़ी हो। एक भी फिल्म नहीं। मेरे पच्चीस साल के कैरिअर में हर फिल्म रिलीज हुई है। अच्छे थिएटर में हुई है। अच्छे लोगों के साथ की है मैंने फिल्म।

एक्टिंग का शौक क्यों और कैसे हुआ?

पता नहीं मुझे। जब से होश सँभाला है, भूत सवार था एक्टिंग का। पहले मुझे अनिल बड़ा बोरिंग नाम लगता था। मैंने पहली फिल्म में अचल कपूर नाम रखने को सोचा फिर शबाना जी ने कहा कि नहीं तुम अपना ओरिजनल नाम ही रखो। फिर अनिल कपूर रखा। 'एक बार कहो' की बात है। वहाँ शूटिंग में स्कूल में एक शो कर रहे थे तो मैंने अपना नाम अचल कपूर रखा। फिल्म में अनिल कपूर ही

है। शबाना ने कहा कि तू अचल रखेगा तो तू फ्लॉप हो जाएगा। चलने वाला नहीं होगा अचल।

'एक बार कहो' करते समय इस कैरिअर के बारे में सोचा था?

सोचा तो था, मगर यह नहीं सोचा था कि मैं हीरो बन जाऊँगा। एक्टर बन जाऊँगा, मगर यह नहीं सोचा था कि हीरो बन जाऊँगा। शबाना ने बहुत हेल्प की। शूटिंग करके आया तो उसने बोमाबोम कर दिया। ढिंढोरा पीट दिया। हर डायरेक्टर सथ्यू, जे.पी. दत्ता, महेश भट्ट, विनोद खन्ना सभी से बताया कि एक कलाकार आ रहा है। उससे मिलो और उसके साथ काम करो। सबसे अच्छी बात तो ये कि मेरे घर फोन कर दिया और मेरे माँ-बाप को बताया कि आपके बेटे को काम आता है। घर में थोड़ी इज्जत बढ़ गई। शबाना के साथ बाद में 'रखवाला' की।

और किसने मदद की?

जावेद साहब ने बहुत मदद की। सुभाष जी, जावेद साहब, यश चोपड़ा, दिलीप कुमार साहब, यूसुफ साहब। यूसुफ साहब ने बहुत तारीफ की 'मशाल' के समय। उससे बहुत फर्क आया कि दिलीप कुमार तारीफ कर रहा है आपकी। उससे बहुत मदद मिली कैरिअर में।

खुद को कैसा एक्टर मानते हैं?

मैंने खुद को कभी नहीं आँका। लगता है कि अभी बहुत कुछ सीखना और करना है। एक्टिंग तो दरिया है। जहाँ आप सीखते हैं। अभी तक लगता है कि यह डॉयलॉग पढ़ सकूँगा या नहीं पढ़ सकूँगा। यह रोल कर सकूँगा या नहीं कर सकूँगा। बिना मेहनत के कुछ नहीं मिला मुझे। जहाँ जितनी जरूरत हो, उतनी मेहनत करता हूँ। कुछ हल्के रूप में भी लेता हूँ जैसे बीवी नं-1, हमारा दिल आपके पास है—वह सब सहजता के साथ किया।

मेहनत करने वाली फिल्में?

विरासत, पुकार, ईश्वर, जुदाई, बीवी नं. 1 वगैरह में तो अच्छे कपड़े पहनो और डायॅलॉग बोल दो।

डांस की खास शैली?

हर इंसान में...जो डांसर नहीं होता—उसका एक अपना स्टाइल होता है। डांसर तो किसी भी तरह के डांस कर सकते हैं। हमें अपनी कुदरती शैली पर निर्भर करना पड़ता है, हम होली गणपति और शादी-बारात में डांस करते थे। वह करते-करते हमारे अंदर बस जाता है। उसको आप रिपीट करते हैं। सब फंक्शनों में सीखा होता है। हमें आता ही यही है। वही करता रहता हूँ।

कभी दर्शकों ने नापसंद किया?

अभी तक तो ऐसा नहीं हुआ। कोई भी फिल्म ऐसी नहीं आई। हाँ, कभी-कभी ऐसे पत्र जरूर आए कि ऐसी फिल्म मत करना या वह हुआ है। मेरे काम के बारे में किसी ने आज तक शिकायत नहीं की।

क्रिटिक के साथ कैसा संबंध रहा?

अच्छा रहा। उन्होंने हमेशा तारीफ की। काम ही ऐसा किया। हम सीखते हैं उनसे। इतने सालों में यह समझ में आ जाती है कि समीक्षक ईमानदारी से लिख रहा हैं या ऐसे ही बोल रहा है। उनकी वजह से हम चौकन्ने रहते हैं, सीखते हैं। बहुत जरूरी है ये सब। लेकिन उन्हें पक्षपात नहीं करना चाहिए। जिस किस्म की फिल्म हो उस हिसाब से समीक्षा करनी चाहिए। फिल्म को अगर आप एक ही नजर से देखेंगे तो गलत बात होगी। हर फिल्म के लिए चश्मा बदलिए। कई बार उन्हें मुँहकी खानी पड़ती है। पानी तो सतह खोज लेता है। अच्छी चीज को आप उभरने से रोक नहीं सकते।

कौन से अभिनेता अच्छे लगते हैं?

मुझे यूसुफ साहब अच्छे लगते हैं। कमल हसन, अमिताभ, नसीर इन सबकी फिल्में देखने का मन करता है। नए लोगों में आमिर, शाहरुख, अजय, देवगन का काम 'कंपनी' में अच्छा लगा। उसने बहुत अच्छा काम किया। नाना का काम, 'क्रांतिवीर', 'अग्निसाक्षी' में अच्छा लगा था। नए लोगों में किसी ने ऐसा काम नहीं किया, जिसकी मैं तारीफ करूँ। उनका काम अच्छा लगता है।

काम से पहले नाम की चर्चा...:

खुद को नियंत्रित करना पड़ता है। मैंने तो हमेशा यह चाहा कि फिल्म की रिलीज के समय आपकी चर्चा हो ताकि फिल्म के बारे में बताया जा सके। दर्शकों को पता तो चले। आदमी को कैसे महसूस कराना चाहिए कि पूरी मेहनत और ईमानदारी से अच्छी फिल्म की है। मैं चाहूँगा कि आप यह फिल्म देखें।

समाज के प्रति कैसी जिम्मेदारी महसूस करते हैं?

सामाजिक जिम्मेदारी है मेरी। लोग आपको देखते हैं। हमारी कोशिश यह होनी चाहिए कि हम देश में शिक्षा और ज्ञान बढ़ा सकें। उससे आर्थिक प्रगति होगी। फिर गरीबी कम होगी। शिक्षा का प्रचार जरूरी है। शिक्षा रहेगी तो जनसंख्या के बारे में भी सोचेगा। वह हर चीज के बारे में सोचेगा। मैं अपनी तरफ से वही कोशिश करता हूँ। वह मैं बताना नहीं चाहूँगा।

परिवार को कितना महत्त्व देते हैं?

आजकल यही सोच रहा हूँ। पहली बार जिंदगी में यह हुआ है कि परिवार

पहले, बाद में और कुछ। बच्चे बड़े हो गए हैं। उनके भविष्य, पढ़ाई और खुशी के लिए सोचता हूँ। माँ करती है। मैं खुद ही पढ़ाई में ढीला था। माँ जब नहीं सँभाल पाती तो मेरे पास आते हैं। कुछ फैसलों के लिए मेरी सलाह लेते हैं। उन पर अंकुश नहीं है, अनुशासन है। देर रात तक बाहर नहीं हर सकते। उनकी आजादी से तकलीफ न हो। मध्यमवर्गीय मूल्यों को जीता हूँ। उनकी जिममेदारी बढ़ जाती है उन्हें लोग लगातार देख रहे हैं। उन पर नजर है। दबाव है। हम लोगों को तो किसी ने नहीं देखा नंगे पैर यहाँ-वहाँ घूम रहे हैं। वहाँ कौन है, किसी को क्या मालूम है। करोड़ों बच्चों में से एक बच्चा है। उन्हें ज्यादा मेहनत करनी पड़ती है।

सुदूर इलाकों से आनेवालों के लिए?

कोई भी चीज मुश्किल नहीं है। मैं बन सकता हूँ तो कोई भी बन सकता है। मैं उन्हें यही कहूँगा कि लोगों की दुआएँ साथ में होनी चाहिए—परिवार की। कोई बात ऐसी नहीं होनी चाहिए कि आपने किसी को दुख पहुँचाया हो। फिर आप मेहनत कर रहे हैं तो कामयाबी आपके कदम चूमेगी। सौ प्रतिशत। कहीं से भी हों आप। मुझे ऐसा लगता है। दिमाग से मजबूत होना चाहिए, शरीर से ज्यादा इच्छाशक्ति। किसी को दुख पहुँचाकर कामयाबी नहीं मिल सकती। शार्टकट नहीं होता कामयाबी का।

अनिल कपूर की संतुष्टि किस रूप में...

तीनों में बहुत कुछ करना है। एक्टर, सिटीजन के रूप में बहुत कुछ करना है। पारिवारिक व्यक्ति के रूप में पहले मैं उतना वक्त परिवार को नहीं दे पाया, जितना मैं देना चाहता हूँ—नहीं है। बहुत कुछ करना है।

अगला प्रोजेक्ट...

'बेवफा'—चार-पाँच फिल्में हैं। तीन-चार फिल्में प्रोड्यूस कर रहा हूँ।

ग्लैमर से मुझे परहेज नहीं है : उर्मिला मातोंडकर

उर्मिला मातोंडकर ने अपनी एक खास पहचान बनाई है। अभी तक वह ग्लैमर की अलग छवि में कैद रहीं। ऐसा कहा जा रहा है कि डॉ. चंद्रप्रकाश द्विवेदी की फिल्म 'पिंजर' में उन्होंने अपनी प्रतिभा का परिचय दिया है। विषय और किरदार में गहराई हो तो कलाकार की संभावनाएँ बढ़ जाती हैं। 'पिंजर' की पूरो इसका सबूत है।

'पिंजर' की शुरुआत कैसे हुई। आपका पहला इंप्रेशन क्या था?

मुझे सबसे पहले 'पिंजर' का कथासार दिया गया था। उसमें सिर्फ अलग-अलग किरदारों का परिचय था। अमृता प्रीतम का नाम तो सुना था, पर सच कहूँगी कि मैंने उनकी कोई किताब पढ़ी नहीं थी। मेरी हिंदी इतनी अच्छी नहीं है कि हिंदी की किताबें पढ़ सकूँ। डॉक्टर चंद्रप्रकाश द्विवेदी ने कथासार भेजा तो मैं दंग रह गई, क्योंकि इन लोगों ने उस पर इतना काम किया हुआ था कि मुझे अलग से कुछ करना ही नहीं था। वह मुझसे मिलना चाहते थे। उस समय मैं काफी यात्राएँ कर रही थी, लेकिन मैंने समय निकाला और पहला अवसर मिलते ही उनसे मिली। मेरे पास उनसे पूछने के लिए कोई सवा़ल ही नहीं था।

आप जिस तरह की अभिनेत्री हैं और जो आपकी छवि बन गई है, उस लिहाज से क्या यह सचमुच हटके नहीं था...अलहदा प्रचलित फार्मूले और फार्मेट से बिल्कुल अलग...

शुरुआत से ही अपने कैरिअर के प्रति मेरा यह नजरिया रहा है कि अलग-अलग चीजें करने की कोशिश करूँ। मुझसे कई बार लोगों ने पूछा कि आप कला फिल्में या पैरेलल सिनेमा क्यों नहीं करतीं? मेरा हमेशा यही जवाब रहा कि मेनस्ट्रीम में काम करते हुए पैरेलल सिनेमा के प्रस्ताव आते हैं तो अवश्य करूँगी। मैं अलग से कला फिल्म नहीं करना चाहती थी। 'पिंजर' का प्रस्ताव मेरे लिए बड़ी चुनौती की

तरह आया। मीडिया ने मेरी जो कथित छवि बना रखी है, जो मैं हूँ नहीं...उससे अलग थी, पीरियड फिल्म थी और ऐसी जगह पर बुनी गई थी, जहाँ की मैं नहीं हूँ. इसमें...इतनी सारी चीजें एक साथ थीं। मैंने पहले ही कहा कि मैं डॉ. चंद्रप्रकाश द्विवेदी और उनकी पत्नी मंदिरा कश्यप से मिलकर बेहद प्रभावित हुई। उन्होंने इस प्रोजेक्ट पर इतना काम किया था। उनकी लगन और ईमानदारी ने मुझे द्रवित कर दिया। 'पिंजर' से जुड़ना मेरे लिए सौभाग्य की बात थी।

'पिंजर' की तैयारी किस प्रकार की। पूरो का व्यक्तित्व आम हिंदी फिल्मों की नायिका की तरह नहीं है, वह जिंदगी के बेहद करीब की एक सहज और सामान्य लड़की है।

डॉ. द्विवेदी ने मेरे पास कुछ किताबें भिजवाईं। हम लोगों ने कुछ मुलाकातें कीं और पूरो के बारे में विचार किया। सच कहूँ तो पहली बार स्क्रिप्ट फटाफट पढ़ गई थी। अपने संवाद देखती चली गई थी। एक बार निश्चित हो गया कि यह रोल करना है तो ध्यान से...पूरी बारीकी से स्क्रिप्ट पढ़ी। इच्छा हुई कि उपन्यास भी पढ़ डालूँ। फिर खुद को रोका, क्योंकि 'पिंजर' फिल्म तो डॉ. द्विवेदी की दृष्टि से लिखी गई है। अगर उपन्यास पढ़ लिया तो पूरो को लेकर संशय और द्वंद्व बढ़ेगा। फिल्म की शूटिंग में निर्देशक की राय ही आखिरी राय होती है। मैंने डॉ. द्विवेदी से एक खास मुलाकात की और पूरो से संबंधित सारी शंकाएँ-आशंकाएँ उनके सामने रखीं। हमारी बातें होती रहीं। उनकी पूरी तैयारी थी। फिर उन्होंने पूरो के स्केच और कंप्यूटरजनित तस्वीरें दिखाईं। उस जमाने के लिबास में मेरे चेहरे को फ्रेमिंग करके वह ले आए थे। पूरो के बाहरी लुक के लिए यह सब दिखाया और बताया गया। एपीयरेंस में वह कैसी लगेगी? आंतरिक व्यक्तित्व के लिए उन्होंने कुछ किताबें दीं। पूरो के मानस को समझने के लिए मैंने क्या क्या किया? इस पर मैं सहज ढंग से बात नहीं कर सकती। इतना जरूर कहूँगी कि सेट पर आने के बाद घूमती रही। उनके काम की शैली देखती रही। मुझे एक-दो दिनों का आराम दिया गया था। उसके बाद शूटिंग आरंभ हुई तो मैं पूरो में ढल चुकी थी। पूरो की आंतरिक तैयारी की बातें न बताकर उसे मैं दर्शकों के निर्णय के हवाले करना चाहूँगी। दर्शक बताएँ कि मैं कितनी सफल रही हूँ। मुझे किसी भी किरदार की तैयारी की बात करने में उलझन-सी होती है। जिस किरदार पर ज्यादा तैयारी की है, उसके बारे में बातें करना उतना ही मुश्किल होता है। कहने की जरूरत नहीं कि पूरो की तैयारी में वक्त के साथ मेहनत भी लगी है। बस इतना ही कहूँगी कि मैंने डॉक्टर साहब से कहा कि आपको जहाँ से शूटिंग आरंभ करनी है...करें...मैं तैयार हूँ। पहले दृश्य के समय मेरे मन में कोई हिचकिचाहट या संभ्रम नहीं था...मैं स्पष्ट थी कि मुझे क्या करना है। मैं इसे अपना अत्यधिक आत्मविश्वास नहीं कहूँगी। यह पूरो से मेरा

परिचय था। उस परिचय के कारण ही मेरे अंदर वह विश्वास आया था। मैं अपनी हर फिल्म की शूटिंग का आनंद लेती हूँ। कभी-कभी ऐसा भी होता है कि फिल्म शुरू होने पर लगता है कि निर्देशक या सहयोगी कलाकार पर्याप्त दिलचस्पी नहीं दिखा रहे हैं। फिर भी मैं अपनी तरफ से पूरी कोशिश करती हूँ कि मैं अपने प्रयास में कटौती न करूँ। 'पिंजर' के बारे में इतना ही कहूँगी कि मैंने शूटिंग के हर दिन और हर दृश्य का आनंद लिया है। मैंने पूरो होने का सम्पूर्ण आनंद लिया है। हालाँकि फिल्म की रिलीज के पहले यह कहना अधिक उचित नहीं होगा, फिर भी इस फिल्म का वितान, लुक और एहसास की मुझे पूरी समझ है। 'पिंजर' के साथ ऐसा रहा कि मेरा काम हो या न हो मैं तो सेट पर ही बैठी रहती थी। दूसरी फिल्मों में मैं ऐसा नहीं करती।

'पिंजर' के सेट पर लोगों ने आपको कुछ अलग रंग-ढंग में देखा?

थोड़ा बदलाव तो था। मैं एक घटना बताऊँगी कि जिस दिन प्रियांशु आए, वह शाम में मुझसे मिलने आए। उनके व्यवहार में बहुत ही ज्यादा आदर भाव था। मैंने उन्हें समझाया कि हो सकता है यह आपका स्वभाव हो, लेकिन इस फिल्म के लिए जरूरी है आप खुद को भूल जाओ। मैं भूल चुकी हूँ कि मैं क्या हूँ। हम दोनों के बीच जो संबंध है, वह तब तक पर्दे पर नहीं दिखेगा जब तक आप मुझे मैडम कहना नहीं छोड़ेंगे। मैंने खुद जाकर पहले दिन ईशा कोप्पिकर और प्रियांशु के साथ पूरी शाम बिताई। अगले दिन से हमें एक गाने की शूटिंग करनी थी। मैं नहीं चाहती थी कि उस गाने में हम सबके बीच दूरी जैसे दिखे। हालाँकि मेरा स्वभाव ऐसा नहीं है, मगर लोगों को लगता है कि मैं दूसरों पर हावी हो जाती हूँ। ऐसा मैंने सुना है। मैं नहीं चाहती थी कि 'पिंजर' के सेट पर ऐसा कुछ हो। फिल्म के किसी भी दृश्य में अकेला कलाकार कुछ भी नहीं कर सकता। उसे दूसरों के साथ घुलना पड़ता है। इसके लिए आवश्यक है कि परस्पर दूरी न हो। अलगे दिन मैं शूटिंग के लिए गई तो रसोई का एक दृश्य चल रहा था। उसने देखकर मुझे लगा कि भव्य और चमकदार परिवेश बना लेना आसान काम है। भव्यता तो इस फिल्म में भी है। लेकिन वह बहुत प्रामाणिक है। प्रामाणिक ढंग से फिल्म को समृद्ध और भव्य बनाना बहुत ही मुश्किल काम है। निर्देशक ने इसमें कोई कसर नहीं छोड़ी है। मैं बस एक ही बात शुरू से चाहती रही कि किसी भी स्तर पर इस तैयारी में मैं कम न पड़ूँ। इन लोगों ने मुझमें जो आत्मविश्वास दिखाया उस पर मैं रत्ती भर भी कम नहीं पड़ना चाहती थी। स्क्रिप्ट की बात करूँ तो इतनी बारीकी से लिखी हुई स्क्रिप्ट शायद ही मैंने पहले पढ़ी हो। यह पूरी स्क्रिप्ट एक कविता की तरह है। मेरी नजर में किसी भी कलकाार के लिए ऐसी स्क्रिप्ट को जी पाना बहुत बड़ी चुनौती है। स्क्रिप्ट की पूरी बारीकी आपको अपनी क्षमता से पर्दे पर उतारनी है। दर्शक स्क्रिप्ट में कही

जा रही बात को उचित ढंग से समझ पाएँ, इसके लिए जरूरी है कि आप सही ढंग से उसे अभिव्यक्त करें।

क्या इस फिल्म के उन दृश्यों के बारे में बताएँगी, जो आपको पसंद हों और फिल्म के लिए भी महत्त्वपूर्ण हों?

दो-चार मेरे पसंदीदा दृश्य हैं। एक दृश्य है, जिसमें पूरो इस उम्मीद के साथ घर लौटती है कि उसके माँ-बाप उसे स्वीकार लेंगे और उसे अपनी कारुणिक स्थिति से मुक्ति मिलेगी। वह घर लौटती है, मगर उसके माँ-बाप उसे स्वीकार नहीं करते और कहते हैं कि बेटी तू तो हमारे लिए मर गई। पिता कहते हैं कि अब जाओ। बाहर जाकर वह मिट्टी सिर पर लगाती है और अपनी कारुणिक स्थितियों में लौट जाती है।

फिर मेरा दूसरा पसंदीदा दृश्य है, जब वह रामचंद्र से मिलती है। वह पूछता है कि क्या तू पूरो है तो कहती है कि क्या अभी भी कहना बाकी है। फिर जब रसीद उससे पूछता है कि क्या तू पहले भी रामचंद्र को मिली थी। और वह हाँ कहती है। यह इतनी सूक्ष्म बात है कि मालूम नहीं जाने कैसे वह दृश्य हम लोग लोगों तक पहुँचा पाएँगे। रसीद उसके साथ अच्छा व्यवहार करता है। मगर वह उसे स्वीकार नहीं कर पा रही है। वह किस हद तक उसे स्वीकार नहीं कर पाई है यह उसे तब पता चलता है, जब उसे यह बात मालूम होती है। फिर भी वह अपनी जान पर खेलकर मेरी भाभी लाजो को बचाता है।

यह फिल्म बाकी कमर्शियल फिल्मों से किस लिहाज से अलग है?

इस फिल्म के साथ सबसे अच्छी बात यह हुई कि इस फिल्म के मुख्य लोग (मैं, मंदिरा, डॉक्टर साहब, कैमरामैन...) मोती की तरह 'पिंजर' के माले में जुड़े हैं। भले ही मोती अलग-अलग हों, मगर उसका धागा एक ही है। हम लोग एक ही मानस के साथ काम कर रहे हैं और वह मानस हमें स्क्रिप्ट से मिला है। स्क्रिप्ट की बात हमारे अंदर घुल चुकी है। हम उसे दिखा नहीं सकते। इसी कारण शूटिंग के दौरान मैं हमेशा सेट पर रही। मेरी यही चाहत रहती है कि हमेशा कुछ नया सीखती और समझती रहूँ। नवलगढ़ में शूट करते समय हम लोगों ने पहले सोचा था कि मुंबई जाकर घर के अंदर के दृश्य कर लेंगे, मगर तभी लगा कि मुंबई में वह भाव नहीं आ पाएगा। हम लोगों ने नवलगढ़ में ही शूटिंग की।

समय आ गया है कि हिंदी सिनेमा अपने घिसे-पिटे माहौल से निकले। ग्लैमर से मुझे परहेज नहीं है। ग्लैमर तो होना ही चाहिए। सहज और सरल चीजों में जो आंतरिक सौंदर्य होता है, 'पिंजर' में उसे पकड़ने की कोशिश की गई है। 'मार उडारी' दृश्य में या क्लोजअप के दृश्य में मेरे चेहरे पर मेकअप नहीं के बराबर है। यूनिट में सबकी यही कोशिश है कि आंतरिक सुंदरता...किरदार की सुंदरता पकड़ी जाए।

वही पर्दे पर निखर कर आए, न कि बाकी की सारी चीजें।

इस फिल्म में अपने किरदार पूरो को आप किस रूप में देखती हैं?

'मार उडारी' गीत से पूरो का चरित्र स्पष्ट हो जाता है। वह चिड़िया की तरह है। किसी पंछी जैसी। परिवार के दूसरे सदस्यों के साथ उसे देखें तो पाएँगे कि वह जिंदगी से भरी लड़की है। उसके जन्म के बाद ही घर में खुशहाली आई है। उसे माता-पिता ने लाड़-दुलार से पाला है। यह माँ-बाप की आँखों का तारा है। माँ एक बार बताती है कि पूरो मेरे पेट में आई तो क्या-क्या खुशियाँ मिलीं? माँ एक बार मेरे पिता से पूछती है कि मेरी खुशी के कितने पैसे दोगे तो वह सारे पैसे निकालकर दे देते हैं। पूरो ऐसी लड़की है। उसकी ऐसी ही परवरिश हुई है। उसके माथे पर हलका सा भी बल नहीं पड़ता है। उसके चेहरे पर हल्की-सी नमकीनी है। वह टिपिकल शर्मीली स्वभाव की लड़की नहीं है। उसकी बहन लाजो वैसी है। यहाँ से कट करें और देखें कि जिंदगी उसे क्या देती है? मध्यांतर के बाद का पूरा परिवर्तन दिल को छू लेता है। बाद में वह कैसे एकदम बंद हो जाती है। उसकी यह यात्रा महत्त्वपूर्ण है। अपहरण के बाद उसकी जिंदगी में ठहराव आ जाता है। वह अपनी स्थितियों को मानसिक तौर पर स्वीकार नहीं कर पाती। वह अपनी ताजा स्थिति में बेहद सहमी हुई है। यह उसके चेहरे, शरीर और हाव-भाव से प्रकट होता है। मानो किसी ने उस पंछी के पर काट दिए हों। वह इन सारी स्थितियों में भी अपना निजत्व नहीं खोती। एक प्रतिष्ठा के साथ रहती है। वह अपने आत्मसम्मान के साथ जीती है। जब उसे माँ-बाप जाने के लिए कहते हैं तो वह उनसे मिन्नतें नहीं करती। वह उठती है और लौट आती है। यह उसके व्यक्तित्व में नहीं है कि वह झुके या आरजू करे।

वह पंजाबी लड़की है। वह खुली और लगभग लड़कों जैसी मनचली लड़की है। जब उसके साथ कुछ हो जाता है तो वह पूरी तरह बदल जाती है। दब और झुक जाती है। सेकेंड हाफ में यही दृश्य है। क्लाइमेक्स इस फिल्म का हाई पाइंट है। प्रि-क्लाइमेक्स में जब उसे पता चलता है कि उसकी.भाभी का अपहरण हो चुका है तो उसके जीवन का मकसद बदल जाता है। पूरो फिर से जिंदा हो उठती है, मगर थोड़े समझदार और परिपक्व तरीके से। दर्शक फिर से पुरानी पूरो को देखते हैं। क्लाइमेक्स में वह भाई से मिलती है तो पूरी तरह से अपने-आप में लौट चुकी है। मैं पूरो के बारे में इतना सोच पाती हूँ।

पूरो का मूल स्वभाव क्या है?

पूरो हमेशा दूसरों को बचाने या ठिकाने पहुँचाने में यकीन करती है। इसमें उसे एक प्रकार का संतोष मिलता है। वास्तव में मध्यांतर के बाद इतनी बारीकियाँ दिखेंगी कि एक कलाकार के तौर पर उन्हें ठीक से व्यक्त कर देना ही मेरी उपलब्धि रही। जिंदगी उसे अनेक मोड़ों से निकालती है, मगर वह पूरी प्रतिष्ठा के साथ उसे

जीती है और इस प्रक्रिया में वह समझदार होती जाती है। यह पूरो के चरित्र की खास बात है। हिंदी फिल्मों में इस तरह का किरदार बहुत कम दिख पाता है। हिंदी फिल्मों में अभिनेत्रियाँ पहले फ्रेम से आखिरी फ्रेम तक एक ही रहती हैं। 'पिंजर' में पूरो के किरदार के कई पहलू और आयाम हैं। हिंदी फिल्मों के अधिकांश लेखक और निर्देशक अपनी नायिकाओं को एक आयामी या आयामहीन रखते हैं। मैं पूछती हूँ कि किसी भी किरदार में बदलाव क्यों नहीं आ सकता? हमारी निजी जिंदगी में बदलाव आता है–जिंदगी के अलग-अलग मोड़ों से गुजरने पर हम थोड़े बदलते जाते हैं। सच कहती हूँ, ऐसे वास्तविक किरदार कम मिलते हैं। वह इस फिल्म में है...स्क्रिप्ट में है।

इस फिल्म में मनोज बाजपेयी का क्या किरदार है और उनके साथ काम करने का कैसा अनुभव रहा? क्या सहयोगी कलाकार की क्षमता और योग्यता से अभिनय प्रभावित होता है?

मनोज बाजपेयी इसमें रसीद की भूमिका निभा रहे हैं। इस फिल्म के सारे किरदार इतने आकर्षक हैं कि उन्हें जी लेना किसी भी कलाकार के लिए संतुष्टि की बात होगी। मनोज का ऐसा किरदार है, जो मुझे आहत करता है। लेकिन इसके साथ ही वह मुझसे उतना ही प्यार भी करता है। वह अपने प्यार का इजहार नहीं कर पाता है। उसके हाथ बँधे हैं। उस पर बोझ है। अंत में जैसा दृश्य मिला है. ..वह केवल एक पंक्ति पूछता है...क्या तू रामचंद्र से पहले भी मिली है। मनोज ने इस दृश्य में बहुत अच्छा काम किया है। उन्होंने किरदार के साथ पूरा-पूरा न्याय किया है। कई बार हमें स्क्रिप्ट से मदद मिलती है। स्क्रिप्ट से कई चीजें लेकर हम आगे निकल जाते हैं। एक बेहतर कलाकार इस प्रकार स्क्रिप्ट को बढ़ा देता है। मनोज के बारे में मैं क्या कहूँ? दुनिया जानती है। वह कुछ गलत नहीं कर रहा है। वह तो उससे निकाह करता है। वह उसके साथ बलात्कार भी कर सकता था। प्रिक्लाइमेक्स में उसे पता चलता है कि ओह यह लड़की तो उससे पहले भी मिल चुकी है। वह लड़का तो पूरो के दिमाग से कभी हटा ही नहीं। वहाँ से उसके व्यक्तित्व में बदलाव आता है और वह क्लाइमेक्स में लड़की को छोड़कर जाता है। मुझे लगता है कि वह सही विकास है उसके किरदार का।

पूरो और रसीद के रिश्ते क्यों नहीं बन पाते? फिल्म के अंत में पूरो तो रसीद के साथ ही जाती है न?

पूरो मन से रामचंद्र को पति मान चुकी है। उसे एहसास ही नहीं रहता कि रसीद उसके लिए क्या कर रहा है और क्या कर सकता था? उसके लिए तो वह भावनात्मक बलात्कार कर रहा है। जब वह उसके हाथ पर उसका नाम लिखवाता है। उससे निकाह करता है। वह तब भी उसे स्वीकार नहीं कर सकती थी। ठीक

है कि उसने शादी कर ली, मगर उसमें एक जदर्बस्ती तो थी। एक दृश्य में रसीद कहता है कि सेवइयाँ बना दे तो उसे अपने घर की याद आती है। पूरो की जिंदगी ठहर सी गई है। वह समझ ही नहीं पाती कि रसीद उसके लिए क्या-क्या कर रहा है। आखिरी दृश्य के समय जब उसका भाई उससे कहता है कि तू चल मेरे साथ...उस क्षण उसे एहसास होता है कि रसीद ने उसके लिए क्या-क्या खतरे उठाए हैं। लाजो की मदद के लिए वह सब कुछ करता है। पूरो की आँखों पर पर्दा-सा पड़ा हुआ है। पर्दा उठता है तो उसे एहसास होता है कि रसीद उसके लिए सब कुछ है। फिर वह लौटती है और कहती है कि तुम तो मेरे हो...तुम मुझे छोड़कर कैसे जा सकते हो? पूरो को उसी क्षण पता चलता है। यही तो सुंदरता है स्क्रिप्ट की। बीच में रसीद बीमार पड़ता है। वह उसकी सेवा भी कर लेती है, मगर इसका मतलब यह नहीं कि वह उसे प्यार करने लगती है। उसकी आँखों में कोई भाव ही नहीं है। उपेक्षा का भाव है। उसे कुछ भी नहीं पड़ी रहती है।

'पिंजर' का एक दृश्य है, जिसमें पूरो अपने माँ-बाप के घर आती है। माँ-बाप उसे स्वीकार नहीं करते। इस दृश्य को करते समय आपके पास कौन से संदर्भ थे?

मुझे ऐसा लगता है कि पढ़ने से चीजें मिल जाती हैं। इस दृश्य को पढ़ते समय या सोचते समय ही झटका लगता हैं कि ऐसी स्थितियाँ रही होंगी कि जब बाप ही बेटी के निकलने के लिए घर का दरवाजा खोल देता है। मुझे ऐसा लगता है कि एक व्यक्ति के तौर पर आपका विकास होता है, तभी एक अभिनेत्री के तौर पर भी आपका विकास होता है। इसकी उल्टी प्रक्रिया भी साथ में चलती है। अभिनेत्री का विकास होने पर व्यक्ति का भी विकास होता है। मुझे नहीं लगता कि दोनों एक-दूसरे से जुदा होते हैं। निश्चित रूप से यह फिल्म मेरी पिछली फिल्मों से चार कदम आगे है। यह पीरियड फिल्म है। मुझे अपने समय से पीछे जाकर उस परिवेश की मानसिकता को जीना था। मुझे यह भी लगता है कि एक व्यक्ति के तौर पर विकसित होने पर आप दूसरों की यातनाएँ और तकलीफें समझने की क्षमता रखते हो। यह होता है, तभी आप सोच सकते हो और उसे जी सकते हो। मुझे लगता है कि मेरी परवरिश, मेरी पढ़ाई...उससे थोड़ा संदर्भ मिला है। मेरे लिए यह समझना आसान है। इस फिल्म का कोई भी दृश्य उठा लीजिए। मुझे कहीं दिक्कत नहीं हुई, क्योंकि मैं उसकी सारी खुशियाँ, पीड़ाएँ और आशंकाओं से गुजर चुकी थी। व्यक्ति के तौर पर आप निर्णयात्मक रवैया छोड़ देते हो तो आप कुछ भी समझ सकते हो। खाली स्लेट लेकर सेट पर जाने से ही आप उस स्लेट पर कुछ नया लिखने की बात सोच सकते हैं। स्लेट पहले से भरी हो तो निर्देशक को भी दिक्कत होती है। शबाना आजमी और स्मिता पाटिल इसलिए कुछ कर पाईं कि वह एक तो आत्मविश्वास से भरी थीं और फिर कुछ भी नया करने के

लिए तैयार रहती थीं। हो सकता है कि मैं निजी तौर पर इनमें से आधी चीजें खुद ही न करूँ, लेकिन यहाँ मैं उर्मिला मातोंडकर नहीं हूँ। मैं तो पूरो हूँ न। एक्टिंग के साथ मुझे सबसे मजेदार चीज यही लगती है कि आप खुद को छोड़कर बाकी सब कुछ बन जाती हैं। मैं जो हूँ वह तो मुझे पता है। मजा तब है, जब आप अपना स्व छोड़कर कुछ और बने हों। मैंने कहा कि मैं पूरो की तरह .001 प्रतिशत भी नहीं हूँ। न तो मैं कभी शरमाती हूँ, न कभी ज्यादा खुश होती हूँ और न कभी ज्यादा दुखी होती हूँ। इसी कारण मेरे लिए किसी भी किरदार को जीना रोमांचक, मजेदार और आकर्षक हो जाता है...कि वह क्या सोच रही है...कि वह क्या समझ रही है...कि वह क्या करेगा? कभी-कभी सेट पर जाती हूँ तो मुझे खुद भी पता नहीं रहता कि क्या करने वाली हूँ। बस, मुझे इतना पता रहता है कि मैं पूरो हूँ। इस दृश्य में...जब माँ कहती है कि तू तो जनमते ही मर गई होती...पिता के लिए मैं मर चुकी हूँ...इसी क्षण मुझे रसीद की बात याद आती है। रसीद ने कहा था कि तू तो उनके लिए मर चुकी है। उसी क्षण पूरो बदलती है। उसे एहसास होता है। वह उठ खड़ी होती है...उसे यकीन नहीं होता कि उसके माँ-बाप ही उसे स्वीकार नहीं करेंगे...उसे तो विश्वास है कि उसके माँ-बाप उसे सीने से लगा लेंगे...वह इस तरह उठती है कि अब तो उसकी जिंदगी समाप्त हो गई है...अब मैं इनकी जिंदगी में ज्यादा मुश्किलें नहीं करूँगी...ये मुझे घर से निकालना नहीं चाहते...मगर ये भी कुछ नहीं कर सकते, क्योंकि इनके हाथ-पैर बँधे हुए हैं। पहला टेक तो यों ही हुआ...दूसरे टेक में मैंने समझा कि उम्र में छोटी होने पर भी मैं उनके दर्द को समझ रही हूँ और मैं उनके दर्द को बढ़ाना नहीं चाहती...मुझे लगा कि मैं ठीक से कर नहीं पाई...अगले दिन मैंने यह एहसास लाने की कोशिश की कि इस हालत में भी मुझे उनके दुःख का दुःख हो रहा है। एक पल में पूरो इतनी बड़ी हो जाती है। वह उनके दर्द को समझती है और उठ खड़ी होती है। उस हिम्मत और मकसद से वह उठ पाती है। अन्यथा वह वहीं ढेर हो जाती। नहीं तो वह पलट कर कहती कि मुझे नहीं जाना...मैं तो यहीं मर जाऊँगी। पूरो अपने माँ-बाप का दुख नहीं बढ़ाना चाहती। उठने का मानसिक बल उसे इस एहसास से मिलता है और वह उठकर वहाँ से चली जाती है। बाहर जाने के बाद वह फूट पड़ती है—टूट जाती है एकदम। मैं यह बताना चाह रही हूँ कि स्क्रिप्ट पढ़ने के बाद भी मैंने यह नहीं सोचा था...सेट पर जाते समय भी नहीं सोचा था...दृश्य करते समय लगा कि यही करना चाहिए...मुझे लगा कि यह लड़की एक ही पल में उम्र जी लेती है और मर भी जाती है...अपने माँ-बाप का यह जो रूप उसने देखा...वहाँ से उठकर वह बाहर जाती है। मैंने इस किरदार को उर्मिला होकर नहीं, बल्कि पूरो होकर समझा है।

साड़ी और बिंदी की भूमिका निभाने के बाद ही स्टार को अभिनेत्री माना जाता है,

अभी वह आपने कर ली?

हाँ, मुझे याद है कि आपने यह पूछा था और मैंने कहा था कि एक्टिंग का मतलब सिर्फ साड़ी-बिंदी पहनना नहीं है। कई लोगों को लगता है कि साड़ी-बिंदी डाल ली या मेकअप उतार दिया तो अभिनेत्री हो गए। आप दर्शकों की बातें करें तो उन्हें सब पता रहता है। यह तो मीडिया के दो-चार लोग होते हैं, जिन्हें पता नहीं रहता कि किसी अभिनेत्री के बारे में कैसे लिखें। उन्हें कुछ माल-मसाला चाहिए। उनके लिखने से कोई फर्क नहीं पड़ता। इसका सबसे बड़ा उदाहरण है 'रंगीला', इस फिल्म में मैं इतनी ग्लैमरस रोल में थी। उसके बाद मुझे नहीं लगता है कि कोई एक्ट्रेस इतनी ग्लैमरस रोल में आई हो। फिर भी मुझे 'जुदाई' मिली। उसके बाद 'सत्या' और 'कौन' जैसी फिल्में मिलीं और अब 'पिंजर' है। एक कलाकार के तौर पर यही मेरी सफलता है। जब मैं 'जहरीला जहरीला प्यार' कर रही हूँ...तब भी एक्टिंग ही कर रही हूँ, जब मैं 'मार उडारी' कर रही हूँ तब भी एक्टिंग ही कर रही हूँ। यह लोगों की सोचने की सीमा है। मेरे दिमाग में स्पष्ट है। मुझे लगता है कि अच्छी एक्ट्रेस वही है, जो यह भी अच्छी तरह से कर ले और वह भी अच्छी तरह करे। माफ करना, मेरे लिए वह रोल महत्त्वपूर्ण नहीं है या वह एक्ट्रेस बड़ी नहीं है, जो मेकअप उतारकर खुद को बड़ी समझ बैठे। मेरे खयाल में ग्लैमरस रोल करना अधिक कठिन होता है। वहाँ किरदार ही नहीं होता...वह बनाना होता है। यहाँ किरदार होता है, इसे विश्वसनीय बनाना होता है। आपके साथ लोग हँसें...आपके साथ लोग रोएँ। मुझे अभिनेत्री की यह ताकत सबसे अधिक भाती है। लोग आपके साथ हँस रहे हैं, रो रहे हैं...आपका मजाक भी उड़ा रहे हैं और आपके लिए बुरा भी महसूस कर रहे हैं। एक कलाकार जो चाहे करवा ले। मेरी यही कोशिश रहती है कि मैं उन्हें रुला भी दूँ, हँसा भी दूँ और उन्हें सीटियाँ बजाने के लिए भी मजबूर कर दूँ। मैं मानती हूँ कि वही कलाकार संपूर्ण है, जो यह सब कर ले। 'मार उडारी' गाने में मैंने एक भी मूवमेंट नहीं लिया है...चांस था, फिर भी नहीं लिया है। मैं सिर्फ यहाँ-वहाँ देख रही हूँ। मैंने कहा कि बाकियों को नाचने दो। उन्हें यह न लगे कि यह तो शुरू हो गई। वाकई...मध्यांतर के बाद के दृश्य देखें तो पता चलेगा कि उसमें और पूरो में कितना फर्क है। मुझे हर तरह के रोल मिले। 'खूबसूरत' में हीन भावना से ग्रस्त और डरी-सहमी लड़की का रोल किया है।...प्यार होने के बाद वह निखर जाती है।

'पिंजर' के सेट पर कभी नहीं लगा कि आप कोई नखरा दिखा रही हैं?

इस फिल्म में मैंने खुद दिलचस्पी ली है। अगर किसी दृश्य में लाल परांदा चाहिए और वह नहीं है तो खुद जाकर ले आई हूँ। हर एक चीज मैंने खुद करवाई है। स्टार तो आते-जाते रहते हैं। आपकी बातें लोग सुनकर भूल जाते हैं, लेकिन

सही काम किया है तो वह हमेशा आपके लिए बातें करता रहता है। बाकी तो लोग समझ जाते हैं। मैं भी कहती हूँ कि होंगी आप अपने घर की रानी...उससे क्या फर्क पड़ता है...आपने काम अच्छा किया है तभी...मैंने जिंदगी में हमेशा चाहा कि लोग मुझे आदर दें और मुझे स्टार समझें तो मेरे काम की वजह से समझें। आप मेरे एटीट्यूड से समझ सकते हैं। मैंने अपनी जिंदगी में कभी निजी बातें लोगों के सामने नहीं कीं। मैंने गॉसिप और स्कैंडल्स की बातें नहीं कीं और न ही अपने ऊपर प्रकट किए लोगों के विचारों पर प्रतिक्रिया दी। मुझे लगता है कि यह मेरे स्तर के नीचे है। मैं चाहती हूँ कि लोग मुझे मेरे काम से जानें, मेरे काम की आलोचना करें और मेरे काम की ही तारीफ करें। कलाकार और व्यक्ति के तौर पर यह मेरी जीत है कि मैंने कभी अपने व्यवहार में स्टार का नखरा नहीं रखा। मैं नहीं चाहती कि सेट पर लोग स्टार समझकर मुझसे दूर रहें। डॉक्टर साहब को कभी कुछ सुझाव को कभी कुछ सुझाव दिया तो लोगों के सामने नहीं दिया। मैं कभी किसी के सामने नहीं बोलती। अगर उन्हें मेरी राय ठीक लगती है तो करें अन्यथा वह बॉस हैं। दुनिया में कहीं भी सेट पर डायरेक्टर ही बॉस होता है।

निर्देशक के तौर पर डॉ,. चंद्रप्रकाश द्विवेदी कैसे हैं?

आप जिंदगी में कुछ भी करें। दो चीजें प्रमुख हैं—ईमानदारी और फोकस। वह एकाग्रचित होकर काम करते हैं और उन्हें अपना काम मालूम है। आपका जो स्वभाव है या स्थायी भाव है, आपको उसी तरह की फिल्में बनानी चाहिए। क्योंकि वही आप हैं। इस मामले में डॉक्टर साहब स्पष्ट हैं। आमतौर पर पहली फिल्म में ही कोई डायरेक्टर करण जौहर, सूरज बड़जात्या, रामगोपाल वर्मा, सुभाष घई सब कुछ बन जाना चाहता है। ऐसा होता नहीं है। अपनी स्क्रिप्ट के अनुसार ही फिल्म बनाई है उन्होंने। वह बहुत मेहनती, ईमानदारी और एकाग्रचित हैं। मुझे नहीं लगता कि वह कहीं भी कमजोर पड़े हैं। मैंने कहा न कि आप ईनानदार और एकाग्रचित्त हों। आपका दिल और दिमाग लगा है तो आप गलत नहीं हो सकते। मैं जब आई थी, तब से सब कुछ सीखा। मैं नृत्य नहीं जानती...मैंने कुछ भी नहीं सीखा था पहले...डांस वगैरह। डॉ. साहब दो कदम आगे ही रहते हैं। फिल्म में कौन-सी चीज क्यों रखी है...यह सब उन्हें मालूम है...

क्या इससे फर्क पड़ता है कि स्क्रिप्ट डायरेक्टर ने लिखी या किसने लिखी...

हाँ, बहुत फर्क पड़ता है। अगर डायरेक्टर खुद नहीं लिख रहा तो उसे स्क्रिप्ट की सारी जानकारी हो। यहाँ 'पिंजर' उनके दिमाग में है। स्क्रिप्ट सामने है। उन्हें पता है कि किस दृश्य में कौन सा भाव क्यों आ रहा है...अगर आपको शक है तो आप उनसे पूछ सकते हैं। इससे कलाकार के दिमाग में कभी भ्रम नहीं रहता। इस संदर्भ में मंदिरा कश्यप की भी चर्चा करूँगी। वह पूरक हैं डॉक्टर साहब की।

उनका पूरा ध्यान काम कर रहता है। उनके साथ काम करने में मजा आया। उन्हें भी स्क्रिप्ट की पूरी जानकारी है। तीसरे व्यक्ति हैं कैमरामैन। उन्होंने फिल्म और स्क्रिप्ट को अच्छी तरह समझा है। पर्दे पर भाव निर्देशक ले आता है, पर उसे सुंदर रूप में दिखाता कैमरामैन है। वह फिल्म का मूड समझ गए हैं। मेरी कोशिश है कि मैं पूरो लगूँ। संतोष को भी सब मालूम है। एक कलाकार के तौर पर मुझे लगता है कि मेरा काम उनकी वजह से निखर कर आ रहा है। मैं सीनियर आर्टिस्ट के तौर पर यह सब नहीं कह रही हूँ। सबके बीच अच्छी केमिस्ट्री है। सभी किरदार एक-दूसरे को समझ रहे हैं।

इस फिल्म के आर्ट डायरेक्शन में भी काफी मेहनत की गई है। मुनीश सप्पल का काम आपको कैसा लगा?

मुनीश सप्पल ने सबका लुक अच्छा बनाया है। मैं उन्हें चिढ़ाती हूँ कि उन्हें जरूर अवार्ड मिलेगा। उनकी मेहनत इतनी ज्यादा है कि आप खीझ सकते हैं। वह हमारे पीछे पड़े रहते हैं। उन्होंने सभी किरदारों के कॉस्ट्यूम पर पूरा ध्यान दिया है। सेट और लोकेशन भी फिल्म के अनुकूल है। वास्तविक को सुंदर बनाना ही सभी का उद्देश्य है। मैं उनसे बहस नहीं करती। अगर इरादा सही हो तो सवाल-जवाब नहीं होते। फिल्म की अच्छाई के लिए सारे लोग काम कर रहे हैं।

2003

शायर का सौदा नहीं करूँगा—निदा फाज़ली

शायर निदा फाज़ली मंबुई आए तो यह तय करके नहीं आए थे कि उन्हें फिल्मों में गीत लिखना है। रोटी-पानी की तलाश में वे शहर-दर-शहर भटक रहे थे। उसी तलाश में मुबई आना हुआ। फिल्म पत्रकारिता से शुरुआत हुई और फिर धीरे-धीरे परिस्थितियाँ ऐसी बनती गईं कि वे फिल्मों में गीतकार हो गए। फिल्मों के लिए उन्होंने पटकथा और संवाद भी लिखे, पर ज्यादा कामयाबी नहीं मिली। इस बीच उनकी छह-सात किताबें आ चुकी हैं, कुछ गाने हिट हुए हैं, वे देश-विदेश के मुशायरों में सम्मान के साथ बुलाए जाते हैं और इन दिनों 'साहिल' धारवाहिक लिख रहे हैं। प्रस्तुत है उनसे बातचीत :

मुंबई क्यों और कैसे आए? क्या पहले से सोचा था कि फिल्मों में गीत लिखना है?

मुंबई मैं रोटी-पानी की खोज में आया था। शुरू के दिनों में दीवानगी थी थोड़ी-बहुत साहित्य के लिए, पढ़ना, पढ़कर लिखना और उसी के माध्यम से अपनी पहचान की तलाश करना। मुंबई आने का मसला यह था कि मैं 1963-64 में ग्वालियर में सियासत के हाथों घर से बेघर कर दिया गया था। बेघर होने में मेरी अपनी पसंद का भी दखल था। मेरे पूरे परिवार ने पाकिस्तान जाने का फैसला किया और मैं नहीं गया। मैं उन दिनों ग्वालियर में एम.ए. का आखिरी साल कर रहा था। आखिरी साल पूरा होने के बाद ऐसा हुआ कि कुछ अपने अंदर तब्दीली हुई, कुछ देश की सियासत में तब्दीली हुई और कुछ हालात में तब्दीली हुई। रोटी-पानी की खोज में मुंबई आने के पहले कई और जगह भी भटका। दिल्ली भी गया। राजस्थान और कलकत्ता भी गया। मेरे जहन में कोई विशेष शहर या प्रोफेशन नहीं था। बस, यह था कि कहीं भी एक अटैची रख देना और एक बिस्तर की तलाश करना। मुंबई में आने के बाद मैंने फिल्म पत्रकारिता शुरू कर दी। 'नटराज' पत्रिका निकलती थी। अनवर अजीम से परिचय हुआ और मैंने 'उर्दू ब्लिट्ज' में लिखना शुरू किया।

उस समय जहन में एक आदर्श था कि जो कुछ है, वह अपनी पसंद का नहीं है, इसलिए सबको नकारा जाए और जो अपनी पसंद का है, उसके मुताबिक समाज का ढाँचा बनना चाहिए। उस प्रतिक्रिया में उन दिनों मेरी एक पुस्तक भी आई 'मुलाकातें'। उसमें यहाँ के उर्दू के तमाम स्थापित शायरों और लेखकों को 'कथनी और करनी' के फर्क की कसौटी पर परखने की कोशिश की गई। उसमें ज्यादातर शायर और लेखक प्रगतिशील थे। सरदार जाफरी थे, ख्वाजा अहमद अब्बास थे, कृश्न चंदर थे, जाँ निसार अख्तर थे, साहिर साहब थे वगैरह, तो मुझे लगा कि उनके शब्दों में जो प्रचारित हो रहा है, वह उनके जीवन में नहीं है। मैंने इस विरोधाभास पर उनको कसना शुरू किया। वह किताब विवादास्पद हुई और उस किताब की मुझ पर यह प्रतिक्रिया हुई कि तमाम लोग मेरे खिलाफ हो गए। ये स्थापित लोग थे, ये ऐसे लोग थे, जो आपकी रोटी-पानी के रास्ते बंद कर सकते थे। हुआ भी ऐसा ही। साहिर साहब ने शर्त लगाई कि जिस मुशायरे या महफिल में निदा जाएगा, वहाँ मैं नहीं जाऊँगा। 'ब्लिट्ज' के करंजिया साहब पर भी दबाव डाला गया कि आप निदा को न छापें। उस जमाने में (धर्मवीर) भारती जी ने खास तौर पर मुझे छापा भी और थोड़ा-बहुत पैसों का भी प्रबंध किया। उन्होंने मुझसे यह भी कहा था कि 'धर्मयुग' में आ जाओ। लेकिन एक आदर्श जहन में था और उसके लिए अजीबोगरीब दीवानगी थी।

फिर फिल्मों में आना कैसे हुआ?

आदर्शों के कारण काफी नुकसान भी हुआ। उन्हीं नुकसानों के बीच मैंने देखा कि कमाल अमरोही एक फिल्म बना रहे हैं। फिल्मों से मेरा कोई ताल्लुक नहीं था। उस जमाने के विचारों से मुझे लगता था कि फिल्मों का साहित्य से कोई जुड़ाव नहीं है। लेकिन कमाल अमरोही खोज रहे थे। मैं जहाँ भी जाता, वहाँ संदेश मिलता कि कमाल अमरोही मिलना चाहते हैं। उन दिनों जाँ निसार अख्तर 'रजिया सुल्तान' लिख रहे थे। उनका इंतकाल हो गया था। अंतिम दो गीत मुझे लिखने थे। उस फिल्म को बनने में काफी समय लग गया। लेकिन कमाल अमरोही के बुलाए जाने के असर और शोहरत ने मेरी तरफ लोगों को आकर्षित किया कि 'इसे कमाल अमरोही ने बुलाया'।

फिर एक विट्ठलभाई पटेल थे हमारे दोस्त। उन्होंने कहा कि जैसे लेखकों की टीम बनती हैं, वैसे ही गीतकारों की टीम बननी चाहिए। यह कमाल अमरोही के बाद की घटना है। विट्ठलभाई-निदा फाजली के नाम से टीम बनी। हमने 'हरजाई', 'शायद' और 'गहरा जख्म' एक साथ लिखीं। बाद में निर्माता मुझे अकेला चाहने लगे, यश चोपड़ा 'नाखुदा' में अकेले मुझसे गीत लिखवाना चाहते थे। विट्ठलभाई नाराज हो गए और जोड़ी टूट गई।

पहला बड़ा 'ब्रेक' किसे मानते हैं?

कमाल अमरोही ने बुलाया था तो वह उस जमाने में बड़ी बात थी। राज कपूर साहब ने 'बीवी ओ बीवी' के लिए मुझे याद किया। वह भी विट्ठलभाई के साथ। जुगनू जेठवानी ने एक साथ चार फिल्में शुरू की थीं।

मेरे साथ यह इत्तफाक हुआ कि गाने ज्यादा चर्चित हुए और फिल्में ज्यादा चर्चित नहीं हुईं। मसलन यह कि 'आहिस्ता-आहिस्ता' में 'कभी किसी को मुकम्मल जहाँ नहीं मिलता', मोहन कुमार की फिल्म 'आप तो ऐसे न थे' में 'तू इस तरह से मेरी जिंदगी में शामिल है' या 'नाखुदा' में 'तुम्हारी पलकों की चिलमनों में ये क्या छिपा है सितारे जैसा', 'बीवी ओ बीवी' में 'सदियों से दुनिया में एक ही तो किस्सा है, एक ही तो लड़की है एक ही तो लड़का है'। इसलिए सही ब्रेक तो नहीं बता सकता। मैंने अपनी तरफ से साहित्य को नहीं छोड़ा। साहित्य से परिचित कराता रहा। लिखता रहा। मैंने दरवाजों पर दस्तकें नहीं दीं। किसी ने बुलाया तो जरूर चला गया। मैं फिल्म-संस्कृति में नहीं ढल पाया या उसने मुझे स्वीकार नहीं किया। दोनों में से कोई एक बात सही है, मैंने संगीतकारों के साथ बैठकर गपशप करने में समय खर्च नहीं किया। अपने समय को किताबें पढ़ने या लिखने में लगाया मैंने।

केवल गीत लिखने में ही रुचि रही आपकी? पटकथा और संवाद लेखन की तरफ आपने ध्यान नहीं दिया?

संवाद तो मैंने लिखे हैं। सुधेंदु राय की फिल्म 'स्वीकार' के संवाद लिखे थे। उसकी समीक्षा करते हुए 'धर्मयुग' में किसी ने लिखा था कि इसमें बर्टेंड रसेल, शेक्सपियर, दास्तोवस्की और निदा फाज़ली के संवाद हैं, उस फिल्म के संवाद दार्शनिक थे और वह फिल्म की जरूरत भी थी। इस किस्म के संवाद मैंने नहीं लिखे कि 'जिनके घर शीशे के हों, वे दूसरों के घर पर पत्थर नहीं मारते'।

तो संवाद लेखन का काम आगे नहीं बढ़ा?

आगे बढ़ने का मसला यह है कि फिल्म कामयाब हो तो आपको काम मिलता है। फिल्म की कामयाबी का कोई फार्मूला नहीं होता। कमरे में बैठकर आप बौद्धिक स्तर पर जो सोचते हैं वह मार्केट की पसंद-नापसंद की अज्ञानता है, वह स्वीकृत करती है या उसे नकारती है। फिल्म चल जाने का बहुत बड़ा रोल होता है। मुझे संवाद के अधिक मौके नहीं मिले। मैंने भी कोशिश की नहीं।

उर्दू से ज्यादा लोग फिल्मों में आए और कामयाब हुए। हिंदी के लेखकों को यह क्यों नहीं नसीब हुआ?

इसको मैं यूँ देखता हूँ कि इसे हिंदी या उर्दू के नाम से न कहकर मैं हिंदुस्तानी कहूँगा। गांधीजी चाहते थे कि यह भाषा दोनों लिपियों में लिखी जाए। मेरे खयाल से वह जनभाषा ही बड़ी भाषा है और उसकी पहुँच भी दूर तक है। हम जब सचेत

हो जाते हैं कि प्रसाद वाली भाषा या डॉ. इकबाल वाली भाषा, तो इस भाषा का दायरा छोटा होता है। पुस्तकीय हिंदी या उर्दू लिखने वाले बेअसर रहे। रामवतार त्यागी, नीरज, नेपाली और शैलेंद्र के गीत लोकप्रिय हुए। उनके गीतों की भाषा बड़ा समूह सुनता, समझता और पहचानता है।

प्रेमचंद से लेकर हाल-फिलहाल तक कई हिंदी लेखक आए, मगर उन्हें उर्दू के शायरों और लेखकों जैसी शोहरत क्यों नहीं मिली?

उसके दो कारण हैं एक तो उर्दू के साथ सियासत का व्यवहार। पार्टीशन के बाद, जब आपने भाषाओं को धर्म से जोड़ने की कोशिश की, आपने उर्दू को मुसलमान बना दिया और हिंदी को हिंदू बना दिया। जबकि ऐतिहासिक दृष्टि से यह बात गलत है तो रोजगार के लिए आजादी के बाद से उर्दूवालों के रास्ते बंद हो गए। जब तंग होते गए रास्ते, उनके सामने एक ही रास्ता बचा था, फिल्म लाइन का रास्ता। मसलन यह कि पार्लियामेंट में हिंदी को राजभाषा बनाने के बाद। गांधी की अवधारणा और हिंदुस्तानी को रद्द करने के बाद उर्दू के साथ एक सौतेला व्यवहार हुआ। उसमें उर्दू लिखने वाला राजेंद्र सिंह बेदी हो या कृश्न चंदर हो या ख्वाजा अहमद अब्बास या कोई और हो। वे यहाँ रोटी के लिए अंतिम सहारे की तलाश में आए। एक बात और हुई इस बीच। सन् 1952 में भारतीय राजनीति में कम्युनिज्म बदनामतरीन शय बना दिया गया। जितने भी लोग थे कॉलेज वगैरह में (जाँ निसार अख्तर थे) उनको अपनी-अपनी कैद से बचने के लिए यहाँ आना पड़ा। रास्ते बंद हो गए उर्दू के, पढ़ाई-लिखाई बंद हो गई। रीडरशिप बंद हो गई। उर्दू के मैगजीन से पैसा मिलना बंद हो गया था। तो उनके लिए रास्ता कोई और था ही नहीं। हिंदी में और सारे रास्ते थे। लेकिन इसके बावजूद शानी ने 'शौकीन' लिखी। कामयाब हुए। एक ही फिल्म इसलिए लिखी कि उनके पास और भी रास्ते थे। निदा फाजली के लिए कोई दूसरा रास्ता नहीं था। उर्दू की किताब छापने के बाद प्रकाशक एहसान करता था। भारत-पाकिस्तान के रिश्ते इतने उलझ गए कि यहाँ की किताब वहाँ, वहाँ की किताब यहाँ आना बंद हो गई। अब किताबों का आदान-प्रदान इंग्लैंड के जरिए होने लगा। स्कूलों से उर्दू गायब हो गई। फिल्म इंडस्ट्री तो उनके लिए अंतिम शरण बनी। इसमें तमाम लोग आए। छोटे-बड़े सब आए यहाँ पर। आज भी आ रहे हैं।

आजादी के बाद तमाम प्रगतिशील लेखक फिल्मों में आए। मगर वे इसे प्रभावित नहीं कर सके। क्या सबके सब व्यावसायिकता के दबाव में आ गए?

फिल्मों की ग्लैमर-संस्कृति बहुत ही दिशाभ्रम पैदा करने वाली है। हमारे तमाम आदर्श यहाँ टूट-फूट जाते हैं। जितने भी लोग आए थे उनमें से ज्यादातर ने उम्र का आधा हिस्सा अपने आदर्श की दीवानगी में खर्च किया था। साहिर साहब किताब

लेकर आए थे और कई साहित्यिक पत्रिकाओं का संपादन कर चुके थे। सरदार जाफरी पार्टी के सदस्य थे और पार्टी की पत्रिका 'नया अदब' निकालते थे। इसी तरह जाँ निसार भोपाल के पी. डब्ल्यू. ए. के कर्ता-धर्ता थे। लेकिन यहाँ आने के बाद जो कम्युनिज्म में 'डिक्लास' करना कहा जाता है, वो न होकर यहाँ सामूहिकता खत्म होती है और वैयक्तिकता तेजी से बढ़ती है। ऐसे देश में जहाँ नब्बे प्रतिशत लोग भूखे-नंगे हों और दस सुखी हों तो वैसी जगह पर इज्जत, शोहरत, मान-सम्मान से अहं काफी संतुष्ट होता है। यह चीज तोड़ती भी है। उसके बाद आपकी प्रगतिशीलता मौखिक रह जाती है। शब्दों में रह जाती है। आचार-व्यवहार में सब कुछ बदल जाता है। सबके साथ यही बात हुई। सज्जाद जहीर थे, वे भी यहाँ थे। यहाँ तब साहित्यिक गोष्ठियाँ होती थीं। बाद में लोग अपने-अपने रोजगार में जब्त होते गए। प्रगतिशीलता छूटती गई। राही साहब को ही लें। उनकी आरंभिक और बाद की कविताओं में जो अंतर्विरोध है, वह यही है कि साहब मैं यहाँ आ गया, यहाँ सब कुछ है, मगर आजमगढ़ में जो पतंग अटकी हुई है तारों में...पेड़ के पीछे से झाँकता बच्चा यहाँ नहीं मिलता। यह ऐसा ही है कि जैसे खाया-पिया आदमी अपने नास्टैलजिया का शिकार हो रहा हो। आपको अगर वह पसंद है तो आप यह छोड़ क्यों नहीं देते, लेकिन एक अजीब बात यह है कि आप मकड़ी के जाल की तरह उसी में उलझते जाते हैं। अक्सर मुझे ऐसे लोग मिलते हैं जो कहते हैं कि इतनी रकम कमा लें तो साहित्य लिखेंगे और अपनी तरह से जिएँगे। लेकिन होता क्या है कि अपनी तरह से लिखने-सोचने और पढ़ने का समय आखिरी वक्त तक नहीं आता। पैसा आता-जाता है। निश्चित राशि बढ़ती जाती है और बकौल गालिब 'हजारों ख्वाहिशें ऐसी कि हर ख्वाहिश पर दम निकले' तारी हो जाता है।

इस पूरे संदर्भ में आप खुद को कहाँ पाते हैं?

मैंने अपनी एक किताब में कहा था—'मेरी गुरबत को शराफत का अभी नाम न दे, वक्त बदला तो मेरी राय बदल जाएगी।' मैं अपने आपको समाज के इस रेले से अलग नहीं करता। नहीं कर सकता। लेकिन मुझे यह एहसास जरूर है कि मेरी पहचान का दायरा ग्लैमर नहीं है। यह वही दायरा है, जिसे लेकर मैं अपने साथ ग्वालियर से चला था। यह भी मुमकिन है कि इस दायरे में रहने की वजह से मैं फिल्मों में इतना ज्यादा कामयाब नहीं हूँ, जितना ज्यादा कामयाब दूसरों को कहा जा सकता है। यानी मैं यह सोचता हूँ कि अगर ज्यादा कामयाब होता तो छह-सात किताबें जो अभी तक लिखी हैं, वो नहीं लिख पाता। मुझे लगता है कि अच्छा लिखने के लिए लगातार अच्छा पढ़ते रहना भी बहुत आवश्यक है। और अच्छा पढ़ते रहने के लिए पढ़ने की आदत का पैदा होना भी जरूरी है। पढ़ने की अच्छी आदत के लिए दूसरे गैरजरूरी कामों से वक्त बचाना भी बहुत जरूरी है। तो यह पूरा एक

क्रम है। मैं अपना समय गपशप में, जोड़-तोड़ में, दूसरों के यहाँ दस्तक देने से बचा लेता हूँ। मेरी आदत है थोड़ा-सा पढ़ना। मेरा मानना है कि अच्छी पुस्तक वह है, जो आपको अपने लघुत्व से परिचित कराए। यह जानने के लिए कि मैं कितना हूँ और कितना नहीं हूँ। मुझे पढ़ना पड़ता है। पढ़कर ही मालूम होता है कि कौन-सी पुस्तक पढ़नी चाहिए थी और कौन-सी पुस्तक नहीं पढ़नी चाहिए थी।

शायर निदा फ़ाज़ली अधिक मशहूर इसलिए हैं कि वे फिल्मों में हैं?

हमारे समाज का ढाँचा अजीबोगरीब है। दिल्ली के एक मशहूर आलोचक की बात याद आती है। जब मैं संघर्ष कर रहा था तो उन्होंने कही थी। उन्होंने कहा था कि निदा फाज़ली साहब ऐसा काम करो कि कुछ पैसे कमा लो और अपना एक घर बनवा लो, तो आप ये देखोगे कि आप जो कुछ लिख रहे हैं, इसका मूल्यांकन दोगुना, चौगुना और आठ गुना हो जाएगा। हमारे समाज का यह ढाँचा है। एक संस्कृति रही है हमारे समाज के इतिहास में जब ब्राह्मण भीख माँगता था, लेकिन उसका आदर और सत्कार किया जाता था। आज का समाज अजीबोगरीब है कि हर चीज को आप पैसों के तराजू में तोल रहे हैं। हम मानें या न मानें, मुझे लगता है कि साहित्य के लिए जिस दीवानगी की जरूरत है, वह दीवानगी बरकरार रहे तो साहित्य बरकरार रहता है। वह दीवानगी न रहे तो साहित्य भी खो जाता है। मुझे चिंता सिर्फ उस दीवानगी की हिफाजत की रहती है हमेशा कि जिससे साहित्य या अदब या शब्द जुड़ा हुआ है।

जावेद अख़्तर 'तरकश' को आप किस रूप में लेते हैं?

मैं अपने आपको आलोचक नहीं, एक पाठक कहता हूँ। और चूँकि उर्दू के साथ सियासत का जो व्यवहार है, उससे उर्दू की नई नस्लों का आना बंद हो गया है। तो हर वह किताब पढ़ने की कोशिश जरूर करता हूँ, जो उर्दू शायरी के रूप में मिलती है। ये जानने के लिए कि मैं नई आवाजों के मुकाबले में कितना पुराना हो गया हूँ। यह केवल उर्दू तक ही सीमित नहीं है, यह रवैया हिंदी और अंग्रेजी तथा अंग्रेजी के माध्यम से दूसरी भाषाओं के साथ भी है। मुझे सुरजीत पातर, मंगलेश डबराल, जावेद अख़्तर अच्छे लगते हैं। जावेद जहीन आदमी हैं।

हिंदी फिल्मों में साहित्य का अधिक उपयोग क्यों नहीं हुआ?

आधुनिक साहित्य (प्रेमचंद के बाद की पीढ़ी) में शिल्प पर जोर दिया गया। फिल्म दृश्य माध्यम है। आज भी क्लासिक पर फिल्में बन सकती हैं। मेरा अपना खयाल है कि प्रेमचंद की कहानी 'कफन' और राजेंद्र सिंह बेदी की 'एक चादर मैली-सी' पर तो फिल्म बन सकती है। क्योंकि उनमें एक कहानी भी है। लेकिन जब आप प्रतीकों और बिंबों में बातें करेंगे तो वहाँ समस्या कथानक की आती है। मतलब यह कि मन्नू भंडारी की कहानी पर फिल्म बन सकती है, मगर इंतजार हुसैन की

कहानी पर फिल्म नहीं बन सकती। मसलन कमलेश्वर की कहानी पर फिल्म बन सकती है। सुरेंद्र प्रकाश की कहानी पर नहीं बन सकती। साहित्य में भी आपको बँटवारा करना पड़ेगा। एक अति आधुनिक, उत्तर-आधुनिक और एक अपने क्लासिक से जुड़ कर चलने वाले। यही हाल आज के गीत का है कि अज्ञेय जी की कविता को आप गीत नहीं बना सकते। लेकिन भवानीभाई के गीतों को गीत बना सकते हैं। हुआ क्या कि पाठकों का अपमान कर उन्हें साहित्य से बाहर निकाल दिया गया। उसका फायदा और नुकसान दोनों हुआ। हुआ क्या कि निम्न मध्यवर्ग और मध्यवर्ग के दायरे में ही साहित्य घूमता रहा। कभी-कभार एक नागार्जुन आ जाते हैं। साहित्य में कहानी हो, गीत में गेयता हो तभी उसका उपयोग हो सकता है। लय की वापसी हो चुकी है। हिंदी में दोनों हैं, उर्दू और ग़ज़ल को स्वीकार नहीं किया जा रहा है।

फिल्म एवं टी.वी. माध्यम दोयम दर्जे का है। यहाँ साधारण रचनाकार ही सफल हो सकते हैं, ऐसी भी धारणा है?

मैं ऐसा नहीं मानता। मुझे लगता है कि महेश भट्ट काफी पढ़े-लिखे व्यक्ति हैं। ऐसे लोगों की फिल्म इंडस्ट्री में कमी नहीं है। 'सारांश' फिल्म को आप आसानी से नकार नहीं सकते। इसी तरह से और भी कई फिल्में हैं, जो समांतर फिल्मकारों ने बनाई हैं। उनमें से कुछ कामयाब हुईं, कुछ नाकामयाब रहीं। उन्होंने यह भी कोशिश की कि अच्छे साहित्यकारों की रचनाओं पर भी फिल्में बनाई जाएँ। 'सारा आकाश' बनी थी। फिल्मकारों का पढ़ा-लिखा वर्ग साहित्य से सीधा जुड़ा था, तो यहाँ कभी व्यावसायिक दुनिया में साहित्य को ले आए। लेकिन यह कहना गलत है कि केवल दोयम दर्जे की चीजें ही कामयाब हो सकती हैं। कामयाबी का कोई फार्मूला नहीं होता। कामयाब तो 'हम आपके हैं कौन' और 'दिलवाले दुल्हनिया ले जाएँगे' हैं। इसके बाद 'सारांश', 'अर्द्धसत्य' और 'अंकुश' भी कामयाब होती हैं।

कामयाबी का फार्मूला न हो, मगर कामयाबी पहचानने का जरिया तो है?

भाई, वो फिल्में जिस बजट की हैं, उस हिसाब से कामयाब हैं उनसे बौद्धिक और व्यावसायिक दोनों जरूरतें पूरी हो जाती हैं। क्या जरूरी है कि आप चित्रहार बनाएँ।

आपने समांतर सिनेमा की बात की। समांतर सिनेमा ही क्यों नहीं कामयाब हुआ? वह आज कहीं नहीं है।

इसके लिए बहुत दूर जाना पड़ेगा। उसके लिए भारत का सामाजिक और आर्थिक ढाँचा देखना पड़ेगा। आर के लक्ष्मण का 'आम आदमी' आज तक फटे हुए कोट और टूटी हुई कमानी के चश्मे के साथ देश में होते हुए नाटक को खामोशी से देख रहा है। उसके पैरों में न गति है, न आँखों में रोशनी है और न सिर में

भेजा है। बोलने की शक्ति भी नहीं है। इसका मतलब यह है कि आपने जनता के बड़े समूह को जानबूझ कर अज्ञानता के अँधेरे में रखा है। यह आदान-प्रदान का खेल है। पाठक और साहित्य, दर्शक और सिनेमा, मसलन ये कि गिंसबर्ग या कालिन विलियम्स एक किताब छापने के बाद आराम से जिंदगी जी लेते हैं। उनका पाठक वर्ग इतना बड़ा है। हमारा देश भी इतना बड़ा है। हमारा पाठक वर्ग भी इतना बड़ा हो सकता है, लेकिन हमारे पाठक और दर्शक को इन्होंने लक्ष्मण का 'आम आदमी' बना दिया है। दो रोटियाँ कमाने और सिर पर छत जुटाने में उसकी सारी जिंदगी गुजर जाती है। आपने उसे इतनी जटिल और संकटपूर्ण स्थितियों में डाल दिया हैं कि उसके पास समय नहीं है। वही निर्णय करता है। वह तफरीह या मनोरंजन चाहता है। वह अपनी दैनिक उलझनों से पलायन के लिए व्यावसायिक फिल्में देखना चाहते हैं।

राजनीतिक सिनेमा क्यों नहीं बन रहा है?

हमारे यहाँ हर चीज मनोरंजन के लिए हो गई। जनता को हम तरह-तरह के ख्वाबों की अफीम की गोलियाँ दे रहे हैं ताकि वह अपनी उलझनों से कुछ देर के लिए दूर हो जाएँ। उनकी जिंदगी के ढर्रे को यों ही बनाए रखें। मसलन यह कि झोपड़पट्टी में रहने वाला जब श्रीदेवी जैसी लड़की को देखता है, तो जाहिर है कि वह थोड़ी देर के लिए अपनी बीवी की गरीबी और जहालत को भूल जाता है। वह थक-थकाकर सो जाता है।

दर्शकों के सौंदर्यबोध का स्तर नीचे है, क्या इसलिए साधारण फिल्में बन रही हैं?

वह नीचे स्वाभाविक तौर पर नहीं है। उसे नीचे जानबूझकर रखा गया है। मेरा खयाल है कि जिस रोज उस आदमी को शक्ति मिल गई, बोलने-चलने और समझने की, उस दिन न तो राजनीतिज्ञ और न फिल्मकार उसे बेवकूफ बना पाएँगे, मुशायरों और कवि सम्मेलनों में खोखली भावुकता से तालियाँ पिटवा रहे हैं। हमारे यहाँ मुद्दों पर चुनाव नहीं होता है। हर चुनाव में देश बँटता है। चुनाव के बाद एकता की बातें की जाती हैं। राजनीति ने देश को इतना बाँटा है कि उसका जुड़ा रहना कोई चमत्कार ही है।

फिल्मों में आपके आदर्श कौन रहे?

महबूब खान! साहिर व शैलेंद्र। मिर्जा गालिब की लोकप्रियता साबित करती है कि आप दर्शकों को दोष नहीं दे सकते। आप उसे अच्छी चीजें दें तो अच्छी चीजें समझने की तमीज पैदा होगी। गालिब भी स्वीकृत हैं और साथ ही 'खटिया सरकाओ' भी स्वीकृत है।

टी.वी. मीडिया को किस रूप में लेते हैं?

टी.वी. माध्यम में नफा-नुकसान का बड़ा जोखिम नहीं होता। इसलिए टी.वी. पर लिखने वालों और सोचने वालों पर उतनी पाबंदियाँ शायद नहीं की जातीं। यहाँ पर आपके अंदर गहराई है, साहित्य के प्रति लगाव है तो आप उसे जाहिर कर सकते हैं।

आपका धारवाहिक 'साहिल' किस रूप में अलग है?

'साहिल' अलग किस्म का संगीतपूर्ण धारावाहिक है। किसी भी लंबे धारावाहिक की कहानी लगभग एक जैसी होती है। लेकिन अपने तौर पर मैंने इसे अलग रखा है। संवाद सुनते समय नहीं लगेगा कि आप पुस्तक से कुछ सुन रहे हैं। जिए हुए जीवन को शब्दों में ढालने की एक कोशिश है।

'साहिल' के अलावा और क्या कर रहे हैं?

धारावाहिक के लिए गीत लिख रहा हूँ। वहाँ एक काम किया है कि प्रसंग और धुन के मुताबिक शब्द पिरोने के बदले मैंने अपनी लिखी हुई नई-पुरानी कविताओं पर धुनें तैयार करवाईं। अगर वे उचित होती हैं तो उन्हें रखा है। जैसे कि जगजीत सिंह ने 'इनसाइट' तैयार की थी। 'इनसाहट' की खास बात थी कि उसमें कोई भी चीज माँग पर नहीं लिखी गई थी। यश चोपड़ा की 'कर्म' में भी यही कोशिश की है। मुझे जिस रूप में मेरे प्रशंसक जानते हैं, उन्हें अधिक निराशा न हो। पंकज उधास ने 'कर्म' तैयार किया है। 'साहिल' के गीत भी आम फिल्मी गीतों से अलग साहित्यिक तत्त्व के साथ हैं।

'इस रात की सुबह नहीं...' के बारे में कुछ कहना चाहेंगे?

इस फिल्म में मैं काफी मुतमईन हूँ। मैंने सुधीर मिश्रा के साथ लिखने की आजादी ली थी और इसके अच्छे-बुरे की ज़िम्मेदारी भी मेरी है। उसमें अपने जीवन के मुताबिक गीत लिखे हैं। हालाँकि कुछ गीत धुनों पर लिखे गए हैं, जैसे 'तेरे मेरे नाम नए हैं, दर्द पुराना है' या 'चुप तुम रहो, चुप हम रहें, खामोशी को खामोशी से कुछ कहने दो'। तो मुझे ऐसा लगता है कि शब्दों से आपका सही परिचय है तो आप उसका इस्तेमाल कर सकते हैं। एक साहित्यकार के अंदर भी एक सेंसर होता है।

फिल्में कौन-सी आ रही हैं?

'चाहत' आ रही है।

शायर निदा फाजली, फिल्म गीतकार निदा फाज़ली, 'दीवारों के बीच' के लेखक निदा फाज़ली और जगजीत सिंह के ग़ज़लें लिखने वाले निदा फाज़ली में से कौन-से निदा फाज़ली अधिक वास्तविक हैं?

मेरा एक शेर है :

'जो मेरे बारे में कहते हैं लोग
सब सच है

कभी करीब से लेकिन न
देखना मुझे'

मेरे लिए साहित्य सही मायनों में शब्दों के माध्यम से स्वयं की तलाश है। स्वयं की तलाश से मेरा मतलब व्यक्ति और समाज के बदलते हुए रिश्तों के स्तरों की तलाश है कि आखिर इस जीवन में, जीवन का अर्थ क्या है। मैं क्यों हूँ, कौन हूँ, किसलिए हूँ और मेरे इर्द-गिर्द का समाज इन प्रश्नों से किस तरह से जुड़ा हुआ है। एक संसार आपको आपके परिवार से मिलता है। दूसरा संसार आप स्वयं अपना बनाते हैं। मैंने अपने परिवार से मिले संसार के कुछ ईंट-पत्थर बदले, उसकी कुछ दीवारें बदलीं। उसके कुछ तौर-तरीके बदले और वह काम अभी तक जारी है। तो मैं अपने-आपको कहाँ रखता हूँ। मेरा एक शेर है कि :

'जिंदगी का मुकद्दर
सफर-दर-सफदर
आखिरी साँस तक
बेकरार आदमी'

कृष्णमूर्ति कहते हैं कि हर दिन नया दिन होता है। बहुत कुछ ऐसा है जो अब समझ में आने लगा है और मुड़ कर देखता हूँ तो मुझे लगता है कि मैंने जल्दी में सफर तय किया है।

आदमी लगातार बढ़ता रहता है। मुझे सब चीजें सिखाती हैं मेरी पुस्तकें चलती-फिरती जिंदगी में बिखरी पड़ी हैं। मुझे लगता है कि बाहर की किताबें बंद हो जाएँगी तब मुझे सोचना पड़ेगा। जब तक मैं जिंदगी में व्यस्त हूँ, तब तक मेरा संबंध शब्दों से है। मेरा संबंध टूट जाएगा तो मैं भी शब्दों को सजाकर तितलियाँ बनाकर लोगों को लुभाता रहूँगा। मुशायरों में भी वही सुनाता हूँ जो मैं पहले लिख चुका हूँ।

यानी शायर निदा फाज़ली ही वास्तविक हैं?

वही मेरी पहचान भी है शायद। उस पहचान का सौदा करने के लिए मैं तैयार नहीं हूँ, हालाँकि सौदा किया जा सकता है आसानी से।

नए उत्साही गीतकारों के लिए क्या संदेश देंगे?

एक बात साफ होनी चाहिए कि फिल्मी लेखन यांत्रिक होता है। इस लेखन का संबंध साहित्यिक लेखन से नहीं होता। मसलन यह कि कोई भी संगीत की थोड़ी जानकारी, छंद की पहचान के बाद गीत लिख सकता है। हमारे यहाँ तो सहायक निर्देशक भी गीत लिख देते हैं। गाने हिट भी हो जाते हैं। कोई कानून-कायदा नहीं है। अभी मेरी किताब का गीत है 'बड़ा मजा आया लड़ाई में, टूट गई चूड़ी कलाई में' अनजान साहब के लड़के समीर ने मार दिया। अब मेरे पास वक्त होना चाहिए

कि मैं कुछ करूँ। इसी तरह किसी की भी पंक्ति कोई मार दे। अपवाद तो हर जगह होते हैं। मेरा कहना है कि वो इस तरह आएँ, जिस तरह साहिर साहब 'तल्खियाँ' लेकर आए थे, जिस तरह राजेंद्र सिंह बेदी 'एक चादर मैली-सी' लेकर आए थे, जिस तरह कृश्न चंदर अपनी कहानियाँ हाथ में लेकर आए थे। इस्मत चुगताई 'लिहाफ' लेकर आई थीं। अगर लेखन का शौक हो तो फिल्म के बाहर बनकर तब फिल्मों में आएँ और फिल्म को कुछ दें, तब अहमियत है!

(स्क्रीन : 24 मई 1996)

वक्त का मिज़ाज था 'एंग्री यंग मैन' : जावेद अख्तर

जब वो कम उम्र ही था
उसने यह जान लिया था कि अगर
जीना है
बड़ी चालाकी से जीना होगा
आँख की आखिरी हद तक है
बिसाते-हस्ती
और वह मामूली-सा एक मुहरा है
एक इक खाना बहुत सोच कर चलना
होगा

–एक मोहरे का सफर (तरकश)

बड़ी चालाकी से जीता हुआ वह मोहरा आज जावेद अख्तर के नाम से मशहूर हो गया है। क्या हैं जावेद अख्तर? फिल्मों के सफल स्क्रिप्ट राइटर...या गीतकार...या शबाना आजमी के शौहर...मजाज के भाँजे, जाँ निसार अख्तर के बेटे या फिर आधुनिक युग के शायर। जावेद अख्तर एक साथ सब कुछ हैं और इस सब कुछ में साथ वे बेहद चालाक भी हैं। फिल्मों ने उन्हें इस चालाकी के पारंगत कर दिया है। उन्होंने तो बहुत पहले सोच लिया था, 'इस उम्र में जब बच्चे इंजन ड्राइवर बनने का ख्वाब देखते हैं, मैंने फैसला कर लिया है कि मैं बड़ा होकर अमीर बनूँगा...'

बेशक आज वे अमीर हैं, आज जिंदगी उन पर हर तरह से मेहरबान है। मुंबई के जुहू उपगनर में दरिया के किनारे खड़ी बहुमंजिली इमारत 'सागर सम्राट' की सातवीं मंजिल पर वे रहते हैं, पूरी दीवार की खिड़की के सामने लहराता समुद्र अठखेलियाँ करता है। करीब आठ-दस बार के फोन के बाद जावेद अख्तर इस इंटरव्यू के लिए समय दे पाते हैं। इन दिनों कुछ ज्यादा ही व्यस्त हैं। पहले की व्यस्तता में शायरी की शोहरत भी जुड़ गई है।

उनकी मंजिल तक लिफ्ट नहीं जाती। आखिरी मंजिल का सफर सीढ़ियों से तय करना होता है। बड़ी-सी बैठक में तीन कोनों में सोफे लगे हुए हैं। मुझे उनके सचिव हारून खिड़की के पास वाले कोने में बिठा देते हैं। दूसरे कोने में दो और मेहमान बैठी हैं। बाद में पता चलता है कि उनमें से एक खातून लास एंजेल्स से आई हैं। पाकिस्तान की रहने वाली हैं। पाकिस्तान और हिंदुस्तान के सांस्कृतिक रिश्ते पर जावेद अख्तर से उनकी लंबी बहस होती है। जावेद नाराज हैं पाकिस्तान सरकार के रवैए से। मगर उसके पहले शबाना आजमी चाय के लिए पूछ जाती हैं, चाय आ जाती है। जावेद अख्तर नहीं आते। इंतजार...सामने लहराता समुद्र...शबाना आजमी के साथ तस्वीर खिंचवाती खातून।

फिर तेज कदमों से जावेद आते हैं और बगैर रुके इंटरव्यू का सिलसिला शुरू होता है।

रामनवमी का दिन है। भोपाल में रामनवमी बड़े उत्साह से मनाई जाती है। मैं पूछता हूँ रामनवमी की यादों के बारे में। जावेद कहते हैं, 'भोपाल तो मैं कॉलेज के दिनों में गया था। बचपन की ज्यादातर यादें लखनऊ की हैं। लखनऊ में और पूरे उत्तर प्रदेश में जो स्थान जन्माष्टमी को प्राप्त था, वह किसी और को नहीं था। हालाँकि होली भी मनती थी, दीवाली भी मनती थी। बड़े त्योहार थे ये। मैं लखनऊ में जहाँ रहता था, वहाँ जिस तरह की धर्मनिरपेक्ष और सामंजस्यपूर्ण संस्कृति से मैं गुजरा हूँ वह मालूम नहीं कि अब लखनऊ में भी है या नहीं, पता नहीं। मैं समझता हूँ, बहरहाल कितना भी बिगड़ा होगा। लखनऊ तो लखनऊ अभी भी रहेगा। बचपन के त्योहारों में जन्माष्टमी, क्रिसमस और ईद की यादें हैं। हमारे मोहल्ले में दो-तीन क्रिश्चन परिवार थे, उनके घर में जीसस क्राइस्ट की बड़ी तस्वीरें लगी होती थीं, जो बहुत आकृष्ट करती थीं। क्रिसमस में हम वहाँ जाते थे।

'जन्माष्टमी का बड़ा हंगामा था। वैसे तो हम बच्चे थे। आठ-साढ़े आठ बजे सो जाते थे। नौ से ऊपर जागना बच्चों के लिए पाप समझा जाता था। लेकिन जन्माष्टमी के दिन हम देर तक जागते थे, इसलिए कि बारह बजे रात को गोला चलता था। उसके इंतजार में मुहल्ले के सारे बच्चे जागा करते थे। मेरे खयाल में लखनऊ में यह अवध के जमाने की परंपरा है, इसलिए कि वाजिद अली शाह भी खुद स्वाँग भरकर रासलीला करता था। जन्माष्टमी लखनऊ की संस्कृति का गहरा हिस्सा है, जिसने सारे धार्मिक बंधन तोड़ दिए।'

फिर जावेद अख्तर एक किस्सा सुनाते हैं। वे एन. चंद्रा की फिल्म 'युगांधर' लिख रहे थे। उसमें कृष्ण जी की आरती थी, उन्हें शायद लगा कि जावेद उर्दू में लिखते हैं, उर्दू जानते होंगे। वे भला आरती लिख पाएँगे। झिझकते हुए उन्होंने

लिखने की फरमाइश की। जावेद तैयार हो गए। उन्होंने आरती का प्रसंग लिखा और साथ ही आरती के दो बंदों में तीसरा बंद भी जोड़ा :

कृष्ण कन्हैया मुरलीधर
मनमोहन रासबिहारी है
गोपाल मनोहर दुखभंजन
घनश्याम अटल वनवारी है
वो कंस विनाशक महारथी
सुदर्शन चक्रधारी है
वनकुंज फिरैया साँवरिया
नंदलाल कान्ह मुरारी है
सब रूप निराले हैं उसके
हर लीला उसकी न्यारी है
वो गोपीनाथ मनमोहन
वो श्याम पितांबर आएगा
आएगा युगांधर आएगा
आएगा युगांधर आएगा।

'इस किस्से को सुनाने के बाद जावेद कहते हैं कि इसमें मैंने सिर्फ कृष्ण के नामों का उपयोग किया है। मैं आपको बताऊँ कि मैं उर्दू और अंग्रेजी ही पढ़ता हूँ। इसलिए यह जानकारी या तो उर्दू से आई है या 'डायरेक्ट' है लखनऊ से।'

लेकिन लखनऊ की वह संस्कृति अब कहाँ मिलती है?

आज भी बहुत तादाद में मिलती है।

इधर इफ्तार का फैशन चला है। यह सामाजिक और राजनीतिक उपयोग की चीज हो गई है।

अब बड़ी कमर्शियल, फास्ट, हाइस्पीड जिंदगी हो गई है। आजकल तो 'निर्वाण' का भी 'क्रैश कोर्स' चलता है तो आपको 'बाई मेल' निर्वाण दे देते हैं। आध्यात्मिकता का चार सप्ताह का कोर्स है। इसलिए इफ्तार को कमर्शियल बना दिया गया है तो हैरत की बात नहीं। वह तो होगा। हम-आप उनसे बच नहीं सकते लेकिन हम जितनी सांप्रदायिकता समझते हैं, उतनी है नहीं। यह जरूर है कि अलग-अलग समुदायों के बीच कुछ समझदारी की गड़बड़ है। इसमें कोई शक नहीं कि वे एक-दूसरे के बारे में कुछ गलफहमियाँ रखते हैं। लेकिन उसके बाद भी साथ रहना जानते हैं और ज्यादातर बड़े शहरों में समझदारी की गड़बड़ है। यहाँ की जिंदगी बड़ी अकेली हो गई है। आप पड़ोसी से नहीं मिलते तो दूसरे समुदाय से क्या मिलेंगे? छोटे शहरों, कस्बों

और गाँवों में आज भी ऐसा नहीं है। वे एक-दूसरे के सुख-दुःख, दुःख-दर्द को जानते हैं।

पहले के साहित्यकार सामाजिक मुद्दों पर हस्तक्षेप करते थे। अब सिर्फ घटनाओं और मौकों पर ही ऐसा होता है। पहले जैसा निरंतर हस्तक्षेप क्यों नहीं रह गया?

ऐसा थोड़े ही है कि अखबार में बयान छपें तभी आप कुछ कर रहे हैं। यह एक अजीब विडंबना है। होता यह है कि थोड़े से मशहूर लोग कुछ करें और वह अखबार में छपे तो लोग सोचते हैं कि भाई वे तो इसलिए कर रहे हैं कि अखबारों में नाम छपे। अगर ऐसा करें, जो अखबार में न छपे तो कहते हैं कि आपने काम करना बंद कर दिया। तो बेचारा करे क्या? उसे भी तो कोई तरकीब बताइए। अब यह तो नहीं कहूँगा कि साहित्यकार का यह फर्ज है, क्योंकि जब सोच-समझकर वह करता है तो असफल होता है। मगर साहित्यकार (किसी भी भाषा का), अगर वह सही साहित्यकार है तो अपना काम करता रहेगा और उसके कारण लोगों को जिंदगी के सही मूल्य मिलते रहेंगे, उसे अपना काम ईमानदारी से करते रहना चाहिए। अगर एक अच्छी कविता लिखते हैं, एक कहानी या उपन्यास लिखते हैं तो उसका एक मतलब यह भी है कि इंसान के मन में जिंदगी के प्रति प्यार बढ़े। अगर साहित्यकार लिख रहा है तो सही काम कर रहा है, भले ही वह चुटकी भर हो, लेकिन उसकी भागीदारी और उसका योगदान जारी है।

लेकिन कोई कमी नहीं लगती क्या? पहले एक आंदोलन जैसा था। प्रगतिशील और लोकतांत्रिक आंदोलन था। साहित्यकार उनसे जुड़े थे।

प्रगतिशील आंदोलन में 'आर्ट फॉर लाइफ्स शेक' था। यह उनका पक्ष था। उन्होंने अपनी बहुत सारी शायरी एक खास वाद के लिए की। वाद से जोड़कर उन्होंने लिखा। शायर ही नहीं लेखक भी थे। जो लेखक मेरे ध्यान में आते हैं उनमें कृष्णचंद्र भी थे। उन्होंने इस तरह लिखा, बहुत लिखा और बहुत अच्छा लिखा। और इन लेखकों, चाहे वे साहिर हों, जाँ निसार अख्तर हों, कृष्णचंद्र हों, बेदी हों--इन लोगों का बहुत गहरा असर मुझ पर है। उसके बाद दूसरा आंदोलन आया। होता क्या है कि हर नई नस्ल पुरानी नस्ल से बगावत करती है। इन्होंने भी की थी, इन्होंने भी जब शायरी शुरू की थी तो उनसे पहले के लोग कहते थे कि ये कोई विषय हैं शायरी के? इस तरह से शायरी होती है क्या? ये तो पैंफलेट लिखे जा रहे हैं। हालाँकि सही बात नहीं थी वह। तो उनके बाद जो लोग आए, उन्होंने कहा कि साहब आपने तो इंसान को समाज की मशीन का पुर्जा बना दिया। अरे भाई, उसके अंदर भी पूरी दुनिया है। वह अपने अंदर भी कोई चीज है। उसे आप इकाई की तरह से देखते ही नहीं हैं, यह क्या बात हुई? हम उसे इकाई की तरह से देखेंगे। हम उसके अंदर की मुश्किलों और परेशानियों में झाँकेंगे। वह भी जायज बात थी। ऐसा नहीं था कि गलत था। लेकिन हुआ यह कि वे 'इक्वल एंड ऑपोजिट' (समान और विपरीत)

निकल गए। वे जितने उधर चले गए थे, ये टकराकर उतने इधर निकल आए।

आप किधर हैं?

मैं तो इन दोनों आंदोलनों के बाद आया हूँ। जूनियर हूँ। इनसे पहले की जो खब्ती शायरी थी, वह भी पढ़ी है मैंने। मैं समझता हूँ कि सच कहीं इनके बीच में है। इंसान सिर्फ टापू नहीं है। बहरहाल वह एक जंजीर का हिस्सा है, लेकिन इंसान सिर्फ जंजीर का हिस्सा भी नहीं है, वह टापू भी है। सच दोनों ही बातें हैं कि हम समाज का हिस्सा भी हैं, लेकिन हम अपने अंदर एक दुनिया हैं। और इन दोनों सच्चाइयों को मानकर ही हमें चलना होगा। न हम यह दरवाजा बंद करें और न वह। मेरी नज़्मों में कई बातें होंगी। लेकिन वे बातें प्रचार के रूप में नहीं कही गई हैं। लेखक भी इंसान है। वह एक इकाई है और वह इकाई बहुत-सी इकाइयों के साथ रहती है। उस समाज का हिस्सा है। वह नेता नहीं है कि किसी पहाड़ी पर खड़े होकर आपको कोई भाषण दे। उजाला नहीं दे रहा, बल्कि आपके पड़ोस में रहता है और उसे जो बात लगती है, वो कह रहा है और उसके दुःख-दर्द आपके भी हैं।

आप किसी प्रकार के वाद में बिल्कुल यकीन नहीं करते?

जी नहीं, मैं ऐसी कोई भी बात मानने को तैयार नहीं हूँ, जिसके बाद फिर मुझे सवाल करने की इजाजत न हो। मैं जिस पल में, जो बात सही लगेगी, जिस जमाने में जो बात सही लगेगी, उसे पूरे दिल से मानूँगा। लेकिन अगर वही लोग, वही वाद मुझे गलत लगने लगेगा तो मैं उसे गलत कहूँगा, इस तरह की गुलामी करने को मैं तैयार नहीं हूँ। किसी भी फलसफे की, किसी भी इंसान की या किसी भी ग्रुप की।

इसे मौकापरस्ती भी कहा जा सकता है?

मौकापरस्ती का मतलब है कि मुझे जहाँ फायदा दिखाई देगा, वहाँ जाऊँगा, मैं यह नहीं कर रहा हूँ। मैं कह रहा हूँ कि मुझे जहाँ सच दिखाई देगा बात मानूँगा, जिस वक्त जहाँ सच दिखाई देगा। मैं ऐसा नहीं कर सकता कि किसी पार्टी में शामिल हो जाऊँ और वो अच्छा कर रही हो, बुरा कर रही हो, फिर भी उसके साथ रहूँ। मैं ऐसा नहीं कर सकता।

देश में राजनीति और सामाजिक सोच की जो धाराएँ हैं, उनमें किन से जुड़ाव महसूस करते हैं?

साब, मैं तो आपको साफ कहूँ कि मैं पूरी तरह से किसी से सहमत नहीं हूँ। कुछ लोग हैं, जिनसे मैं बिल्कुल ही दूर हूँ। वे चाहे हिंदू कट्टरपंथी हों या मुसलमान कट्टरपंथी, कट्टरपंथियों का कोई मजहब नहीं होता। वे खुद अपने अंदर एक मजहब

हैं। कट्टरपंथी हिंदू हों या मुसलमान। उनकी वजह से समाज के हर हिस्से में कट्टरपंथ फैलता है। तो मैं उनके साथ नहीं हो सकता। भाजपा जैसी पार्टियों के साथ नहीं हो सकता। लेकिन बाकी, जो कम-से-कम जबान से ही धर्मनिरपेक्षता का दावा करती हैं, जैसे कांग्रेस है तो मैं उनसे सहमत नहीं हूँ। उनके कहने और करने में अक्सर मुझे फर्क लगता है।

आजकल बड़ी अजीब बात है कि समाज में सकारात्मक धर्मनिरपेक्ष दबाव नहीं रह गया है। हो क्या रहा है कि सांप्रदायिकता का जवाब जातिवाद से दिया जा रहा है। एक बुराई को खत्म करने के लिए दूसरी बुराई पैदा की जा रही है। फिर दोनों रह जाएँगी। ये बातें गलत हैं। ये ठीक नहीं हैं।

शबाना जी का नाम उछल रहा है कि उन्हें लोकसभा का टिकट मिलेगा, आप कितना सहयोग देंगे?

मिल सकने का सवाल नहीं है। कई राजनीतिक पार्टियों ने उनका कई बार पीछा किया। अभी तक वे तैयार नहीं हुई हैं। वे कहती तो यही हैं कि वे कभी चुनाव नहीं लड़ेंगी और इस चुनावी राजनीति में नहीं जाना चाहेंगी।

शायर जावेद अख्तर की पहली किताब 'तरकश' के प्राक्कथन में कुर्रतुल एन. हैदर ने लिखा है—'चंद साल बाद बतौर स्क्रिप्ट राइटर जावेद ने बेहद लोकप्रियता प्राप्त की और जब संजीदा शायरी मुझे सुनाई तो मुझे ताज्जुब नहीं हुआ, क्योंकि मछली के बच्चे को तैरना कौन सिखाता है।'

इसी किताब में जावेद अख्तर अपने बारे में लिखते हैं '...अब मेरा दिल उन बातों में ज्यादा लगता है जिनसे दुनिया की जबान में कहा जाए तो कोई फायदा नहीं। शायरी में मेरा रिश्ता पैदाइशी और दिलचस्पी हमेशा से है। लड़कपन से जानता हूँ कि चाहूँ तो शायरी कर सकता हूँ। मगर आज तक की नहीं है। ये मेरी नाराजगी और बगावत का एक प्रतीक है। 1971 में पहली बार शेर कहता हूँ और ये शेर लिखकर मैंने अपनी विरासत और बाप से सुलह कर ली।'

शायर जावेद अख्तर की यह आत्मस्वीकृति गौरततलब है। जिज्ञासा होती है, क्या आपको नहीं लगता कि जिंदगी में शायर जावेद अख्तर की एंट्री किसी हीरो की तरह हुई है? लगता है कि कोई स्क्रीन प्ले लिखा गया हो?

अब किसी भी इंसान की जिंदगी को लीजिए तो वह स्क्रीन-प्ले ही मालूम होगी। जाहिर है कि इंसान की जिंदगी में हर सीन दूसरे सीन से जुड़ा होता है और यही स्क्रीन-प्ले है। शायरी देर से शुरू की। उसकी बहुत-सी वजहें हैं। कुछ काम आदमी जल्दी करता है, कुछ काम देर से करता है। यह काम देर से शुरू किया, लेकिन ऐसा नहीं था कि बीस साल की उम्र में मैंने सोचा था कि अठारह साल के बाद शायरी शुरू करूँगा। ऐसी कोई 'प्लानिंग' नहीं थी। बस हो गया।

आप लिखते हैं उर्दू में, किताब छपी हिंदी में और चर्चा अंग्रेजी में हुई, इस पर आप क्या कहेंगे?

उर्दू में भी छपी है।

पर बिकी ज्यादा हिंदी में हुई और पढ़ी भी गई।

हाँ, उर्दू में दूसरा संस्करण आ रहा है और हिंदी में तीसरा संस्करण आने को है। एक संस्करण आगे चल रही है हिंदी। होना भी चाहिए आखिर राष्ट्रभाषा है। हिंदी में छपना जरूर था। बहुत-से लोग लिपि अलग होने के कारण पढ़ नहीं पाते। मेरे ज्यादातर दोस्त हिंदी ही पढ़ते हैं। बहुत कम दोस्त हैं कि उर्दू पढ़ते हैं। उन तक यह किताब नहीं पहुँचती तो यह बात ठीक नहीं थी। किताब छपने से पहले मुशायरों में भी मैंने देखा कि उर्दू से नावाकिफ लोग भी उसे समझते हैं। वह सरल भाषा में है। उसे हिंदुस्तानी कह सकते हैं। अब कुछ लोग पढ़ते और समझते तो हैं हिंदी, मगर लिखते अंग्रेजी में हैं, उन्हें पहली बार ऐसी किताब मिली, जो बड़ी सरल भाषा में है। जो उन तक पहुँच सकी तो उन्होंने 'रिएक्ट' किया।

लेकिन अंग्रेजी में ज्यादा चर्चा होने की कोई खास वजह है क्या? हिंदी-उर्दू में और भी शायर हैं, मगर उनकी ऐसी चर्चा तो अंग्रेजी में नहीं होती?

इसकी वजह मैं नहीं बता सत्ता। इसकी वजह उनसे पूछिए। जो लिखते हैं या जिन्होंने लिखा है। अब आप मेरा ही इंटरव्यू लेने क्यों आए? और भी तो लेखक हैं। कोई वजह होगी जो आप आए हैं। मगर वो वजह आप जानते हैं, मैं नहीं जानता।

क्या ऐसा नहीं लगता कि ऑडियो कैसेट आने से फर्क पड़ा?

हो सकता है। इसका ऑडियो कैसेट बेहद बिक रहा है। मैं तो इसके खिलाफ था। यह तो अमित खन्ना और अपराजिता कृष्णा की मेहरबानी है कि यह बन गया। मेरे इतने पीछे पड़ गए कि मैंने हाँ कर दिया। मैं तो यह समझता था कि यह कैसेट बिका तो किताब कौन खरीदेगा। और फिर कौन खरीदेगा कैसेट, कौन सुनेगा किसी की शायरी। लेकिन हुआ यह कि वह बेहद बिक रहा है और जो लोग उसे सुनते हैं, वे किताब भी खरीद रहे हैं। मतलब यह है कि मेरा खयाल ही गलत था। मतलब यह कि कभी-कभी चीजें सही भी हो जाती हैं। 'तरकश' के साथ यह खुशकिस्मती रही कि इत्तफाक से सब बातें ठीक हो गईं।

लेकिन जैसी चर्चा अंग्रेजी में हुई, वैसा स्वागत उर्दू में नहीं हुआ, क्या कोई जलन है?

ऐसा बिल्कुल नहीं है। इतनी अच्छी किताब तो नहीं है कि लोग जलेंगे। जो जल रहे हैं, वे इतने बेखास लोग हैं कि वे जलें या भुनें, उससे कोई फर्क नहीं पड़ता। जो बड़े लेखक हैं, जिनका नाम है, जिनका योगदान है, वे 'तरकश' से नहीं जल

सकते। बल्कि वे प्रोत्साहन ही देंगे ऐसी किताबों को। इस पर उर्दू के सारे अहम आलोचक लिख रहे हैं। जाहिर है कि किताब दिसंबर में आई है और आप कहें कि जनवरी तक उन्हें लिख देना चाहिए तो ऐसा होता नहीं है, उनकी जिंदगी में 'तरकश' से ज्यादा अहम काम है। थोड़ा वक्त उन्हें भी दीजिए। सही सराहना और आलोचना अब आएगी। अभी मैं इलाहाबाद जा रहा हूँ। वहाँ 20-21 अप्रैल को इलाहाबाद विश्वविद्यालय में इस किताब पर एक सेमिनार है।

दूसरे कोने में बैठी महिलाओं की आवाज आई, वे भी इंटरव्यू के लिए आई हैं। जावेद साहब इजाजत लेते हैं और उनके पास चले जाते हैं। अब मैं फिर से अकेला हूँ...सामने लहराता समुद्र है...लहरों की तरह 'तरकश' के पन्ने पलटने लगते हैं...जावेद अख्तर के संघर्ष के दिन...कमाल स्टूडियो...महाकाली की गुफाओं में बिताए दिन...जबकि इसी मुबई शहर में उनके वालिद रहते हैं...एक राइटर को छह सौ महीने का ऑफर मिलता है...पैसे जरूरी हैं...उनकी जरूरत है...सोचता हूँ ये छह सौ रुपए इस वक्त मेरे लिए छह करोड़ के बराबर हैं, ये नौकरी कर लूँ, फिर सोचता हूँ कि नौकरी कर ली तो कभी छोड़ने की हिम्मत नहीं होगी। जिंदगी-भर यही करता रह जाऊँगा...जावेद वह नौकरी नहीं करते और आखिर पाँच सालों के बाद सही 'ब्रेक' मिलता है...फिर तो छह साल में बारह सफल फिल्में आईं...'सीता और गीता', 'जंजीर', 'दीवार' और 'शोले'।

कानों में जावेद की जिरहतर आवाज आती है। वे पाकिस्तान की हुकूमत से नाराज हैं। वे शिकायत कर रहे हैं कि वहाँ का 'एस्टेबलिशमेंट' भारत के साहित्यकारों और कलाकारों को सही सम्मान नहीं देता। ग़ज़ल, नज्म, नस्री नज्म और शुद्ध साहित्यिक बातें भी सुनाई पड़ती हैं। लास एंजेल्स से आई खातून सुल्ताना जावेद के साथ तस्वीर भी खिंचवाती हैं...वहाँ इंटरव्यू समाप्त होने को है...बारह बज चुके हैं...जावेद अख्तर अपने सचिव से रमण कुमार के आने की बाबत पूछते हैं, वे जब तक नहीं आते तब तक का वक्त देने के लिए तैयार हो गए हैं। फिर से बातचीत शुरू होती है। मैं पाकिस्तान के प्रति उनकी नाराजगी के बारे में जानना चाहता हूँ।

जावेद बताते हैं, पड़ोसी देशों से सांस्कृतिक आदान-प्रदान बढ़ाना चाहिए। हम एक-दूसरे के बारे में ठीक से नहीं जानते, इसलिए संदेह बढ़ता है। यहाँ के लेखक, कवि, नाट्यमंडलियाँ, गायक, संगीतकार वहाँ जाएँ। वहाँ के लोग यहाँ आएँ। छात्रों का भी आवागमन हो। अगर सच्चे दिल से दोनों देश तनाव कम करना चाहते हैं तो उन्हें इसमें दिलचस्पी लेनी चाहिए, मगर अफसोस है कि कमी दोनों तरफ है। दोनों ही हुकूमतें जिम्मेदार हैं, मगर पाकिस्तान ज्यादा जिम्मेदार है। पाकिस्तान से लेखक-कलाकार यहाँ आते हैं। हम उन्हें मान-सम्मान देते हैं। जनता भी देती है। सरकार भी देती है। लेकिन हिंदुस्तान से पाकिस्तान जाने वालों को बढ़ावा नहीं दिया जाता, मान-सम्मान भी नहीं दिया जाता। क्या वजह है कि आज तक लता मंगेशकर

का कोई 'शो' वहाँ नहीं हुआ। जबकि वे सबसे ज्यादा लोकप्रिय हैं। वहाँ के बुद्धिजीवियों को दबाव डालना चाहिए। हम जितनी दूर तक गए हैं, उतनी दूर तक तो वे आएँ। अगर हम दो कदम चले हैं तो आप भी दो छोटे कदम लेकर दिखा दीजिए।

अपने फिल्मी लेखन में आपने 'एंग्री यंग मैन' की जो इमेज विकसित की, वह वक्त की ज़रूरत थी क्या?

हमें तो बिल्कुल मालूम नहीं था कि वक्त की जरूरत है। अब अगर आप कहिए तो बहुत बड़ी-बड़ी बातें कर दूँ। लेकिन सच बात है कि हमें अच्छा लगा तो हमने कर दिया। वे फिल्में चल गईं और बड़ा नाम हो गया उनका। 'एंग्री यंग मैन' शब्द आ गया। हमारे दिमाग में तो यह था भी नहीं। यह तो बाद में प्रेस ने दे दिया। बाद में सामाजिक प्रासंगिकता और विश्लेषण सब कुछ किया गया। हमें लिखते वक्त इस बात का बिल्कुल पता नहीं था।

लेकिन नाराज जावेद अख्तर उन्हें लिख तो रहे थे? वह प्रतिबिंब तो आया ही होगा?

अब अगर वह आ गया होगा तो आ गया होगा। हमने सोच-समझकर नहीं किया, हम तो फिल्में लिख रहे थे। हमें लगा कि यह कहानी अच्छी है तो लिख देते हैं। बाद में उसमें समय का प्रतिबिंब देखा गया तो जरूरी ऐसा कुछ रहा होगा।

अभी आप कैसे देखते हैं?

अब पलट कर देखता हूँ तो लगता है कि सही बात थी कि उस वक्त का मिजाज यही था। ये फिल्में 1973 से 1978 के बीच आई हैं, यही वह वक्त है, जब जेपी मूवमेंट हुआ, यही वह वक्त था, जब इमरजेंसी आई। इसका मतलब है कि समाज में कुछ टूट रहा था, समाज में एक क्लेश था तभी तो यह सब हो रहा था। चूँकि हम उसी समाज के हिस्से थे, इसलिए बिना सोचे-समझे वही क्लेश, वही गुस्सा हमारे अंदर भी था और वो शायद दिखाई दे गया हमारे काम में। लेकिन हमने सोचकर किसी डॉक्टर की तरह नुस्खा नहीं लिखा था। हम तो फिल्में लिख रहे थे। हमें तो मालूम भी नहीं था कि इसके ये सारे मायने हो जाएँगे, अब वे मायने हमें भी दिखाई पड़ते हैं।

हालात तो अब उससे भी बदतर हैं, पर वह गुस्सा नहीं है?

हाँ, लेकिन अब उस तरह का गुस्सा नहीं है। एक तरह का 'सिनिसिज्म' आ गया है। उसी 'सिनिसिज्म' के कारण कई चीजों से उदासीन हो गए हैं कि भाई छोड़ो बहुत हुआ। सोचिए ये हवाला कांड अगर नेहरू के जमाने में होता तो कितनी बड़ी बात होती। आज हो गया है तो हो गया है।

'हम आपके हैं कौन!' और 'दिलवाले दुल्हनिया ले जाएँगे' की सफलता को क्या कहेंगे?

इनकी सफलता का मतलब है कि इंसान थक गया है कड़वाहटों से...कि वो मुहब्बत को, मिठास को, प्यार को, प्यार की गर्मी को तरस रहा है। उसे जहाँ ये चीजें दिखाई पड़ती हैं, परिवार आपस की मुहब्बत, लहजों की मिठास, अच्छी बातें तो उसे लगता है कि जलती धूप में चलते-चलते छाँव में बैठ गया है। इन फिल्मों ने उसकी जिंदगी में ठंडी छाँव जैसा असर पैदा किया है।

आजकल क्या कर रहे हैं?

आजकल तो ज्यादा गाने लिख रहा हँ। इन दिनों दो स्क्रिप्टें लिख रहा हूँ। एक तो हैं श्याम बेनेगल—बड़ा अजीब मेल है। उनके लिए एक 'लव स्टोरी' लिख रहा हूँ। वे पहली दफा 'म्यूजिकल लव स्टोरी' बना रहे हैं और मैं पहली दफा उनके लिए लिख रहा हूँ। अब देखिए क्या होता है? दूसरा 'उड़ान' की निर्देशिका कविता चौधरी के लिए लिख रहा हूँ। हमारे ही लोग निर्माण करेंगे। बाकी बहुत सारे गाने लिख रहा हूँ।

इस बीच रमण कुमार अपने सहयोगी विनता नंदा के साथ आ चुके हैं। उनके आने की वजह से या इंटरव्यू जल्दी समाप्त करने की इच्छा से जावेद अख्तर का स्वर और अंदाज बदल जाता है।

गाने की तरफ विशेष झुकाव की वजह?

झुकाव-उकाव क्या होगा? अब इस वक्त वो ठीक चल रहा है तो वह कर रहा हूँ। इस वक्त चल गए हैं गाने-वाने।

क्या आपको लगता है कि 'तरकश' की तरह साहित्य की मार्केटिंग की जा सकती है?

पहले कैसे बेचा जाता था?

पहले ऐसी मार्केटिंग नहीं होती थी?

तो आपको यह शिकायत है और आप बहुत बुरा मान रहे हैं कि साब आप सबको कह रहे हैं कि 'तरकश' लो और हर आदमी को मालूम हो गया है कि 'तरकश' कोई किताब है। इससे तो साहित्य का नुकसान हो जाएगा, क्यों?

नहीं, ऐसा नहीं कह रहा मैं?

आप यह कह रहे हैं कि इसका अगर प्रेस में ढिंढोरा हुआ है तो यह तो बहुत खराब बात है। कानों-कान किसी को खबर नहीं होनी चाहिए कि ऐसी कोई किताब छपी है। यह कह रहे हैं आप?

नहीं।

क्या कह रहे हैं आप?

मैं यह जानना चाहता हूँ कि क्या इस तरह की मार्केटिंग से साहित्य में जगह बनाई

जा सकती है?

आप जो कह रहे हैं, वह 'मीनिंगलेस' (निरर्थक) बात है, बताता हूँ मैं, प्राब्लम यह है कि आप चाहते हैं कि सड़क पर फटे कपड़े पहने हुए एक कवि घूम रहा हो, उसे आप कहते हैं कवि! और आप खुद दुनिया की मक्कारियाँ करके खूब कमाएँ, समझे। अपने लिए नैतिक मूल्य नहीं है, वह है लेखक के लिए। क्यों? अरे भाई, उसने एक चीज लिखी है तो वह दुनिया को न बताए कि उसने एक चीज लिखी है? उस पर आपको तकलीफ है।

आप अपनी मैगजीन बेचेंगे तो रंगीन तस्वीर छापेंगी माधुरी दीक्षित की उसके कवर पर। उसमें आपको कोई तकलीफ नहीं होगी और लेखक से कहेंगे कि अच्छा तो अब अखबार में आपकी किताब के बारे में छपा करेगा। इतने 'कमर्शियल' हो गए हैं? जिसका जो चाहे बिगाड़ ले मेरा। क्या मतलब है इसका?

ये सवाल साहित्यकारों की तरफ से उठ रहे हैं।

जो साहित्यकार ऐसे सवाल पूछते हैं, मैं उन्हें साहित्यकार ही नहीं मानता। वे बड़े बेवकूफ लोग हैं, जो ऐसे सवाल करते हैं। और मुझे उनकी धेले की परवाह नहीं है। इस बात पर उन्हें तकलीफ है कि इसके बारे में इतना लिखा गया तो मैं क्या कर सकता हूँ। मैं थोड़े ही लिखवा रहा हूँ। क्या मैं पैसे देकर लिखवा रहा हूँ? क्या मैंने पैसे देकर बुलवाया आपको इंटरव्यू के लिए?

नहीं?

फिर तो ऐसे ही दूसरे लोग भी लिखते हैं। अब किसी को बुरा लगता है तो मैं कुछ नहीं कर सकता। अब उनकी वजह से आप से मिलना बंद कर दूँ क्या? आपकी क्या राय है? आपको मैं इंटरव्यू नहीं देता कि देखिए मेरा इंटरव्यू छपेगा तो उन्हें बुरा लगेगा। वो अजय साहब से कह दो कि घर पर नहीं हैं। क्या ऐसा करता मैं आपसे? उन्हें मेरा सलाम कहिए और कहिए कि खुश रहें और जैसे भी हालात में हैं, उसमें गुजारा करने की कोशिश करें।

बातचीत और भी होनी थी। सवाल और भी थे। मगर जावेद अख्तर दूसरी व्यस्तता चाहते थे। सामने रमण कुमार और विनता नंदा बैठे थे। शायद किसी परियोजना पर बात होनी थी। शायद जावेद अख्तर को अगला खाना बहुत सोच-समझ कर चलना था और वहाँ पत्रकार की मौजूदगी अवांछित थी।

स्क्रीन : 12 अप्रैल, 1996

बाजार में अच्छे शब्दों के गाने की माँग है : जावेद अख्तर

श्याम बेनेगल की फिल्मों के लिए गीत लिखना कितना मुश्किल या आसान काम रहा?

श्याम बेनेगल के लिए मैंने 'सरदारी बेगम' के गीत लिखे थे। श्याम बेनेगल के लिए गीत लिखना थोड़ा मुश्किल काम है। मुश्किल काम इसलिए है कि श्याम बेनेगल की फिल्में सच्चाई और जिंदगी के करीब होती हैं। उनके किरदार भी झूठी जबान नहीं बोलते हैं। ये वही जबान बोलते हैं जिस माहौल से वे आ रहे हैं, जिस माहौल में उन्हें दिखाया जा रहा है। इसलिए उनके फिल्मों के गीतकारों की यह जिम्मेदारी बन जाती है कि वे माहौल की प्रामाणिकता बनाए रखें। उस रियलिज्म को रखें, सरदारी बेगम में भी मेरे लिए यह चैलेंज था उसमें कुछ ठुमरियाँ लिखनी थीं, कुछ होरियाँ लिखनीं थी और कुछ गजलें भी लिखनी थीं। गजल भी ऐसी होनी चाहिए। जिसकी जुबान ऐसी हो कि वह 1935-1940 की लगे। इस तरह की गजल हो जिस तरह के आम लोग गाते थे। गाने वालों की समझ में आए। उसकी शब्दावली भी वैसी होनी चाहिए यह खयाल हमने जुबैदा में भी रखा है। उदाहरण के लिए इसमें एक शादी का दृश्य है। कैरेक्टर हैं तो मुंबई के लेकिन उनकी पृष्ठभूमि उत्तर भारत की है। वे माइग्रेट होकर मुंबई आए हैं। शादी के मौके के फिल्मी गाने बहुत बने हैं, लेकिन उनमें फिल्मीपन होता है, उनमें गीतकारों की होशियारी दिखती है। मेरे लिए यह चुनौती थी कि वैसा गाना लिखूँ जिसमें वही सादगी और सहजता हो। वही प्रामाणिकता हो जो मेंहदी के लोकगीतों में होती है। रोमांटिक गानों में भी पीरियड का एहसास चाहिए था वह ऐसा न हो कि आज का लगने लगे। इमोशन तो यूनिर्वसल है लेकिन उसके एक्सप्रेशन अलग होते हैं। ऐसा नहीं है कि बीसवीं सदी में आँसुओं की खोज हुई और अठारहवीं सदी में आँसू नहीं थे। यह महसूस करना कि उस जमाने में क्या तहजीब रही होगी। कैसे अपनी बात कहें इसकी तमीज जरूर थी।

अब यह थोड़ी कम हो गई है। लोग ज्यादा बेबाक हो गए हैं। लोग ज्यादा फ्री हो गए हैं। इस फिल्म में एक थीम सौंग है जो अलग-अलग पलों में आता है। इस तरह के गानों में एक बड़ा चैलेंज होता है क्योंकि इसके अंतरे बदल जाते हैं, लेकिन मुखड़ा वही रहता है। इसका मुखड़ा ऐसा होना चाहिए कि हर अंतरे के साथ सही लगे। यह एक बड़ी चुनौती थी। दूसरे यह कि उसका कहानी से भी संबंध हो। इसलिए कि यह गाना एक तरह का सूत्रधार होता है। सूत्रधार अलग-अलग स्टेज़ पर पहुँची हुई कहानी पर कमेंट करता है। थीम सौंग वास्तव में सिचुएशन पर राइटर या डायरेक्टर का कमेंट होता है। जहाँ उस लड़की का जबर्दस्ती तलाक हो रहा है, जहाँ उस लड़की की जिंदगी में दूसरा इंसान आता है, जहाँ उसकी जिंदगी में फिर से नाउम्मीदी सी दिखती है। इस गीत को धुन बनने के बाद लिखा था मैंने। बहुत ही होंटिंग ट्यून है। रहमान के बनाए इस गीत को लता जी ने जिस तरह गाया है मेरे खयाल में उस तरह से उसे लताजी ही गा सकती थीं।

शायद आपके लिए श्याम बेनेगल के साथ काम करना उतना मुश्किल न रहा हो क्योंकि आपका ताल्लुक, अदब और वहाँ की तहजीब से रहा है?

मुझे ऐसा लगता है कि अपेक्षाकृत ठीक-ठाक काम करना थोड़ा मुश्किल है। अगर आप वाकई अच्छा काम करना चाहते हैं तो वह किसी के लिए भी मुश्किल होता है। अच्छा काम आसानी से नहीं होता है। उसके लिए मेहनत करनी पड़ती है। श्याम बेनेगल जैसे निर्देशक चाहते हैं कि बेहतर से बेहतर काम हो हमें अपने पंजों पर खड़ा होना पड़ता है। कई जगह तो ऐसा होता है कि कहते हैं भाई थोड़ा कम कर दीजिए यह ज्यादा हो गया है। वहाँ दो सीढ़ी नीचे उतर कर बात करनी पड़ती है। मुझे खुशी है कि जुबैदा का संगीत पसंद किया जा रहा है। अजीब से कुछ मिथक हैं कि युवा पीढ़ी तो ऐसे गाने पसंद करती है। और प्रौढ़ उम्र के लोग वैसे गाने पसंद करते हैं इसमें सच्चाई नहीं है। अच्छा संगीत आता है तो वह सबको अच्छा लगता है। 'जुबैदा' के गानों के बारे में किसी ट्रेड पंडित से पूछते तो वह यही कहता कि ये गाने युवा पीढ़ी के लिए नहीं हैं। लेकिन ये गाने युवा पीढ़ी को अच्छे लग रहे हैं। यह मिथक गलत है कि युवा पीढ़ी अच्छे शब्दों के गाने पसंद नहीं करती। बाजार में अच्छे शब्दों के गाने की माँग है जिसमें काव्यात्मक अभिव्यक्ति हो उसे लोग दिलचस्पी से सुनते हैं।

फिल्मी गानों के लिए दृश्यात्मक सहयोग कितना जरूरी है?

हुआ यह कि टी.वी. के जरिए ही संगीत श्रोताओं तक पहुँच रहा है। म्यूजिक अलबम रिलीज होने के समय गाना टी.वी. में बजता है और वह लोगों को अच्छा लगता है। वे उसी गाने की रोशनी में उस अलबम के बारे में राय बनाते हैं। यह एक समस्या तो है अब चूँकि गाना सुना भी जा रहा है और देखा भी जा रहा है।

तो उस देखे जाने का भी अपना महत्त्व हो गया है। बड़े स्टार कास्ट की फिल्मों का पब्लिसिटी बजट भी बड़ा होता है। तो उनके गाने टी.वी. पर ज्यादा बार बजते हैं, वह ज्यादा ह्यूमर होता है लोगों को बार-बार सुनने को मिलता है, बार-बार देखने को मिलता है। जिन फिल्मों का बजट छोटा होता है उन फिल्मों की गीत को एक्सपोजर कम मिलता है। तो एक अनफेयर-सी स्थिति तो बन गई है, लेकिन यह सच्चाई है लाइफ की इसमें शिकायत करने से कुछ होगा नहीं। इसे साथ लेकर चलना चाहिए। यह यकीन रखना चाहिए कि गाने अच्छे होंगे तो जरूर चलेंगे। वैसे कई बार फिल्म नहीं चलती तो गानों को भी लेकर बैठ जाती है। दूसरी तरफ कई बार फिल्म चले न चले गाने जरूर चलते हैं। मेरी कई फिल्में ऐसी हैं जो बिल्कुल नहीं चलीं लेकिन उनके गाने लोगों को पसंद आए। आज भी हिंदुस्तान के कोने-कोने में लोग मुझसे उन गानों का जिक्र करते हैं। अच्छा गाना किसी-न-किसी तरह से लोगों तक तो पहुँच ही जाता है।

'जुबैदा' में कौन से गानें आपको अधिक पसंद हैं?

मुझे जो गाने पसंद हैं उनमें एक तो मेहंदी है और एक धीमे-धीमे है। जो अलका जी ने बहुत अच्छा गाया है। धीमे-धीमे गीत कविता जी के बेहतरीन गानों में से एक है। ये दोनों मुझे अधिक पसंद हैं। बाकी भी अच्छे ही लगते हैं, इसीलिए लिखे हैं।

रहमान के साथ काम करने का अनुभव कैसा रहा?

रहमान के बारे में बताने के लिए मेरे पास तारीफ के ऐसे शब्द नहीं बचे हैं जिनका पहले इस्तेमाल न हुआ हो। रहमान अपवाद हैं उनकी प्रतिभा के बारे में कुछ कहने की जरूरत ही नहीं। एक अच्छी बात है रहमान में कि वह किसी भी परंपरा से नहीं डरते। रहमान गाना बनाते समय यह नहीं सोचते कि यह गाना ऐसे बनाया जाता है। उसका जैसा दिल चाहता है वैसे बना लेता है जैसी धुन अच्छी लगती है वैसा बना लेता है। सेट पैरामिटर्स की कोई इज्जत ही नहीं है उनके दिल में। यह बहुत अच्छी बात है। इस वजह से ही हर बार जब उसका म्यूजिक आता है तो शुरू में लोगों को लगता है कि यह कुछ अजीब और बेढंगा-सा है। लेकिन किसी अच्छे वाइन की तरह धीरे-धीरे उसका नशा चढ़ता है। रहमान का संगीत रिलीज के समय लोगों को चौंकाता है, लेकिन धीरे-धीरे वह लोगों के दिल में जगह बना लेता है। रहमान के साथ काम करना मेरे लिए हमेशा लुत्फ का वाइस रहा है। मेरे मन में उनके लिए बहुत इज्जत है।

भविष्य में क्या नया काम आ रहा आपका?

सोनी से एक प्राइवेट अलबम आ रहा है। दो-तीन महीनों में यह आ रहा है अभी इसका नाम नहीं रखा है। हमारी तरफ से काम हो गया है। उसमें आठ

गाने हैं, जो अलका और हरिहरन ने गाए हैं। अलका के साथ मैंने एक अल़बम बनाया था। उसमें विरह के आठ गीत थे। उसका नाम था 'तुम याद आए' नए अलबम में आठ गीत हैं मिलन के। वे धुन, विचार और शब्दों में एक-दूसरे से अलग हैं। उनमें एक ही समानता है कि वे मिलन के गीत हैं। मिलने की खुशी को आठ तरह से बताया है।

अलका और हरिहरन का चुनाव किसने किया?

उन्हें मैंने चुना। सोनी वालों ने मुझे यह जिम्मेदारी सौंपी। जिम्मेदारी हो तो बेहतर काम करना पड़ता है। यह मेरा कर्तव्य था कि मैं अलबम के मिजाज से बेहतरीन गायक चुनूँ। उन्होंने मुझ पर जो यकीन किया है वह गलत साबित न हो। सच्चाई यह है कि दोनों इतने बड़े गायक है। सोलो अलबम ही बनाते हैं। दोस्ती की वजह से उन्होंने मेरे साथ काम किया। इसके संगीतकार राजू सिंह हैं।

अपनी फिल्मों और गानों की पसंद के बारे में बताएँ?

अपने गानों को चुनना बड़ा अजीब-सा लगता है। जो गाने लोकप्रिय हो गए हैं उनके बारे में लगता है कि वे आत्मनिर्भर हो गए हैं। वे अपने पाँव पर खड़े हो गए हैं। उन्हें हमारी जरूरत नहीं है। अपना लिखा भी बच्चों की तरह होता है। उसका कैरिअर बन जाए, उसे काम मिल जाए तो आपको लगता है कि आपकी जिम्मेदारी पूरी हो गई। जो गाने सुपर हिट हो गए हैं उनके बारे में लगता है कि अब वे मेरी जिम्मेदारी नहीं है। कुछ गीत मुझे बहुत पसंद हैं, लेकिन वे लोकप्रिय नहीं हुए। मेरा ऐसा खयाल है कि वे अच्छे गाने थे। कुछ गानें 'दस्तक' के थे। एक गाना था 'तुम्हें कैसे मैं बताऊँ, तुम्हें कैसे मैं कहूँ' या 'शीशे से बनी एक लड़की' ये मुझे बहुत पसंद है। लेकिन वह फिल्म बिल्कुल नहीं चली। इसलिए उसके संगीत को सही एक्सपोजर नहीं मिला। ये गाने लोगों तक पहुँचे ही नहीं फिर भी मैं आपको बता रहा था मैं बहुत जगहों पर जाता हूँ तो लोग उन गानों का जिक्र करते हैं। पाकिस्तान की मशहूर सिंगर हैं नूरजहाँ वह मुझे लंदन में मिली थीं दो-तीन साल पहले की बात है। एक पार्टी में मिलीं तो यह गाना गा कर सुनाया। 'शीशे से बनी एक लड़की' मुझे यह बात बहुत अच्छी लगी। अन्नू मलिक के निर्देशन में एक गीत था 'किसके आने से रंगों में डूब गई है शाम, सोच रहा हूँ किससे पूछूँ उस लड़की का नाम' वह बहुत अच्छा रोमांटिक गाना है। फिल्म में उसे सही जगह नहीं मिली। वह गाना खो गया।

एक आदमी जैसा काम कर रहा है कि वह जिंदगी में वैसा ही होगा यह बहुत सरल और सादगी भरी माँग है। इंसान इतना सरल नहीं होता वह बहुत जटिल होता है। कला का सृजन वास्तव में एक स्प्लिट व्यक्तित्व का नतीजा है। इसमें अंतर्विरोध है, बिल्कुल विपरीत बातें साथ में चाहिए होती हैं। मैं इसका उदाहरण एक्टिंग से देता हूँ। इसलिए कि वह फिजीकल है, एक्सटर्नल है, वह दिखाई देता है। राइटर

और पोएट की बात आंतरिक होती है। एक अभिनेता को अभिनय करना है कि उसकी महबूबा चली गई है और वह बहुत दुखी है, अंदर तिक्त हो गया है। उसकी आँखों में आँसू हैं और वह उसके बारे में बता रहा है। उसे अपने अंदर यह एहसास जगाना होगा, यह महसूस करना होगा और इस खयाल में डूब जाना होगा। लेकिन उसी समय निर्देशक ने उसे चॉक मार्क दिया हुआ है कि यह संवाद बोलते-बोलते इस चॉक मार्क पर आओगे और वह संवाद बोलते-बोलते उस चॉक मॉर्क पर आओगे। चेहरा इधर रखना क्योंकि लाइट इधर से आ रही है। उस अभिनेता का एक हिस्सा यह यकीन कर रहा है कि उसकी महबूबा चली गई है। अगर वह यकीन नहीं करेगा तो सही भाव नहीं आएँगे, सही एहसास नहीं आएँगे, उसकी आँखों में आँसू नहीं आएँगे। उसी अभिनेता का एक हिस्सा यह भी जानता है कि चॉक मार्क यहाँ है। अगर वह अपने इमोशन में डूब गया है तो उसे चॉक मार्क की जानकारी कैसे है और अगर उसे चॉक मार्क की जानकारी है तो वह इमोशन में कैसे डूब गया। वह दोनों काम एक साथ कर रहा है। पता चला कि एक आदमी यह काम कर ही नहीं रहा है। वास्तव में यह दो आदमी है। एक शरीर के अंदर। एक चॉक मार्क देख रहा है, दूसरा इमोशन में कैसे डूब रहा है। एक तरफ तो वह इमोशन में डूबा होता है, दूसरी तरफ होशियार भी बना रहता है। वह शब्दों की कारीगरी भी करता है। यह संभव है कि पर्दे पर जो आदमी भावुक और रोमांटिक दिख रहा है वह निजी जिंदगी में बेहद चालाक और चतुर हो। वास्तव में वह एक आदमी होता ही नहीं है। उसके अंदर दो-तीन आदमी होते हैं। जिस पेशे में पैसा जुड़ा है वहाँ आपका होशियार हिस्सा पैसे कमाएगा। जहाँ पैसा नहीं वहाँ कुछ और कमाएगा। नाम कमाएगा, शोहरत कमाएगा। वह देखेगा कि उसके ऊपर अच्छे लेख लिखे जाएँ। उसके ऊपर पत्रिकाओं के अंक निकलें। मनोविज्ञान मानता है कि अगर आप असमान्य व्यक्ति हैं तो ही सृजनात्मक हो सकते हैं। अगर आप सामान्य हैं तो आपमें सृजन की इच्छा ही नहीं हो सकती।

आपकी नई किताब कब आ रही है?

मैं अपने आपको कोई डेट लाइन नहीं देना चाहता। नहीं तो मैं किताब के लिए लिखने लगूँगा। डेट लाइन तो फिल्मी गानों की होती है। मैंने 'तरकश' भी ऐसी नहीं छपवाई। तरकश भी छपवाई तो उसमें से बहुत कुछ काट लिया था। कविता में ही काम कर रहा हूँ। मुन्नी कबीर के साथ हुई बातचीत वाली किताब अभी राजकमल से हिंदी में छप कर आई है। वे मेरे फिल्मी गानों की किताब भी छापना चाहते हैं। कविता की किताब तो साल-डेढ़ साल के बाद ही आएगी।

इधर आपने फिर से स्क्रिप्ट लेखन शुरू किया है?

काफी दिनों से मैंने कोई स्क्रिप्ट नहीं लिखी थी। मैंने सोच रखा था कि जब

बहुत दिल चाहेगा तभी स्क्रिप्ट लिखूँगा। मेरा बहुत दिल चाहने लगा तो मैंने लिखी स्क्रिप्ट। यह चाहत किसी और ने पैदा नहीं की। मेरा दिल चाहा मैंने शुरू किया। कुछ और लोग आ गए उन्होंने अपने लिए लिखने को कहा तो उनके लिए भी लिखा। अभी क्रेशट कम्युनिकेशन के लिए एक स्क्रिप्ट लिखी है। वे एक बड़ी फिल्म बना रहे हैं। उनके साथ वर्ल्ड डिजनी के लोग भी हैं। वह एक फीचर फिल्म है जिसमें एक एनीमेटेड कैरेक्टर है। दो-एक और लोगों से बातचीत चल रही है। अभी कुछ फाइनल नहीं हुआ है।

बेटे की फिल्म में कितनी मदद कर रहे हैं?

उसने मदद माँगी ही नहीं। मेरा ये गम है। गाने जरूर लिखवाए हैं उसने। स्क्रिप्ट उसकी अपनी है। मैंने स्क्रिप्ट सुनी है। स्क्रिप्ट मुझे अच्छी लगी। कुछ सुझाव दिए थे मैंने। मेरे दो एक सुझाव मान लिए गए। मैंने जोर नहीं दिया। हर आदमी को अपना रास्ता खुद ही ढूँढ़ना होता है। हम लोग फिल्में देखकर फिल्में लिखते हैं। हम लोग फिल्म की एक्टिंग देखकर फिल्में लिखते हैं। हम लोग गाने सुनकर गाने लिखते हैं। इसलिए वही चीज चलती रहती है। उस फिल्म में ऐसा नहीं लगा। उसमें ताजगी है।

आपकी पसंद के गाने?

मुझे आनंद बख्शी का एक गीत पंसद है। 'जिंदगी के सफर में गुजर जाते हैं जो मकाम' बहुत अच्छा गाना है यह। साहिर के तो कितने ही गीत हैं। 'तू काहे न धीर धरे, ये रात ये चाँदनी, वह सुबह कभी तो आएगी, तुम चली जाओगी परछाइयाँ रह जाएँगी।' शैलेंद्र के अच्छे गीत हैं। 'किसी की मुस्कराहटों पर हो निसार..., दिन ढल जाए रात न जाए...।' मजरूह के 'सुजाता' के गीत। पहले जमाने में आम तौर पर गीत अच्छे होते थे। कुछ गीत खराब होते थे। आज कल आम तौर पर गीत खराब होते हैं और कुछ गीत भी अच्छे नहीं होते हैं।

आने वाली फिल्में?

सबसे पहले 'जुबैदा' आ रही है। उसके बाद फरहान की फिल्म हो सकती है या 'लगान' हो सकती है। उसमें मैंने अवधी का इस्तेमाल किया है। अवधी से मेरा खास रिश्ता है। मेरी नानी सिर्फ अवधी ही बोलती थी। मेरी माँ अपने दोस्तों से अंग्रेजी में बात करती थी और अपनी माँ से अवधी में बात करती थी। मुझे भी अवधी आती है। उसमें भजन भी हैं।

भजन में आप कृष्ण की तरफ झुक जाते हैं?

यह तो फिल्म वाले ही बताते हैं। मेरी श्रद्धा कहीं और नहीं है।

क्या नई पीढ़ी के श्रोता अच्छे गीत पसंद करते हैं?

युवा पीढ़ी को अच्छे गीत पसंद हैं। लोग मुझसे कहते हैं कि युवा पीढ़ी को यह पंसद नहीं है। मैं हर महीने में दो-तीन कॉलेजों में जाता हूँ। पिछले दिनों मैं केसी, जय हिंद और शिडनम कॉलेज गए। कॉलेज के लड़के मुझे बुलाते हैं उनको ये गाने बेहद पसंद हैं। चालीस से अधिक उम्र के लोगों में युवा पीढ़ी की इमेज है। उनको लगता है कि ये बगैर दिमाग के लोग हैं। इनको डिस्को-फिस्को दे दो यही समझते हैं ये लोग। वे इन्हें पसंद करते हैं लेकिन और भी चीजें पसंद हैं इन्हें। कॉलेजों में जब हम जाते हैं तो वहाँ के हॉल में जमा ये छात्र मुझे गौर से सुनते हैं। उनकी औसत उम्र 17-18 साल है। मैं उन्हें एक-एक घंटे तक कविताएँ सुनाता हूँ। वहाँ से एक आदमी उठकर नहीं जाता है। यह वास्तव में बीच के लोगों का खयाल है। उनकी रुचि है इनमें। इसके लिए हमें धन्यवाद भी नहीं लेना चाहिए। क्योंकि हमने कुछ भी नहीं बताया है उन्हें। आज की पीढ़ी कविताएँ पसंद करती है। पहले की पीढ़ी में यह नहीं था। यह अब पैदा हो रहा है। बीच के दलालों को कुछ पता ही नहीं है।

एक शायर चुपके-चुपके बुनता है ख्वाब : गुलजार

छपे हुए शब्दों के घर में वापसी के पीछे की मूल बेचैनी क्या है?

जड़ों पर वापिस आना।

कविताएँ तो आप लिखते ही रहे हैं, इधर कहानियों में भी सक्रिय हुए हैं?

कहानियाँ पहले भी लिखता रहा हूँ, अफसाने शुरू में भी लिखे मैंने। मेरी पहली किताब कहानियों की ही थी। 'चौरस रात' नाम से प्रकाशित हुई थी। उसके बाद नज्मों की किताब 'जानम' आई थी। मेरी शाखों में साहित्य है, अब उम्र बीती... पतझड़ है, पतझड़ आता है तो पत्ते जड़ों पर ही गिरते हैं, थोड़ा-सा पतझड़ का दौर चल रहा है, मैंने सोचा...चलो फिर वहीं से शुरू कर। फिर से जड़ों पर खड़े होने की कोशिश कर रहा हूँ।

इस कोशिश में अलग तर्ज की कहानियाँ लेकर आए हैं आप?

कहानियाँ ही नहीं, इस बीच नज्में भी लिखता रहा। अफसाने लिखे मगर बहुत कम। यही कोई दो साल पहले बाकायदा अफसाना लिखना शुरू किया। 'माइकल एंजेलो' और 'विमल दा' के जीवन पर नए तर्ज की कहानियाँ पढ़ी होंगी आपने। पश्चिम में जीवनीपरक उपन्यास की परंपरा है, वान गॉग और दूसरे चित्रकारों के जीवन पर उपन्यास लिखे गए हैं, मैंने गालिब पर इतना काम किया था...सोचा भी था कि गालिब के जीवन पर उपन्यास लिखूँगा। पर उपन्यास लिखने का धैर्य नहीं हैं शायद। तो ये जीवनीपरक कहानियाँ शुरू कीं। इसकी परंपरा नहीं मिलती।

उपन्यास में तो पूरी जिंदगी होती है। क्या कहानियों में यह संभव है?

कहानी...किसी एक घटना या क्षण पर होती है, सच्ची घटनाएँ होती हैं, इसमें 'फिक्शन' नहीं होता...बस इतना है कि आप कितनी अच्छी तरह कहानी के रूप में उस घटना या क्षण का बयान करते हैं...किस हद तक खालिस नाटकीय अंदाज में कह सकते हैं। 'विमल दा' में वह प्रसंग है, जब मैं उनके साथ 'अमृत कुंभ संधाने' (अमृत कुंभ की खोज) का स्क्रिप्ट लिख रहा था। यह फिल्म नहीं बन सकी। इसी

प्रकर 'माइकल एंजेलो' की कहानी उस घटना पर है, जहाँ उसे यहूदा की तलाश थी और उसे कैसे यहूदा मिला।

क्या आप मानते हैं कि दृश्य माध्यम ने छपे शब्द को हाशिए पर फेंक दिया है?

छपे शब्द कम होते जा रहे हैं। यह सही है।

यह क्षणिक है या देर तक चलेगा?

मुझे नहीं लगता है कि यह बहुत दूर तक रहेगा। छपे शब्दों की अपनी जगह है...जड़ें हैं, यह प्रभाव वैसा ही है जैसे टीवी के आने पर फिल्म पर पड़ा था। फिल्मों पर टी वी का असर खत्म हो रहा है। इसलिए सिर्फ स्थान बना लेने की बात है। साहित्य की जड़ें इतनी गहरी हैं...उसकी उम्र इतनी लंबी है कि उसे अपनी जगह से नहीं हटाया जा सकता। उसे नहीं बदला जा सकता। फिल्म की उम्र सौ साल भी नहीं हुई, टीवी की उससे भी कम है...साहित्य की उम्र तो हजारों वर्ष है, और फिर दृश्य माध्यम को साहित्य का सहारा लेना पड़ता है। उस समय जब आप बात करते हैं तो साहित्य की कसौटी सामने होती है। उसी के आधार पर आप फिल्म और निर्देशन का मूल्यांकन करते हैं।

साहित्यिक कृतियों पर फिल्में बनती रही हैं, पर लेखक और निर्देशक में विवाद रहा है। आपके विचार से फिल्म निर्माण में कोई निर्देशक किस हद तक छूट ले?

जहाँ तक छपे शब्दों को दृश्य में उतारने की जरूरत है। उससे ज्यादा छूट नहीं ली जा सकती। फिर आरोप भी नहीं लगते।

जैसे कि 'आँधी' पर कोई आरोप नहीं लगा था।

'आँधी' सही उदाहरण नहीं है, क्योंकि 'आँधी' साथ-साथ लिखी गई थी। मतलब मैं स्क्रिप्ट लिख रहा था और कमलेश्वर जी उपन्यास लिख रहे थे। बात ये हुई थी कि मैं कहानीकार नहीं हूँ। मैंने उनसे कहा, आप कहानी लिखिए, मुझे उसमें से कुछ तथ्य (सामग्री) मिल जाएगा। कमलेश्वर जी से जिस वक्त मुलाकात हुई, उस वक्त यह कहानी मेरे पास थी। कहानी नहीं...कहानी का आइडिया था मेरे पास।

'आइडिया' आपका है वह?

जी हाँ। हम दोनों महाबलीपुरम गए थे। बातचीत के दरम्यान मैंने कहा कि एक विषय है मेरे पास। मुझे उस पर लिखना है। मैंने ही उनसे आग्रह किया कि चलिए एक साथ लिखते हैं। आप उपन्यास लिखिए। मैं स्क्रिप्ट लिख लेता हूँ। मुझे आप से कुछ मिल जाएगा। भले ही मेरा लिखा आपके काम आए न आए। कमलेश्वर बड़े लेखक हैं। वे जब उपन्यास लिखने लगे तो मुझे कुछ और चरित्र मिल गए। उन्होंने डायरी के रूप में लिखा है। फिल्म में अलग 'फार्म' है, मेरी फिल्म 'खुशबू' को ले सकते हैं। यह शरतचंद्र के 'पंडित मोशाय' पर आधारित है। मैंने उस पुस्तक

से आरंभ के तीन अध्याय और अंतिम अध्याय लिए। अगर पूरे उपन्यास पर फिल्म बनाता तो सात घंटे की फिल्म होती। मुझे दो घंटे की फिल्म बनानी थी। मैंने उपन्यास के मूल भाव में कोई तब्दीली नहीं की। मूल चरित्र वैसे ही हैं, फिल्म माध्यम में साहित्य कच्ची सामग्री बन जाता है। लेकिन अगर आप चरित्र ही बदल देंगे तो मूल लेखक नहीं बच पाएगा।

फिल्मकार और रचनाकार के तौर पर संतुलन कैसे रखते हैं आप?

दोनों माध्यम अलग हैं। मगर उन दोनों में सक्रिय सृजनात्मक व्यक्ति तो मैं ही हूं। हाँ, फिल्म माध्यम के अपने तकाजे हैं। अगर आपको कहना हो, 'पच्चीस साल बाद उसने अपने बेटे को देखा तो उसने कहा' फिल्म में सिर्फ यह वाक्य कहकर आप नहीं निकल सकते आपको पच्चीस साल का वक्फा क्रिएट करना पड़ेगा। ये तकाजे हैं, कई सारी बातें साहित्य में 'विद इन द लाइंस' पूरी हो जाती हैं, लेकिन फिल्म में उन्हें क्रिएट करना पड़ता है, इस माध्यम में दूसरी अलग बात है कि निर्देशक खुद कुछ करता है, लेखक दूसरा है, 'स्क्रिनप्ले' दूसरा लिखता है, संवाद कोई और लिखता है,, संगीतकार दूसरा है। कैमरामैन दूसरा है, अभिनय कोई और करता है। आप पूछेंगे फिर निर्देशक क्या करता है? सिर्फ यह है कि अंतिम लक्ष्य उसके जहान में है। सभी सृजनात्मक लोगों के सुर को एक ठिकाने पर पहुँचाने का काम वह करता है। वह उन्हें भटकने नहीं देता। तमाम प्रकारों से अपने 'कंसेप्ट' का सृजन करवाता है, आठ आदमी मिलकर हाँडी तैयार करते हैं, फिर भी वह हाँडी अच्छी बने, यही कोशिश रहती है निर्देशक की।

किसी भी रचना को पसंद करने के क्या कारण होते हैं?

कोई खास नापतौल तो नहीं है, जिस तरह का इंसान हूँ मैं...मेरी पसंद-नापसंद सब उसमें शामिल है, यह सवाल कुछ ऐसा ही है कि मैं इस तरह के कपड़े क्यों पहनता हूँ। आपके अंदर का इंसान चुनता है, अपने रंग भी वही चुनता है। जो बात, जो खयाल आपके जहन में है, वही आप चुनते हैं, कहीं न कहीं आपकी अपनी शख्सियत उसमें शामिल है। जो चीज आपकी शख्सियत का हिस्सा नहीं है, वह आप सृजित नहीं कर सकते।

लेकिन शख्सियत अंदरूनी तो नहीं होती?

शख्सियत अंदरूनी ही होती है।

माँ-बाप, भाई-बहन, शिक्षक, समाज, दोस्त इन सबके बीच आपकी शख्सियत नहीं बनती क्यों?

बिल्कुल बनती है। ये तमाम लोग आपकी शख्सियत का हिस्सा हैं। उनके तनाव, उनकी खींचातानी, उनका लाड़-प्यार और परवरिश सब आपकी शख्सियत

के हिस्से हैं, ये सब आपकी शख्सियत के बाहर नहीं हैं, ये हालात हैं। हालात बाहरी हो सकते हैं, पर आपकी शख्सियत तो अंदरूनी है। बाहरी हालत आपके अंदर शामिल होते हैं। अगर बाहर होते तो आप कभी का छटक देते। उनके असर तो अंदरूनी हो गए।

तो वे कौन से हालात थे, जिन्होंने आपको रचनाकार बनने के लिए प्रेरित किया?

मैं उस पर उंगली रखकर नहीं बता सकता। कोई जगह या क्षण नहीं बता सकता। मेरी परवरिश जिस तरह से हुई है, यह उसी का हिस्सा है। सारा का सारा उसी का 'रिफ्लेक्शन' है। चार पौधे एक जगह रखे हुए हों तो भी एक तरह से नहीं उगते एक ही जाति के हों तो भी नहीं। उनके कद, रंग और शाखों में फर्क हो जाता है। चाहे उन्हें एक ही सूरज मिलता हो। चाहे उन्हें एक ही तरह की हवा मिलती हो। मैं व्यापारी परिवार से हूँ और अकेला हूँ, तो मुझे भी नहीं मालूम कि वह सूरज की किरण किधर से आई थी। लेकिन यह जरूर है कि वह तमाम धूप-छाँव मेरे अंदर परावर्तित होती है।

ऐसा देखा गया है कि जो संवेदनशील और लोकप्रिय होते हैं, वे निजी जीवनी में बहुत पीड़ित और अवसाद में डूबे रहते हैं। क्या वजह हो सकती है?

मुझे तो नहीं लगता। ऐसा कोई फार्मूला नहीं है कि उससे यह समझ लिया जाए। ऐसा क्यों है, यह भी मुझे नहीं मालूम। आप अपने व्यक्तिगत दुख, तकलीफें, सुख, खुशियाँ इन सबको लेकर सृजित करते हैं, लेकिन अगर दूसरों के सुख-दुख आपको अपना हिस्सा न लगें तो आप सृजन कैसे करेंगे। जाहिर है जब आप दूसरों के दुख-दर्द महसूस कर रहे हैं तो आप में दुख की मिकदार (मात्रा) ज्यादा है। इसी प्रकार सुख और खुशी भी ज्यादा है। आपकी भावनात्मक क्षमता साधारण आदमी से ज्यादा है। इसलिए सृजनात्मक आदमी साधारण आदमी से ज्यादा बड़ा घड़ा लगता है, क्योंकि उसमें समाता ज्यादा है। दर्द चुभता है, इसलिए सृजन करवाता है। दूसरी बात कि जिसे आप दुखी समझ रहे हैं आप कहते हैं कि उसके साहित्य में बड़ा दुख है। पर क्या आपको मालूम है कि वह वाकई दुखी नहीं है। क्योंकि वह उसमें से रस लेता है। उससे ज्यादा संतोष पढ़ने वाले को नहीं हो सकता। वह जिस तरह का सुख हासिल करता है, क्या आप उसे महसूस कर सकते हैं, वह उम्दा सुख है।

एक चीज और तंग करती है, जो लोग सृजनात्मक व्यक्तित्व के हैं, जिनके बारे में कहा जाता है कि वे दूसरों को लेकर बहुत भावुक हैं, बहुत संवेंदनशील हैं, दूसरों की तकलीफ को ज्यादा गहराई से समझते हैं, ऐसे लोग ज्यादातर अपने परिवार के साथ अन्याय कर जाते हैं। वे अपने परिवार के सदस्यों की तकलीफ को उस तीव्रता से नहीं महसूस कर पाते। ऐसा क्यों हो जाता है?

एक तो यह है कि मैं पूरी तरह से इससे सहमत नहीं हूँ, लेकिन इसका मुकम्मिल जवाब भी मेरे पास नहीं है। ये भी हो सकता है कि उन्हें व्यक्तिगत चीजें, परिवार के लोग छोटे लगते हों, उस दुख के सामने, जो वह परे देख रहा है या बाहर देख रहा है, अपना या अपने परिवार को दुख छोटा लगता हो। यह भी वजह हो सकती है। साधारण आदमी का लगता हो कि यह तो अपने परिवार के प्रति बहुत क्रूर है। हम भूल जाते हैं कि उसके सामने तकलीफ का बड़ा मंजर है। सिर्फ कला ही क्यों, दूसरे क्षेत्र में भी यही बात है। स्वतंत्रता सेनानियों के साथ यही बात थी। क्रांतिकारियों के साथ भी यही होता है। देश और समाज के लिए वे घर-परिवार, माँ-बाप, भाई को छोड़ देते हैं। लोग कहते हैं कि कितनी गैर-जिम्मेदार है। मगर वह देश के लिए सब कुछ कुर्बान कर देता है, लेकिन माँ जब भगत सिंह की माँ बन जाए तो फिर दुख नहीं होता। भगत सिंह की माँ ने तो खुद भेजा था कि जा बेटा तू जिस माँ के लिए लड़ रहा है, वह मुझसे बड़ी है, ऐसा हो तब दुख नहीं होगा। लेकिन जिनके अंदर स्वार्थ होगा, जो छोटो होंगे, उनमें ऐसी क्षमता नहीं होती। तभी आपको वे बड़े क्रूर लगते हैं।

क्या हर आदमी के पास कुछ ऐसी चीजें होती हैं, जिनमें वह किसी को सहभागी नहीं बनाता। डायरी में भी नहीं लिखता। क्या आप भी ऐसा सोचते हैं?

ऐसा कुछ नहीं है, जो मेरी शख्सियत से छुप जाए। लेकिन अगर मैंने चार दिन खाना नहीं खाया तो कोई वजह नहीं है कि आपको बताऊँ। मैंने चार दिन ज्यादा खाया है तो कोई वजह नहीं है आपको बताऊँ। लेकिन बाकी जो मेरे अंदर है, वह मेरे हर काम में झलकता है। उसको लिखकर बताने की जरूरत नहीं होती। घटनाएँ व्यक्तिगत नहीं होतीं और कोई जरूरी नहीं कि हर घटना लिखी जाए।

निर्मल वर्मा ने एक जगह लिखा है कि बहुत सारी चीजें ऐसी होती हैं, जिन्हें आदमी अपने साथ छिपाकर ले जाता है।

हाँ, हो सकता है, कोई जेवर छिपाकर ले जाता हो। कहा है न,

दिन कुछ ऐसे गुजारता है कोई
जैसे एहसान उतारता है कोई
दिल में ऐसे सँभालता हूँ गम
जैसे जेवर सँभालता है कोई।

अपने जीवन की सबसे बड़ी उपलब्धि क्या मानते हैं आप?

बता नहीं सकता। मैं अपनी यात्रा से खुश हूँ। लेकिन ऐसा भी नहीं है कि मैंने कुछ हासिल कर लिया हो, ये भी नहीं है कि मैं नाकामयाब हूँ। मायूस नहीं हूँ, कि यह नहीं कर पाया, वह नहीं कर पाया। बहुत सी चीजें नहीं करता हूँ। कई चीजें कर भी लीं। मेरा सफर तसल्ली से भरा है, यह सफर मुकम्मिल नहीं है। कोई

उपलब्धि जैसी बात भी नहीं है।

फिल्म का वर्तमान माहौल कैसा है?

माहौल अच्छा नहीं है, हर आदमी एक समान प्रतिक्रिया व्यक्त कर रहा है, ऐसा नहीं है कि यह मेरी व्यक्तिगत राय है। दर्शक बेजार हैं, बनाने वाले भी बेजार हैं। वे इसलिए बेजार हैं कि उन्होंने समझौते कर लिए हैं। कहते हैं कि हम करें क्या?

हाँ, बाजार की बात कही जाती है?

कतई नहीं, कोई बाजार किसी से कहने नहीं जाता कि आप यह कीजिए।

यह भी तर्क है कि समाज में यही हो रहा है?

यह सच भी है। इस बात में झूठ नहीं है। फिल्मों में समाज ही व्यक्त होता है। उससे आप अलग नहीं कर सकते। समाज में उतना ही सेक्स और हिंसा है, सिर्फ इतना है कि 'क्रिएटर' (फिल्मकार पढ़ें) की अपनी जिम्मेदारी क्या है? जिम्मेदारी से गुरेज करना अच्छा नहीं लगता। आप तो 'क्रिएटर' हैं। आप प्रभावित करते हैं। मूल्य गिर गए हैं। लोग लातें मार रहे हैं तो आप भी जाते-जाते एक लात मार गए तो आप किस बात के 'क्रिएटर' हैं? यह कमी नेताओं में भी है, ऐसा नहीं कह सकते कि सिर्फ फिल्मों में खराबी है, बाकी समाज बड़ा सुथरा है, जब सारी बस्ती का यह हाल है तब किसी एक घर की ओर उँगली उठाकर आप कैसे कह सकते हैं कि यह घर बड़ा गंदा है।

लेकिन फिल्मों का प्रभाव क्षेत्र बड़ा है? इसलिए उम्मीद स्वाभाविक है।

वही...जिम्मेदारी के एहसास की बात है। जो लोग प्रभावित करते हैं, उन्हें यह जिम्मेदारी सँभालनी चाहिए। लेकिन जब आप उनसे कहेंगे तो वे पूछेंगे कि हमारे नेता क्या कर रहे हैं? हमारी राजनीति का क्या हो रहा है? क्या फिल्म ही इस बात की मुजरिम है, मेडिकल, शिक्षा...क्या ये सब कम महत्त्वपूर्ण हैं, सिर्फ एक को अलग करके दोषी बनाना ज्यादती जरूर है।

लोकप्रियता और कलात्मकता दो श्रेणियाँ हैं, उनमें...

यह श्रेणी किसने बनाई, श्रेणियाँ आप बना रहे हैं, व्यावसायिक हित तो दोनों के हैं, सिनेमा 'आर्ट फॉर लाइफ' है। फर्क यह है कि एक वास्तविक है और दूसरी फैंटेसी है। दोनों अपनी भूमिका निभा रहे हैं। जिम्मेदारी है कि क्या आप अपने वक्त को रिकार्ड कर रहे हैं, क्योंकि अगर रिफार्म नहीं कर रहे हैं तो रिकार्ड तो कीजिए। किसी भी कला की यह भूमिका है। अब जो लोग (फिल्मकार) रिकार्ड नहीं कर रहे हैं, वे समाज को दोषी ठहराते हैं, दरअसल वे फास्टफूड बेच रहे हैं। एक जिम्मेदार और दूसरा गैर जिम्मेदार सिनेमा है।

आपके लिखने का समय क्या होता है?

नज़्म तो कहीं भी हो जाती है। बस सुर लगनी चाहिए। बाकी काम तो क्लर्क की तरह करता हूँ। साढ़े दस बजे ऑफिस में बैठता हूँ। शाम में चार बजे यहाँ से निकलता हूँ। आप किसी पेशे में हैं तो पेशेवर तो होना ही पड़ेगा।

लेखक और कलाकार को समाज में सर्वोच्च माना जाता है। आपकी राय?

मैं थोड़ा असहमत हूँ, आप लेखक को सर्वोच्च कैसे कह सकते हैं। क्या वैज्ञानिक कम ऊँचा होता है? क्या भाभा का कद छोटा है। उन्होंने तो कुछ नहीं लिखा। कुछ नहीं गाया बजाया। यह खुद को आसन पर बिठा कर पूजने जैसी बात है। इनसे बचना चाहिए। हमें खुले दिमाग का होना चाहिए। लेखक और कलाकार पर जिम्मेदारी ज्यादा है, क्योंकि आप अधिक संवेदनशील और ज्यादा काबिल हैं। लेकिन एड़ियाँ उठाने की जरूरत नहीं है। दो एड़ियों पर चलने की जरूरत नहीं है। अगर कहें कि बगीचा होगा। फूल होंगे, तब कविता करेंगे तो नहीं चलेगा। कविता लिखना आपकी सामाजिक जिम्मेदारी है। बर्नाड शॉ, टैगोर, मुंशी प्रेमचंद सभी नियमित रूप से लिखते थे। नहीं लिखते थे तो सोचते थे। लिखना उन लोगों की जिम्मेदारी थी। जिसको अपनी जिम्मेदारी का एहसास है, वह ऐसा नहीं करता कि मूड आएगा तो काम करेंगे। गालिब ने भी ऐसा नहीं किया। रविशंकर और भीमसेन जोशी आज भी सात-आठ घंटे रोज रियाज करते हैं।

ज्यादातर किताबें बोस्की (गुलजार की बेटी) को ही समर्पित हैं?

वह मेरा मरकज (केंद्र) है।

आपकी ज्यादा नज्में संबंध, एहसास और संवेदना पर हैं, क्यों?

इसमें पुरानी नज्में शामिल हैं। मैंने लिखा भी है कि 'कुछ और नज्में' में कुछ और नज्में शामिल कीं तो यह किताब बनी। इसमें कुछ बाद की भी नज्में हैं, 'एक पता', 'गौतम बुद्ध', 'शहर का मोंटाज, अखबार' और 'दंगे'...ये सब दंगे के बाद की नज्में हैं। उन्हें शामिल किया है।

क्या मानवीय रिश्ते का एहसास कम हुआ है? 'अखबार' आदि में कुछ और मिजाज है?

'अखबार' वगैरह आज की नज्में हैं। ये नहीं है कि मैं जान बूझकर राजनीतिक चीजें लिखने की कोशिश कर रहा हूँ। इनमें भी वही एहसास और संवेदना है। केवल स्वर और चिंताएँ बदल गई हैं।

लगता है कि आपकी सामाजिक चिंताएँ बढ़ी हैं?

उम्र के साथ-साथ, जिम्मेदारी के साथ, एहसास के साथ, तालीम के साथ हर शख्स में यह परिपक्वता आती है। मैं आज वह नहीं हूँ, जो बारह साल पहले था। पहले भी सामाजिक चीजें लिखी हैं। अब उनकी मात्रा बढ़ गई है।

समकालीन साहित्य से जुड़ाव कैसा है?

हिंदी, उर्दू, पंजाबी, कन्नड़, बँगला, मराठी, हिंदुस्तान की दूसरी भाषाओं में जो लिखा जा रहा है, उसके संपर्क में रहता हूँ। बगैर संपर्क के तो हिंदुस्तानी शायरी का चेहरा नजर नहीं आ सकता।

आपकी शायरी में बिंब ज्यादा हैं? क्या यह फिल्मों का असर है?

हाँ, मुझे लगता है कि फिल्म का असर है मेरी नज्मों पर। यह फार्म में भी है। स्क्रिनप्ले, सीन वगैरह आ जाते हैं, बिंब भी हैं, कई सारे असर हैं, मैं कई जगह फासला बनाने के लिए पंक्ति लंबी कर देता हूं। फिल्म में जो लय होता है। वह लय स्वभाव में आ जाती है। इसलिए उसका असर तो आएगा ही।

कुछ नज्में 'पोर्ट्रेट' शीर्षक से हैं, उनकी क्या खासियत है?

'पोर्टेट' है...पेंटिंग है। शब्दों से चित्र बनाने की कोशिश की है। इसमें चेहरे का विवरण नहीं है। इसमें व्यक्तित्व है, मैं चेहरे को नहीं, बल्कि चरित्र को बाहर निकालना चाहता हूँ। कुछ कोशिश की थी मैंने।

त्रिवेणियाँ भी हैं?

यह तो मेरी फ़ार्म है। 'सारिका' से शुरू हुई थी।

इसमें खास बात क्या है?

शुरु में बच्चन साहब को सुनाई थी मैंने। उन्होंने जापान के 'हारूकू' फार्म के बारे में बताया था। कुछ वैसी कोशिश है। कुछ शब्दों में एक बिम्ब और सोच को प्रकट करने की कोशिश है। इसमें पहले दो मिसरे स्पष्ट होते हैं। एक मुकम्मिल शेर होता है। और तीसरा मिसरा आने पर शेर का मानी बदल जाता है। उसकी छवि बदल जाती है। मैंने त्रिवेणी नाम खासकर रखा। त्रिवेणी का गुप्त मिसरा सरस्वती नदी की तरह है। इसमें शोखी और गंभीरता दोनों है।

आपकी शायरी में चाँद, रात, एहसास आदि शब्द बार-बार आते हैं। इसकी कोई खास वजह?

चाँद और रात बहुत ज्यादा है। अब तो मैं चाँद से परेशान हो गया हूँ। हर बार अलग रूप में आता है चाँद।

यह बहुरुपिया है।
रोज रूप बदलकर आता है।
फिर यह आएगा, दो हफ्ते तक आएगा
आता है।
खामखाँ लोगों को रात भर जगाता है।

लोगों की छतों से सीटी बजाता गुजरता है
इस बार निकले

तो इसे गिरफ्तार ही कर लो।

आप खुद की शायरी को किस परंपरा से जोड़ते हैं?

मेरी शायरी उर्दू की परंपरा से हटी हुई है। ऐसा लोगों ने लिखा भी है। नज्म की ऐसी परंपरा नहीं है उर्दू में, रोजमर्रा की जिंदगी से जुड़ी नज्में थीं। उर्दू की नज्म बड़ी है। उसमें दर्शन है। लेकिन छोटी-छोटी घटनाएँ, व्यक्तिगत स्तर की नज्में उर्दू में नहीं हैं, वह अलग है। मुझे ऐसा लगता है। मैंने अपनी तरफ से बेसाख्ता लिखा है। जैसा महसूस किया। वैसा लिखा।

किसी से प्रभावित हुए आप?

मुझे पर असर बहुत सारे हैं। इसलिए किसी एक का नहीं कह पाता। उर्दू से लें तो गालिब से तालीम ली है। नून मीन राशिद और फैज का असर अलग है। आधुनिक कविता से मेरा परिचय कराने वाले और राह दिखाने वाले पंजाबी और उर्दू के शायर सुखबीर हैं। सुखबीर पहला शख्स है, जिसकी वजह से मैं रवायती शायरी में नहीं फँसा। उस आदमी की बहुत बड़ी देन है। अमृता जी हैं, नवतेज हैं। सुखबीर की वजह से मायकोवस्की, नाजिम हिकमत, डब्ल्यू एच आडेन से परिचय हुआ। फिर पाब्लो नेरूदा को पढ़ा। टैगोर को बंगाली में पढ़ा। टैगोर तो क्लासिक हैं। मगर जब जीवनानंद दास और सुभाष मुखोपाध्याय को पढ़ा तो आंखें चौधियाईं गईं। फिर शिव कुमार राय (सत्यजित राय के पिता), कविता में ध्वनि पैदा करते थे। कहते हैं 'चाँद देखो, डूबे गेलो, गोब, गोब, गबास...' लगता है मानो कुछ डूब रहा हो।

हिंदी में सबसे अधिक किसे पढ़ा है आपने?

हिंदी में कम पढ़ा है मैंने। क्योंकि हिंदी बहुत बाद में सीखी मैंने। मैं उर्दू माध्यम से पढ़ा और फौरन ही लगन लग गई थी बंगाल से। मैट्रिक में अनुवाद पढ़ लिए थे मैंने टैगोर के।

आपको किस भाषा का शायर माना जाए?

क्या जरूरत है? आप सिर्फ शायर मान लीजिए। हिंदुस्तान का शायर मान लीजिए। मैं जिस भाषा में लिखता हूँ, वह कहाँ की है, हिंदी वाले मुझे हिंदी का मानते हैं तो उर्दू वाले उर्दू का। आप क्यों मुझे कठघरे में डालना चाहते हैं। मुंशी प्रेमचंद को क्या कहेंगे आप? और फिर क्या जरूरी है कि एक ही भाषा में लिखें आप? मैं अगर किसी और भाषा में भी लिखूँ तो क्या कहेंगे?

लेकिन हिंदी या उर्दू में से किसी भी साहित्य में आपको उचित जगह नहीं मिली, क्या इसकी तकलीफ नहीं होती?

बहुत पारंपरिक दृष्टि से सोच रहे हैं आप। आप यह देखिए कि मुझे शायर की जगह मिली या नहीं? मुझे किस भाषा में जगह मिली या नहीं मिली, यह कोई समस्या नहीं है।

लेकिन फिल्मों में होने का असर तो पड़ा है?

हाँ, उसका नुकसान जरूर हुआ। हिंदी-उर्दू की समस्या अलग है, लेकिन यह जरूर है कि फिल्मों की वजह में मेरी शायरी को गंभीरता से नहीं लिया गया। यह पूर्वग्रह है मेरे यहाँ। फिल्म वाले मुझे साहित्य का आदमी समझते हैं और साहित्य वाले फिल्मों का। यह समस्या है, मगर बहुत अस्वाभाविक नहीं है।

जनसत्ता (सबरंग) : 28 अगस्त, 1994

सिनेमा या तो जिम्मेदार होता है या गैरजिम्मेदार : गुलजार

पाँच वर्षों के बाद गुलजार 'माचिस' लेकर आ रहे हैं। इन पाँच वर्षों में उन्होंने नज्में लिखीं। कहानियाँ लिखीं, कुछ धारावाहिकों का लेखन और निर्देशन किया। इस अंतराल में भी वह सक्रिय रहे। सृजन की बेल फैलती और पसरती रही। लेकिन किसी भी फिल्मकार को पूरा संतोष फिल्म से ही होता है। गुलजार भी मानते हैं कि 'फिल्मों में ज्यादा संतोष है। दो-ढाई घंटे में एक पूरी बात तो कहते हैं। 22-25 मिनट में तसल्ली नहीं होती।' फिल्मकार गुलजार से एक विशेष बातचीत, जिसमें न केवल उनकी फिल्में, बल्कि अफसानों, नज्मों और एक हद तक उनकी अपनी सोच का भी बार-बार जिक्र आता है। संकेत मिलता है।

क्या है 'माचिस' में?

'माचिस' कुछ ऐसे लोगों की कहानी है, जिनके जीने के रास्ते बहुत तंग हो गए थे। जब पंजाब में बेहद सरगर्मी थी, जब पंजाब संकट से गुजर रहा था, तब एक आदमी उन हालात को कैसे भुगतता है, जिसका किसी तरफ कोई सरोकार नहीं है, जिसकी कोई भागीदारी किसी तरफ नहीं है। फिल्म में मैंने बताया है कि उसके जीने के रास्ते कैसे तंग हो गए? फिल्म में परेशान है एक आदमी। लोग कुछ कर क्यों नहीं सकते? सब लोग चाहते हैं तो फिर कोई राह क्यों नहीं निकलती? वह कहता है—सब सीली हुई तीलियाँ हैं। लोग सीली हुई तीलियाँ हैं। सीली तीलियों से कोई इंकलाब नहीं होता। जब तीलियाँ सील जाती हैं तो एक-एक को फूँक-फूँक कर जलाना होता है। इस प्रक्रिया से गुजर रहे हैं हम। हम देख ही रहे हैं। जो हो रहा है।

बहुत ही आक्रामक और हिंसात्मक माहौल है, पर ऐसा क्यों है?

लोगों के अंदर गुस्सा है। सभी नाराज हैं। हिंसा गुस्से का इजहार है। क्रोध

का इजहार है। इलाज नहीं है। हिंसा-हिंसा के जवाब में पैदा होती है। हिंसा टकराकर लौटती है और आपको घायल करती है। तबाही का रास्ता है वह। लेकिन वह क्यों और कैसे पैदा होती है? मेरा खयाल है कि यह सवाल है, जवाब नहीं है। जवाब कहाँ देती है जिंदगी?' जिंदगी हर चीज का जवाब तो देती ही नहीं है? जिंदगी जो सवाल करती रहती है। वह जिंदगी का विकास है। विकास के रास्ते पर हो तो जिंदगी नए-नए सवाल पैदा करती है। मेरे खयाल में ये सवाल जरूर पैदा होंगे इस फिल्म से। मुझे यही सही हिस्सा लगता है कि अगर फिल्म देखने के बाद आपके जहन में कुछ सवाल पैदा हो जाएँ।

लेकिन इन सवालों के जवाब क्या हैं? आपने क्या जवाब दिया है?

जवाब की खोज ही तो जिंदगी है। जवाब एक होता फिर तो जिंदगी फार्मूला हो गई होती। वह तो है ही नहीं। फार्मूला होने पर जिंदगी की हर मुश्किल हल हो गई होती। 'माचिस' में अपनी तरह से जिंदगी को समझने की कोशिश की गई है।

इधर 1984 के दंगे फिर से समाचार में हैं?

सौभाग्य या दुर्भाग्य से पिछले दो-तीन माह से 1984 की चर्चा है और इस फिल्म में 1984 के बाद की कहानी है। बारह साल हो गए। इन बारह सालों में क्या किसी को कुछ दिखाई नहीं दिया। कैसे यों ही लिया गया मामले को। तो उस क्रोध के दर्द का इजहार है ये।

इन दिनों व्यावसायिक फिल्मों को समकालीन यथार्थ से जोड़ने की कोशिश चल रही है—ताजा उदाहरण है 'हिंदुस्तानी' और 'सजा-ए-काला पानी'। आपकी फिल्म भी क्या इसी श्रेणी में हैं?

फिल्म अपने आप बताएगी। हर कहानी किसी न किसी सच पर आधारित होती है। समकालीन यथार्थ उनमें आता ही है। वह सीधे आए या रूप बदलकर आए। यह कहानी तो है, पर यथार्थ पर आधारित है। अपने दौर के, अपने वक्त के यथार्थ पर आधारित है। अगर सिर्फ कहानी हो तो वह वहाँ खराब हो जाती है। कहानी कहने वाले को, चाहे वह साहित्य हो या फिल्म हो, यह खयाल रखना चाहिए कि आप अपने वक्त को, दौर को 'कवर' कर रहे हैं। वह आपके काम में आना भी चाहिए। लेकिन यह जरूर है कि वास्तविक जिंदगी में लोग गाने गाते हुए नहीं गुजरते। वास्तविक जिंदगी में गाने की वैसी जगह नहीं है। लेकिन गाना एक 'फार्म' है, जो अपने यहाँ कहानी कहने में शुरू से इस्तेमाल हो रहा है। हमारे यहाँ तो पुरानी परंपरा है। कथावाचक कहानी सुनाते-सुनाते कहता है। 'और लक्ष्मण घायल होकर गिरे तो राम ने कहा'—कथावाचक रुकता है और हारमोनियमवाला दाखिल होता है और फिर आगे का किस्सा गाकर सुनाता है। खासकर भावुक और नाटकीय दृश्यों को गाकर ही सुनाया जाता है। वहाँ से यह शैली थिएटर में आई और फिर

सिनेमा में। तो यह एक शैली है। 'माचिस' देखने के बाद ही अंदाजा किया जा सकता है। मैं तो यही कहूँगा कि यह कहानी की हद तक यथार्थ है। कहानी इसलिए है कि फर्जी नाम बना दिए जाते हैं। जगह फर्जी होती है। नाम और जगह सही न हो, पर वाकयात सारे मौजूदा हालत से चुने जाते हैं। और कहाँ से लाएँगे आप? मुझे खुशी है कि श्याम बेनेगल को यह फिल्म पसंद आई। उन्होंने फोन किया और कहा, 'योर फिल्म कन्विंस्ड मी'। उनसे तारीफ सुनकर अच्छा लगा।

फिल्म बनाते समय ज्यादातर फिल्मकार यथार्थ के प्रति अपना पक्ष स्पष्ट तौर पर नहीं रखते? अपना पक्ष रखना या न रखना किस हद तक और क्यों जरूरी है?

आपका अपना पक्ष तो परिप्रेक्ष्य ही से शामिल हो जाता है। आप जिस परिप्रेक्ष्य से देख रहे हैं, वही आपका पक्ष है। किसी भी काम में, यहाँ तक कि रोमांस में भी। आप कहें या न कहें। आप मानें या न मानें तो मुझे इस बात से इंकार नहीं है कि पक्ष रखना चाहिए। 'माचिस' ही नहीं, मैंने जितनी भी फिल्में बनाई हैं, मैं उन्हें अपनी सोच की फिल्में मानता हूँ। मैं गलत हो सकता हूँ। वह बात और है। गलत और सही का फैसला करना दूसरी बात है। अपनी फिल्मों में मैं जहाँ तक समझ पाता हूँ, वहीं तक कहने की कोशिश की है और उससे ज्यादा कहने की कोशिश भी नहीं कि मैं उसे नारा बता दूँ या फिर ऐसे ही कोई बौद्धिक सी बात करने की कोशिश करूँ, जो मेरी ही समझ में न आए। ऐसा कुछ नहीं किया है मैंने। जो बात जहाँ तक समझ में आती है, वहीं तक कहता हूँ।

लेकिन सही और गलत का तो फैसला तो करना होगा। सच का शायद एक ही रूप होगा?

देखिए आप खुद शायद कह रहे हैं, इसलिए आप भी निश्चित नहीं है। मैं जिस पहलू से देख रहा हूँ, वहाँ से जो दिखता है, वही कहूँगा। सामनेवाले का कोण या पहलू अलग हो सकता है। मेरी अपनी सीमा है। एक निजी खयाल है। मैंने जो निजी दर्द या गुस्सा महसूस किया। उसे कहने की कोशिश कर रहा हूँ कि मुझे यह तकलीफ हुई। सही बात यह है कि मैं अपनी बात कहूँ। मैं सवाल पैदा कर रहा हूँ। जवाब नहीं है मेरे पास। जिंदगी में उसके जवाब खोजने हैं। जिंदगी इसलिए ही नहीं होती कि किसी भी मसले का एक जवाब नहीं है। सच इतना ही नहीं है। सच और भी हैं। इसी सच की तलाश में तो मजहब, सिद्धांत और बाकी चीजें बनी हैं और फिर तलाश रहने तक ही तरक्की है।

प्रचलित विचारों की सरणियों से कहाँ तक सहमत हैं और किससे?

कुछ चीजें विरासत में मिली हैं। उनसे आप सहमत भी हैं। 'सदा सच बोलो' सुनते चले आ रहे हैं। लेकिन अगर सवाल पैदा होता है कि सदा सच क्यों बोलो, कभी-कभी क्यों न बोलो—तब आपको जाँच करनी होगी फिर आप उन मूल्यों की

जाँच करेंगे और जाँच करनी भी चाहिए। वह तलाश तो रहेगी, जो प्रचलित मूल्य मिले हैं। वे कहाँ तक सही हैं। कुछ ने सवाल पैदा कर दिए हैं। अगर सवाल पैदा नहीं होगा तो विकास नहीं होगा।

इस विकास का ग्राफ कैसा होगा? जरूरी तो नहीं कि हर सवाल और उसके जवाब से आगे ही बढ़े?

कोई भी विकास सीधी रेखा में नहीं होता। विकास पेंचदार होता है। घूमते हुए हम दायरों में बढ़ते हैं–स्प्रिंग की सूरत। हमारी कायनात की शक्ल भी पेंचदार है। विकास की गति घुमावदार है।

अपने विकास को किस रूप में देखते हैं?

मुझे लगता है कि मैंने विकास किया है। 'मेरे अपने' से 'माचिस' तक में काफी 'ग्रो' किया हैं मैंने। 'मेरे अपने' में मेरी नजर शब्दों तक थी। सतह पर थी। शब्द कहते थे। अब मुझे लगता है कि मैं इस व्यवस्था को 'मेरे अपने' के दौर से ज्यादा अच्छी तरह समझ पाता हूँ। 'मेरे अपने' में शब्द सुनाई पड़ते थे। उन लीडरों के, जिनकी तकरीरें रखी हुई हैं। मुझे उन शब्दों से विरोध था या उन शब्दों का मजाक करता था। मैं अब शब्द के पीछे वाले को समझने लगा हूँ। यह विकास है। पहले मैं जुमलों से बिदक जाया करता था। अब मैं जुमलों से नहीं उन लोगों से बिदकता हूँ। यह विकास तो जरूर है। सिनेमा के फार्म में भी। मेरा अपना जो 'नरेटिव' है। बात कहने का जो ढंग है। वह भी 'मेरे अपने' से लेकर यहाँ तक 'ग्रो' किया है। मुझे लगता है कि अपनी आरंभिक फिल्मों में मैं बहुत वाचाल था। तब हर बात कहनी होती थी। मुझे लगता है कि आहिस्ता-आहिस्ता मेरी समझ में आने लगा कि सिनेमा ऐसा होना चाहिए। पूरा तो आज भी समझ में नहीं आया। पर थोड़ा-थोड़ा समझ में आने लगा। यह मोड़ 'किताब' से आया किताब से साफ बदलाव आया। फिल्मों की आम धारा से मैं बहुत अलग नहीं था। हमारी फिल्मों में सीने पर रिवाल्वर रखकर कोई कहता है कि गोली मार दूँगा। अब मैं समझता हूँ कि यह कहने की जरूरत नहीं है। सीने पर रिवाल्वर है तो जाहिर है कि गोली मार देगा। रिवाल्वर रखने के बाद कहना जरूरी नहीं है। अब आप ही कहें कि इस संवाद का क्या मतलब है कि 'मेरे रिवाल्वर में पाँच गोलियाँ हैं, पाँच की पाँच सीने में उतार दूँगा।' गोली एक उतरे तो भी आदमी मर जाएगा। ऐसा तो नहीं है कि पाँच में अधिक मरेगा।

आप अपनी फिल्मों में 'फ्लैश बैक' का काफी इस्तेमाल करते हैं। क्या वजह है इसकी?

उसके पीछे कोई वजह नहीं है। उसके पीछे सिर्फ फ्लैशबैक है। वह बात कहने का कहानी सुनाने का एक तरीका है। मैंने बदलने की कोशिश भी की, लेकिन देखा कि फिर कहीं-न-कहीं फ्लैशबैक आ गया। फिर मैंने छोड़ दिया। जैसे कहानी आती

है मेरे जेहन में। वैसे ही कहता हूँ। शुरू में बचने की भी कोशिश की। लगा कि छोड़ा जाए। बहुत हो गया। पर लगा कि हाथ बँध गए हैं। फिर मैंने मान लिया कि यही मेरी शैली है। मैं और कुछ नहीं करना चाहता।

क्या इसके पीछे अतीत या बीते हुए की परवाह नहीं है?

फ्लैशबैक ज्यादा नाटकीय लगता है। जो फालतू वक्त है, उसे आप छोटे कर लेते हैं। एक थी लड़की...फिर मैं बस में मिला और फिर एक-एक कदम के साथ कहानी आगे बढ़े उससे अच्छा है कि आज से शुरू करें और फ्लैशबैक में पूरी बात कह फिर से वापस आ जाएँ। फ्लैशबैक में कहानी ज्यादा छोटी और स्पष्ट हो जाती है। समय को छोटा किया जा सकता है। बड़े आराम से बड़ी आसानी से उसे किया जा सकता है।

आपकी कहानियों में भी यह शैली है क्या?

सब में तो नहीं, लेकिन मेरे अफसानों में भी है। 'खौफ' वहाँ से शुरू होती है, जहाँ एक आदमी लोकल ट्रेन में जा रहा है और वह दंगों की बात कर रहा है। कहीं-न-कहीं अतीत से संबंध तो हर बात, हर भावना और हर कैफियत का है। है कि नहीं? माँ सख्त बीमार है। मर जाएगी, आप चिंतित हैं, क्यों? क्योंकि आपके संबंध रहे हैं। कोई भी दर्द, भाव या कैफियत अतीत के बगैर नहीं है। यह सच है। यह जिंदगी का हिस्सा है। यह शैली है। हर भाव का अतीत है।

आपकी फिल्मों और कहानियों में व्यक्ति और संबंध दोनों उभर कर आते हैं?

यही तो जिंदगी है। आप किसी भी विचार से प्रेरित या प्रभावित हों, मगर संबंधों की बात चलने पर आपकी प्रतिक्रियाएँ दूसरों जैसी ही होंगी। बहुत कम लोग ऐसे होते हैं, जो संबंधों के प्रति निस्संग या निःस्पृह होते हैं। व्यक्ति से व्यक्ति के संबंध के इतने आयाम हैं कि उन्हें समझ पाना मुश्किल है। हम कुछ व्यक्तियों के संबंधों को जानते हैं और हमारे कुछ व्यक्तियों से संबंध होते हैं। हम उन्हीं संबंधों को समझने में जिंदगी बिता देते हैं। मैंने 'आँधी' और 'माचिस' जैसी फिल्में भी निर्देशित की हैं, जिनमें संबंधों के बाहर भी कहानी जाती है।

क्या आपकी इन फिल्मों को राजनीतिक कहा जा सकता है?

मैं इस तरह की श्रेणियों को नहीं मानता। फिल्म में हर भाव और विचार आते हैं। समाज के सभी पहलू किसी-न-किसी रूप में परावर्तित होते हैं। मुझे लगता है कि मेरी चार फिल्में अन्य फिल्मों से अलग हैं। 'मेरे अपने', 'आँधी', 'न्यू देहली टाइम्स' और 'माचिस'—इन फिल्मों में मेरा राजनीतिक पक्ष आया है। अब यह दर्शक और समीक्षक फैसला करें कि उसकी क्या दिशा है?

अभी तो तकनीक भी काफी विकसित हो गई है। वह किस रूप में आपकी शैली

को प्रभावित करती है?

'माचिस' में डोलबी सिस्टम का इस्तेमाल किया। तकनीकी सुविधा बढ़ने से मैं खामोशी का इस्तेमाल करता हूँ। घुप्प खामोशी खूब इस्तेमाल करता हूँ। जहाँ कोई पार्श्व संगीत नहीं होता, कोई ध्वनि नहीं होती। ऐसी खामोशी नाटकीय लगती है। किसी ने अभी कहा भी कि 'माचिस' 'सायलेंट वॉयलेंस' है। 'खामोश हिंसा' कोई शोर नहीं है। 'माचिस' में शोर बिल्कुल नहीं है।

कहा जा रहा है कि फिल्मी माहौल बदल गया है?

इस बदलाव से मुझे कोई शिकायत नहीं है। बहुत सारे लोगों ने नए माहौल में समझौते कर लिए, लेकिन उसका क्या फायदा हुआ। न तो वे अच्छी फिल्में दे सके और न ही नए माहौल में पच पाए। चीजें ऐसे ही छूटती और बनती रहती हैं।

लगता है कला सिनेमा का दौर खत्म हो गया?

कैसे मान लूँ। श्याम बेनेगल को देखिए। वे बड़े निर्देशक हैं। वे अपनी सोच से आज तक नहीं भटके। खयाल उनकी फिल्मों में स्पष्ट और खूबसूरत होता है। खूबसूरत से मतलब खूबसूरती से कहते हैं। 'मम्मो' जैसी फिल्म में भी वह अपनी बात कितनी खूबसूरती से कहते हैं। सच्ची कहानी पर आधारित कहानी है। श्याम बेनेगल के अलावा और भी लोग हैं। वास्तव में कला सिनेमा जैसी कोई चीज नहीं होती। सिनेमा या तो जिम्मेदार होता है या गैरजिम्मेदार होता है। अगर आप अपने वक्त को समझ कर फिल्में बना रहे हैं तो जिमम्दार फिल्म बनेगी। उसका फार्म कुछ भी हो सकता है। सिर्फ गाने होने से ही कोई फिल्म व्यावसायिक नहीं हो जाती।

फिल्म और साहित्य दोनों क्षेत्रों में आप लगातार सक्रिय रहे। ज्यादा मन कहाँ लगता है?

साहित्य में। फिल्म निर्देशन तो एक नौकरी की तरह करता हूँ। अब यह है कि वह नौकरी पूरी ईमानदारी से करता हूँ। मेरे साथ दिक्कत यह रही कि फिल्म वाले मुझे साहित्य का व्यक्ति मानते हैं और साहित्य वाले फिल्म का व्यक्ति मानते हैं।

हाँ, साहित्य में आपको स्थान नहीं मिल पाया?

स्थान तो मिला है। अब यह है कि कैसा स्थान मिला? मुझे लगता है कि फिल्मों में होने की वजह से ऐसा हुआ। लेकिन मैं लिखता रहा हूँ। अपनी सोच के हिसाब से लिखता रहूँगा। मैं खुद को हिंदी-उर्दू के दायरे में नहीं देख पाता। लिखता जरूर उर्दू में हूँ, पर हिंदी में भी बराबर पढ़ा जाता हूँ।

आपके साहित्य में चित्र और बिंब कुछ अधिक ही होते हैं?

इसे फिल्मों का प्रभाव मान सकते हैं। फिल्मों की दृश्य संरचना या बिंब संरचना

का मैं इस्तेमाल करता हूँ। क्या आपको नहीं लगता कि इससे कहानी या नज्म अधिक आसान हो जाती है? पाठकों को मजा भी आता है। बिंबों के इस्तेमाल में मैंने रवायत पर अधिक ध्यान नहीं दिया। मेरे बिंब रोजाना जिदंगी के आसपास के हैं।

इन दिनों किसी धारावाहिक का निर्देशन नहीं कर रहे?

अभी तो कुछ नहीं है। सिर्फ यह है कि धारावाहिक करने को जी नहीं चाह रहा है! उसके कई प्रस्ताव मिलते हैं, लेकिन इच्छा नहीं होती।

क्यों, माहौल ही ऐसा है या फिर माध्यम में दोष है?

दोष नहीं है, लेकिन जिस तरह से यह माध्यम पेश हो रहा है, लगता है कि वन डे चल रहा हो। आपकी काबलियत पता नहीं लगती या आप जो कहना चाह रहे हैं, वह कह नहीं सकते। यह टेस्ट मैच नहीं है। इतनी सुविधा तो हो कि आप अपनी बात कह सकें। मैं अभी स्पष्ट नहीं हूँ, लेकिन उत्साह नहीं होता। अत्यंत अगंभीर रवैया है। बेहतर काम करने की गुंजाइश नहीं है।

लेकिन आपने 'मिर्जा गालिब' और किरदार' जैसे धारावाहिकों का निर्देशन तो किया?

हाँ, मैंने कोशिश की थी। अगर परंपरा चलती तो जरूर काम करता। मैंने उन धारावाहिकों को साहित्य के स्तर पर रखा। यह वन डे ड्रामा नहीं है। 'किरदार' में मशहूर लेखकों की कहानियाँ लीं। बड़ी ख्वाहिश थी उसे करने की। तजुर्बा यह हुआ कि यह बहुत गंभीर है। इसकी 'रिपीट वैल्यू' नहीं है। तो क्या करे आदमी? कामर्स मेरे हाथ में नहीं है। आती भी नहीं। मैं तो बस नौकरी कर लेता हूँ तनख्वाह दे दो। मैं काम कर दूँगा।

आपको स्वयं कौन-सा धारावाहिक पसंद है या आया?

मेरे खयाल में 'तमस' बहुत बड़ा काम था। 'पार्टीशन' पर उससे बेहतर काम नहीं हुआ। उससे संतोष हुआ। उसे देखकर लगता है कि बैठ जाओ। मेरे अपने जहन में एक कहानी थी। 'तमस' देखने के बाद ऐसी तसल्ली हुई कि मैंने कह ली बात। मैंने गोविंद जी से कहा भी कि 'तमस' देखकर मैंने अपनी स्क्रिप्ट बंद कर दी।

यह माध्यम तो रहेगा। आप जैसे लोग काम नहीं करेंगे तो स्थिति और खराब होगी।

मैंने छोड़ा नहीं है अभी जी नहीं कर रहा। कहीं से अच्छा प्रस्ताव मिले तो जरूर काम करूँगा। हमारे दौर की जो बड़ी शख्सियत हैं, उन पर काम करना चाहता हूँ।

लोकमत समाचार (दीपावली विशेषांक) : 1996

सिनेमा का योद्धा : गोविंद निहलानी

इस समय महत्त्वपूर्ण फिल्मकार हैं गोविंद निहलानी। उनकी फिल्में विषय, विश्लेषण और विमर्श के कारण आरंभ से ही चर्चा में रही हैं। गोविंद निहलानी के लिए हर फिल्म एक उद्‌घाटन है...समय का, उस समय की घटनाओं का और उन घटनाओं से जूझ और बदल रहे चरित्रों का गोविंद निहलानी ने हाल ही में 'हजार चौरासी की माँ' पूरी की है, 'तक्षक' की तैयारी में हैं। और 'तमस' का प्रसारण शीघ्र ही स्टारप्लस पर होने वाला है। वे बहस और बातचीत में यकीन करते हैं और फिल्मों को एक जरूरी हथियार मानते हैं सामाजिक जागृति का। उनकी इस सामाजिकता, साहित्यिक रुचि और फिल्म निर्माण एवं निर्देशन के विभिन्न पहलुओं पर हुई बातचीत :

बचपन में आपने एक हत्या देखी। आपके जिक्र किया था कि वह आपके मानस पटल से नहीं उतरता। कहीं वह खौफ और हिंसा अचेतन रूप से आपकी फिल्मों को तो प्रभावित नहीं करता? आपकी फिल्मों में हिंसा या उससे संबंधित तनाव प्रमुख होता है?

मुझे नहीं मालूम कि वह किस रूप में प्रभावित करता है। पर यह सच है कि बचपन में जो दिमाग में बैठ जाता है, आपके सृजन और जीवन में कहीं-न-कहीं उसका असर होता है। मुझे लगता है कि जिस तीव्रता से उस घटना को मैंने महसूस किया, उसका असर रहा। मैं उस दृश्य को आज भी नहीं भूल पाता। पहली बार किसी की पीठ से इतना खून निकलते देखा था। ऐसा नहीं है कि मैं वही वापस दिखाने की कोशिश करता हूँ। मैं भावनाओं के आवेग और उसकी तीव्रता को जरूर चरित्रों में उतारना चाहता हूँ, वह मेरी फिल्मों में हमेशा रहता है। हो सकता है कि इस कारण स्क्रिप्ट में वह चीज आ जाती है। यह आजादी से दो महीने पहले की बात थी। कराची में दंगे शुरू हो गए थे। विभाजन के कारण लोग निवास बदल

रहे थे। सीमा के आर-पार जा रहे थे।

आप भी कराची से आए। क्या विभाजन की वह पीड़ा ही 'तमस' के लिए प्रेरक बनी। विभाजन पर और भी किताबें हैं, लेकिन आपने भीष्म साहनी का उपन्यास 'तमस' ही क्यों चुना?

विभाजन मैंने देखा है। मेरा परिवार यहाँ आया। उस दौर के खौफ और हिंसा को मैंने तीव्रता से महसूस किया। साम्प्रदायिकता के मुद्दे पर सोचता रहा। इच्छा थी कि इस विषय पर एक फिल्म बनानी चाहिए। मैंने कहानियों की तलाश आरंभ की। इस क्रम में मैंने सआदत हसन मंटो, मोहन राकेश, यशपाल आदि को पढ़ा। लेकिन कुछ ऐसा नहीं मिल पा रहा था, जिसे मैं नियंत्रित भी कर सकूँ और जिसके माध्यम से उस काल और घटना के कई पहलुओं को दिखा सकूँ। 'गांधी' की शूटिंग के सिलसिले में दिल्ली में था। वहाँ श्रीराम सेंटर में 'तमस' किताब दिखी। नाम अच्छा लगा। विभाजन पर है वह उपन्यास। 'गांधी' कर रहे थे, तो मूड भी वैसा ही था। पहला पैराग्राफ पढ़ते ही लगा कि यही किताब हो सकती है। इसमें सामान्य आदमी की पीड़ा है। यह उपन्यास किसी समुदाय विशेष को दोषी नहीं ठहराता। वह इस ऐतिहासिक घटना (या दुर्घटना कह लें) में पिस रहे व्यक्तियों की पीड़ा का बयान करता है। चूँकि यह उपन्यास विभाजन के तीस साल बाद लिखा गया, इसलिए उस घटना से लेखकीय असंपृक्ति भी है।

आप चाहते तो आसानी से एक पटकथा लिख सकते थे, लेकिन आपने हमेशा अपनी फिल्मों के लिए साहित्यिक कृतियों का चुनाव किया या स्थापित साहित्यकारों के साथ मिलकर पटकथा लिखी। क्या वजह है इस साहित्यिक झुकाव की?

उदयपुर में मैंने स्कूल की पढ़ाई की। हिंदी प्रचार सभा, वर्धा की परीक्षाएँ दीं उन दिनों हिंदी साहित्य से पहला संपर्क हुआ तब पाठ्यक्रम में पंत, निराला, महादेवी वर्मा, प्रसाद और प्रेमचंद को पढ़ा मैंने। साहित्यिक अभिरुचि बढ़ी तो पुस्तकालय से किताबें लाकर पढ़ने लगा। टैगोर, शरतचंद्र और बंकिम चंद्र को भी हिंदी में ही पढ़ा मैंने। मैं दोपहर में कमरा बंद कर, रूमाल लेकर शरतचंद्र की किताबें पढ़ता था और रोता था। मेरी फिल्मों में भावनाओं का जो पुट आप देखते हैं, उसकी भी पृष्ठभूमि है।

बाद में बंगलूर में सिनेमैटोग्राफी की पढ़ाई के समय सिनेमा की किताबों में साहित्यिक कृतियों का हवाला मिलता था। उन उपन्यासों को भी पढ़ा मैंने। मैं यह समझना चाहता था कि उन्हें फिल्मों में कैसे ढाला गया। फिर तो आदत बन गई कि किसी भी साहित्यिक कृति को पढ़ते समय फिल्म की दृष्टि से सोचूँ। साहित्यिक कृति के चुनाव से निर्देशन का काम सहज हो जाता है।

आजकल कितना संपर्क है साहित्य से?

हिंदी साहित्य से कम हो गया है। अंग्रेजी में छपे साहित्य से ज्यादा संपर्क रहता है। दूसरी भाषाओं का साहित्य भी अंग्रेजी में ही पढ़ पाता हूँ। लेकिन हाल ही में मैंने उदयप्रकाश की कहानियाँ पढ़ीं, मेरे एक दोस्त ने उनकी किताब भेजी थी। उनकी कहानी 'वारेन हैस्टिंग्स का साँड़' और उसके खिलाफ जो राजेंद्र यादव ने लिखा था। वह भी मैंने पढ़ा। मुझे उस बहस में कोई मुद्दा नजर नहीं आता। समय की बर्बादी है। बहुत दिनों के बाद हिंदी में अच्छी कहानियाँ पढ़ने को मिलीं। यों भीष्म साहनी मुझे बेहद पसंद हैं। मुझे लगता है कि उनका सही मूल्यांकन नहीं किया हैं आलोचकों ने। शरणार्थी जीवन और पुनर्वास को लेकर उन्होंने जैसा लिखा है, वैसा किसी और ने नहीं लिखा।

मुझे खुशी है कि मैं भीष्म साहनी को पढ़ गया। मैं उनकी 'पाली' कहानी पर भी फिल्म बनाना चाहता हूँ, लेकिन कोई धन लगाए तब न?

क्या कम बजट में फिल्में नहीं बन सकतीं?

नहीं, बजट तो जो है वह रहेगा। सच्चाई को आप नकार नहीं सकते। तकनीशियन की दर बढ़ गई है। फिल्म महँगी हो गई है। उपकरण महँगे हो गए हैं। सब कुछ महँगा हुआ है, तो फिल्म निर्माण का खर्च बढ़ेगा ही। कलाकार और निर्देशक तो कुल खर्च के छोटे हिस्से हैं। लेकिन मैं कोशिश जारी रखूँगा। 'संशोधन' जैसी फिल्में भी बनाऊँगा।

'संशोधन' जैसी फिल्मों की क्या उपयोगिता है?

उन फिल्मों की अधिक उपयोगिता है। ठीक है कि शहरी दर्शक उसे पसंद नहीं करेंगे, लेकिन जिन लोगों के लिए बनी है उसके बीच उसकी उपयोगिता है। उनके बीच वह दिखाई जा रही है। इस वक्त उसके पाँच हजार कैसेट तैयार किए जा रहे हैं और छह भाषाओं में उसे डब किया जा रहा है। देश भर के पंचायतों और राष्ट्रीय महिला परिषद के कार्यक्रमों में वह फिल्म दिखाई जा रही है। गाँव के दर्शकों के लिए जीवन से जुड़ी चीज है वह। उसे सिर्फ प्रचारात्मक फिल्म नहीं कह सकते। उसमें चरित्र तैयार करना और उसके साथ दर्शकों को जोड़ना सचमुच एक चुनौती थी। महिला जागृति के उद्देश्य से बनाई गई वह फिल्म अपनी भूमिका निभा रही है।

फिल्म को हथियार के रूप में इस्तेमाल करने की बात कहते हैं आप, क्या वे ऐसी फिल्में होंगी या 'तक्षक' जैसी?

दोनों। हथियार क्या होता है? फिल्म हाथ से उठाकर मारने वाला हथियार नहीं है। फिल्म वैचारिक हथियार है, जिससे आप सामने वाले (दर्शक) के दिमाग में कुछ सवाल उठा सकते हैं। उसे उद्वेलित कर सकते हैं कि मैं ऐसा सोचता हूँ, तुम ऐसा सोचते हो कि नहीं? वह कह सकता है कि तुम गलत हो या जो फिल्म

में दिखाया जा रहा है, वह गलत है। अगर वह मुझे गलत कह रहा है तो उसके दिमाग में एक सही सवाल भी तो उभरेगा। इतना हो गया तो बहुत है। फिर आपने फर्क ला दिया। मैं तो हमेशा कहता हूँ कि समानांतर सिनेमा फिल्म बनाने की तकनीक नहीं है। समानांतर सिनेमा जीवन दृष्टि है। जीवन को देखने का एक तरीका है। यह एक मानसिकता है। सोच है। आप किस तरह सोचते हैं। सोचने का तरीका ही अलग होता है। उससे फर्क आता है। वैसे तो कहना वही रहता है, जो दर्शक सोच रहे होते हैं, लेकिन आपकी बात कुछ लोगों तक पहुँच जाए तो संतोष होता है।

क्या आप नहीं चाहते कि आपकी फिल्में ज्यादा-से-ज्यादा दर्शकों तक पहुँच सकें?

'द्रोहकाल' या 'हजार चौरासी की माँ' बनाते समय मुझे मालूम रहता है कि वह दर्शक वर्ग नहीं मिलेगा, जो एक सामान्य सिनेमा देखता है। न तो इनमें बड़े स्टार होते हैं और न नाच-गाने। वैसी मनोरंजक फिल्मों का आकर्षण तो रहता ही है। फिल्मों में जब वे मसाले नहीं हैं तो मुझे मालूम है कि मेरा दर्शक वर्ग छोटा है। मेरी फिल्म तब सफल हो जाती है, जब उस छोटे दर्शक वर्ग से मेरा खर्च निकल आए।

यही आरोप है आप लोगों पर कि आप उस छोटे दर्शक वर्ग के लिए ही फिल्में बनाते हैं। उसका बौद्धिक उद्वेलन करते हैं। इसे बौद्धिक विलास भी कहते हैं कुछ लोग। आपकी फिल्में महोत्सवों में जाती हैं, कुछ पुरस्कार मिल जाते हैं और उसके बाद बौद्धिक बहस तक सब कुछ सीमित रह जाता है।

मेरे खयाल में इस तरह के आरोप के पीछे गहरा चिंतन नहीं है। यह सतही आरोप है, जिसे कोई गंभीरता से सोचकर नहीं बोल रहा है। आज फिल्म बने और कल आप उसका असर देखना चाहें तो यह कभी नहीं होगा। दुनिया में कभी नहीं होता। छोटे दर्शक वर्ग को दिमाग में रखकर फिल्म बनाने में क्या बुराई है? यह वह दर्शक वर्ग है जो आपके निर्णय को नियंत्रित करता है। उसे प्रभावित करता है। अगर हम उसे थोड़ा हिला सकें तो क्या बुराई है? वह मीडिया को नियंत्रित करता है, देश की राय तय करता है। वह छोटा दर्शक वर्ग कौन है—छात्र, शिक्षित लोग, पेशेवर, अध्ययन-अध्यापन से जुड़े लोग, मध्यवर्ग से आते हैं ये दर्शक सिनेमा तक उनकी अधिकतम पहुँच है। मेरी राय में इस तरह की आलोचना में कोई दम नहीं है। यह उस वर्ग तक तो पहुँचती है, जो विचारों से जाग्रत हो तो देश में जागृति फैल सकती है।

यह वर्ग अंग्रेजी समझता है, फिर आप अंग्रेजी में ही फिल्में क्यों नहीं बनाते?

अंग्रेजी में बनाने पर दर्शकों का वर्ग और छोटा हो जाएगा, लेकिन अगर मुझे कोई उपयुक्त कहानी मिली तो मैं अवश्य अंग्रेजी में फिल्म बनाऊँगा। फिल्मकार के तौर पर मैं किसी भी सीमा में बँधना नहीं चाहता। चाहे वह तकनीक की सीमा हो, भाषा की सीमा हो या विषय की सीमा हो। हो सकता है कल शेक्सपीयर के

नाटक से कुछ लेकर फिल्म बनाऊँ, जो हमारे लिए प्रासंगिक हो। क्या आप इसलिए उसे नहीं देखेंगे कि वह विदेशी शेक्सपीयर की कृति पर है। आज के जमाने में इस तरह का बंधन कैसे लगा सकते हैं आप? आज विचार महत्त्वपूर्ण है, वह कहाँ से आ रहा है इस पर नहीं सोचने का।

आपकी फिल्में सामाजिक मुद्दे पर होती हैं, मगर उनमें व्यक्ति का महत्त्व ज्यादा होता है। उसके पीछे की राजनीति कम पड़ जाती है या अस्पष्ट रह जाती है। व्यक्ति केंद्रित क्यों होते हैं आप?

यह बात सही है। किसी सामाजिक समस्या की पृष्ठभूमि पर फिल्म बनाते हैं तो उसमें यह होना अवश्यंभावी है। उससे आज बच नहीं सकते। क्योंकि सिर्फ किसी समस्या या मुद्दे को लेकर फिल्म नहीं बनाई जा सकती। डाक्यूमेंट्री बनाई जा सकती है। जैसे ही आपने एक नाटकीय रूप या शिल्प लिया तो चरित्र आएँगे और चरित्र अपनी माँग करेंगे। आखिर वह मनुष्य है। हर चरित्र की राजनीति से अलग भी एक जिंदगी होती है अगर उसे नहीं दिखाएँगे तो नीरसता या एकरसता आ जाएगी। अगर किसी फिल्म के साथ दर्शकों को भावनात्मक और वैचारिक रूप में जोड़ना है तो जरूरी है कि उसके चरित्र के मानवीय पहलू को भी उठाया जाए। वर्ना अगर केवल मुद्दे को लेकर ही चलेंगे तो वह बहुत विवरणात्मक चीज हो जाती है। फिल्म में कभी-कभी अस्पष्टता आ जाती है, लेकिन अस्पष्टता कला का अंग है, क्योंकि किसी भी मुद्दे को लेकर आप सौ फीसदी श्वेत श्याम उत्तर नहीं दे सकते। मुद्दे की जटिलता को स्वीकार करना पड़ता है। जटिलता का मतलब यह है कि हर मुद्दे के अलग-अलग पहलू होते हैं, किसी एक पहलू से ही कोई मुद्दा नहीं बनता कई पहलू मिलकर मुद्दा बनाते हैं। कुछ प्रभावशाली होते हैं और कुछ कम प्रभावशाली होते हैं कुछ साफ दिखते हैं, कुछ साफ नहीं दिखते। लेकिन होते तो हैं। अगर आप इस चीज को मानते हैं और मानवीय स्वभाव को भी मानते हैं तो अस्पष्टता अवश्यंभावी है। अगर अस्पष्टता रह जाती है तो भी मैं डरता नहीं। जहाँ तक मेरे कथन का सवाल है, उसमें अधिकतम स्पष्ट होने की कोशिश करता हूँ।

मैं इसमें भी यकीन नहीं करता कि दर्शक पर छोड़ देना चाहिए। वह तय करेगा समाधान क्या है या क्या पोजीशन लेनी चाहिए। मैं इस तर्क से पूरी तरह सहमत नहीं हूँ। मुझे लगता है कि निर्देशक के तौर पर मैं जो मुद्दा पेश करता हूँ उसमें मेरी अभिरुचि जाहिर होगी। मेरा रवैया जाहिर होगा। सौ प्रतिशत वस्तुनिष्ठ हो पाना मुश्किल है। अगर मेरी अभिरुचि और रवैए से विचार जाहिर भी होना चाहिए। आप सहमत या असहमत हो सकते हैं, पर मेरी तरफ से जाहिर होगा कि मैं क्या सोचता हूँ। इसका मतलब यह नहीं है कि वह अंतिम समाधान है। मुझसे कई बार लोग पूछते हैं कि आपने समाधान नहीं दिया। लेकिन समाधान इतना आसान होता

तो समस्याएँ क्यों होतीं? निर्देशक एक पोजीशन लेकर बहस शुरू कर सकता है।

समाधान न दें तो भी स्पष्टता होनी चाहिए। क्या यह फिल्म माध्यम की सीमा है। समय का बंधन होने के कारण विषय अपनी अन्विति तक नहीं पहुँच पाता। साहित्य में तो संभव है, लेकिन वहाँ समय की या यों कहें कि सीमा नहीं है। लेखक अपनी बात विस्तार से कह सकता है।

कोई भी माध्यम जो समय से बँधा है, जिसके अनुभव के लिए निश्चित सीमा को पार नहीं कर सकते, वहाँ ऐसी समस्या आती है। फिल्म, नाटक और धारावाहिक, टेलीफिल्म आदि ऐसे ही माध्यम हैं। उस सीमा की वजह से फिल्मकार को चुनना पड़ता है मान लीजिए आप कोई मुद्दा लेकर चलते हैं और उसमें चार तत्त्व हैं तो चुनाव करना पड़ता है। उस निश्चित समय में चरित्र को विकसित करना है कहानी भी कहनी है। एक कथावस्तु रहेगी और निर्देशक को अपनी अभिरुचि भी जाहिर करनी है फिर यह देखना पड़ता है कि उन चार तत्त्वों में कौन-सा आपको ज्यादा उद्वेलित करता है या जिससे आप चिंतित हैं या जिसे आप प्रकाशित करना चाहते हैं। इसका मतलब यह नहीं है कि शेष तीन मुद्दे गलत हैं।

फिल्मांकन के समय उन तीन तत्त्वों पर छाया आ जाएगी। प्रकाशित वही तत्त्व होगा, जिससे आप उद्वेलित हैं। यह हमें चुनना पड़ता है। समय के बँधे हर माध्यम में यह चुनाव करना ही पड़ेगा। यह माध्यम की अपनी खासियत या सीमा है, जो भी आप कहें। इससे फायदा यह होता है कि एक तत्त्व प्रभावशाली तरीके से दर्शकों के सामने आता है। दृश्य और श्रव्य माध्यम होने के कारण यह प्रभाव गहरा होता है।

आपकी हर फिल्म में नायक या नायिका फिल्म के अंत तक जाते-जाते थोड़ा बदल जाते हैं। यह परिवर्तन कई स्तरों पर होता है। कहीं वह सक्रिय होता है तो कहीं विद्रोह कर बैठता है, यह आपकी कोशिश रहती है या...

अगर मैं आपको ढाई घंटे की फिल्म दिखाऊँ और मेरा चरित्र जहाँ से चले, फिल्म के अंत तक वहीं रहे तो फायदा क्या है? यह बहुत जरूरी है कि चरित्र का विकास हो। किसी भी स्थिति में यदि वह फँसा है तो वहाँ से उबरने पर अवश्य बदलेगा। आप मेरी फिल्में उठाकर देख लीजिए। फिल्म शुरू होते ही केंद्रीय चरित्र के जीवन में एक संकट आरंभ होता है। उसके सामने चुनाव रहता है। उस संकट का समाधान चुनाव में है। सामान्य तौर पर उस चुनाव से वह कैसे उबरेगा, उसकी जिंदगी की कोई प्रतिष्ठा रहेगी या आत्मप्रतिष्ठा रहेगी। यह बड़ा मुद्दा होता है। चाहे वह नैतिक द्वंद्व हो या मानवीय अंतर्द्वंद्व हो। मेरे चरित्र कैसा चुनाव करते हैं। उस चुनाव से उत्पन्न तनाव और फिर उसमें से निकलने की प्रक्रिया में ही मेरी फिल्म होती है।

'हजार चौरासी की माँ' में माँ अंत में 'एक्टिविस्ट' हो जाती है। यह उपन्यास में नहीं है?

उपन्यास को बढ़ाया है मैंने। बिल्कुल सोच-समझकर बढ़ाया है। मैं नहीं चाहता था कि इस वक्त बनाई मेरी फिल्म उस वक्त का इतिहास मात्र बनकर रह जाए। माँ बदलती है। उपन्यास में यह विचार निहित है। लेकिन उसको यहाँ तक लाना...उसे मैंने और महाश्वेता देवी दोनों ने बहुत जरूरी समझा। उसको बढ़ाया, वह मैंने सोचा था। महाश्वेताजी को मैंने बताया तो उन्होंने मंजूर किया और वे दृश्य लिखकर दिए। उन्होंने अपनी तरफ से काफी जोड़ा। अब जैसे एक दृश्य में नक्सलवादी कार्यकर्ता बैठक करते हैं। वह महाश्वेता जी ने खुद लिखा है। मैंने सिर्फ यह कहा था कि मुझे पार्टी मीटिंग का यह दृश्य चाहिए, जिसमें विभिन्न मुद्दे उठाए जाएँ। जहाँ तक माँ के 'एक्टिविस्ट' होने का सवाल है तो यह संकेत उपनयास में है कि उसके व्यक्तित्व में परिवर्तन आया। अब वह परिवर्तन किस रूप में मुखर हुआ। वह दिखाना था हमें। दूसरे फिल्म को अभी तक लाना था, इसलिए माँ को 'एक्टिविस्ट' होते दिखाया मैंने।

क्या आपको नहीं लगता कि इस फिल्म से बहस होगी और आप से सवाल पूछे जाएँगे?

सवालों का जवाब भी दूँगा मैं। मुझे लगता है कि किसी भी वैचारिक या बौद्धिक फिल्म का यह सकारात्मक पक्ष है कि उससे बहस आरंभ होती है। 'तमस' की वजह से सांप्रदायिक मुद्दों पर बहस आरंभ हुई थी। इस फिल्म से बहस आरंभ हो तो अच्छी बात होगी। इतिहास के एक उत्तेजक दौर से हम सभी परिचित होंगे। नई बातें सामने आएँगी।

नक्सलवाद को आप किस रूप में देखते हैं?

वह हमारे इतिहास का ऐसा दौर था, जब आजादी के बाद के समाज के सपने देखे जा रहे थे। उस सपने को देखने की अलग-अलग आँखें थीं, कोई उसे समाजवादी तरीके से देख रहा था। कोई पूँजीवादी तरीके से देख रहा था, कोई हिंदू तरीके से देख रहा था। कोई उसे वाम और मार्क्सवादी तरीके से देख रहा था। यह वैसे लोगों का आंदोलन था, जो समाज के परिवर्तन में यकीन रखते थे। उनका खयाल था कि समाज को बदलकर अच्छा किया जा सकता है। उसके लिए वे कोई भी त्याग और बलिदान करने को तैयार थे। उसमें पढ़े-लिखे लोग भी आए। उन्होंने 'ग्रास रूट' से परिवर्तन लाने की कोशिश की। उन्होंने प्रजा को बदलने की बात की। वह हमारे इतिहास का महत्त्वपूर्ण दौर है और वह एक महत्त्वपूर्ण पीढ़ी थी। वह आंदोलन आज भी चालू है। इसलिए आप अंतिम निर्णय नहीं दे सकते। मैं यह नहीं कह सकता कि सब खत्म हो गया। आंदोलन की जड़ें हैं। छोटे-छोटे समूह अलग होकर लड़ रहे हैं, कोई अगर कहता है कि सब कुछ खत्म हो गया तो वह जल्दबाजी में निर्णय ले रहा है। मैं या कोई भी आदमी जो इस तरह का सपना देखेगा, उसका समर्थन करेगा। मेरे मन में उस युवक के लिए इज्जत है। मुझे इस उपन्यास में यह बात लगी कि बिना कोई निर्णय लिए उस पीढ़ी के महत्त्व को रेखांकित किया गया

है। इस उपन्यास का 'स्पिरिट' अच्छा लगा।

आज के इस उपभोक्ता दौर में ऐसी फिल्म की क्या प्रासंगिकता होगी?

वह तो मैं भी देखना चाहूँगा। अब देखें कि क्या प्रतिक्रिया मिलती है। अगर यह फिल्म इतनी चेतना फैला सके कि खुद के बाहर की एक दुनिया है जिसको आप छोड़ नहीं सकते, जिसे आप भूल नहीं सकते। अगर इतनी बात भी संप्रेषित होती है तो मेरे लिए बहुत है। एक जागृति का संचार तो हो।

क्या जरूरी है कि फिल्म चेतना जाग्रत करे?

कोई भी फिल्म चेतना जाग्रत करती ही है। कोई भी गंभीर फिल्म चेतना जाग्रत करेगी ही। एक संगीतपूर्ण मनोरंजक फिल्म भी यह चेतना फैलाती है कि जीवन में उत्सव के लिए खुशी के लिए कुछ चीजें हैं। एक अच्छा गीत भी जाग्रत करता है।

'तक्षक' के संदर्भ में कहा गया कि आखिरकार गोविंद निहलानी भी खुद को बचा नहीं पाए। आपने एक बातचीत में कहा था कि समानांतर फिल्मों की दूसरी लहर आ गई है। क्या यह वही लहर है, जिसमें आप 'तक्षक' बनाने जा रहे हैं?

फिल्म बनाना सौ फीसदी आपके नियंत्रण में नहीं है। उसकी लागत इतनी होती है कि आप जुटा नहीं पाते। हमेशा संघर्ष करते रहना पड़ता है कि आप कुछ कर सकें। और जब आप पूरी तरह से फिल्म निर्माण और निर्देशन में हैं तो एक तरह की फिल्में बनाते रहना भी संभव नहीं है। बतौर फिल्मकार मैं एक तरह की फिल्में बनाते रहूँगा तो दर्शक ऊब जाएँगे। मैं भी ऊब जाऊँगा। कलात्मक ताजगी अलग-अलग किस्म की फिल्मों से ही आती है। एक पेंटर होता है जो अमूर्त चित्र बनाता है, फिर कभी फिगरेटिव हो जाता है। कभी मिनिएचर और कभी लैंडस्केप बनाता है। उसे तो आप नहीं कहते कि वह बदल रहा है या उसका अंतर्द्वंद्व दिख रहा है। एक कलाकार के नाते फिल्मकार को भी हक है कि वह अलग-अलग कोशिश करे। दरअसल इस तरह हम खुद को एक चुनौती देते हैं कि हम यह बना संकते हैं या नहीं? मेरी फिल्म में आप मेरी क्वालिटी देखिए। मैं कहाँ पहुँचता हूँ वह देखिए। 'तक्षक' में मैंने अजय देवगन, तब्बू और रहमान को लिया और भव्य मुहूर्त किया, सिर्फ इस आधार पर कोई निर्णय लेना जल्दबाजी होगी। आप फिल्म देखिए पहले। मैं यह नहीं कहता कि वह महान फिल्म होगी, लेकिन इतना जरूर कहूँगा कि मेरी फिल्म में जो तीव्रता होती है, चरित्रों के प्रति जो लगाव रहता है, वह यहाँ भी होगा।

आप एड फिल्म, डाक्यूमेंट्री और फीचर फिल्में बनाते रहे हैं। किसमें अधिक संतुष्टि मिलती है?

सबसे अधिक संतुष्टि फीचर फिल्म में मिलती है, चाहे वह किसी भी तरह की हो। चाहे मैं 'संशोधन' बनाऊँ या 'तमस' या 'हजार चौरासी की माँ' या 'तक्षक'

हो। 'तक्षक' बनाने में भी संतोष है। शुरू से ही मालूम है कि इस खेल के क्या नियम हैं। व्यावसायिक फिल्मों में अस्पष्टता नहीं होती। सब कुछ साफ होता है। कोई भी चरित्र अच्छा है या बुरा है। उसके अलावा गीत, नृत्य और संगीत भी रहेगा।

व्यावसायिक फिल्मों को आप किस रूप में देखते हैं?

अपना सिनेमा क्या है? मैं लोकप्रिय सिनेमा की बात कर रहा हूँ। इसकी जड़ें तो हमारी लोककथाओं और लोकनाट्यों में हैं। आप हरिकथा लें, रासलीला लें, रामलीलालें या तमाशा लें। कोई भी फार्म देखें। उसमें कहानी गाकर सुनाई जाती है। अभिनय होता है। लोग नाचते भी हैं। यही चीजें लोकप्रिय फिल्मों में आईं। दुनिया के किसी और देश में यह फार्म नहीं है। लोककथा तो जिस तरह से फिल्मों में लिया गया, वह कहीं नहीं है। पश्चिम के लोग हिकारत की नजर से देखते हैं कि क्या गाना-बजाना करते हैं। लेकिन वह अस्सी सालों से लोकप्रिय है, क्यों? भरत नाट्यशास्त्र के रसों का निर्वाह होता है सिनेमा में। कोई एक रस प्रमुख होगा। लेकिन बाकी रस भी रहेंगे। इन रसों को दृश्यों में बदलिए तो एक्शन होगा, कामेडी होगी, प्रेम भी होगा, फार्म के जरिए आप क्या कहते हैं? वह महत्त्वपूर्ण है। अगर आप प्रतिक्रियावादी विचार आगे बढ़ाते हैं तो वह फार्म का दुरुपयोग है, लेकिन अगर प्रगतिशील विचार लाते हैं तो वही फार्म अच्छा होगा। दोनों ही तरह के लोग रहे हैं। विमल राय, गुरुदत्त, महबूब खान ने इसी फार्म में अच्छी फिल्में दी हैं, सामाजिक रूप से प्रासंगिक फिल्में बनाई हैं। 'दो बीघा जमीन' में भी स्टार थे, गाने थे। लेकिन फिल्म क्या कहती है? सिर्फ इन तत्त्वों से फिल्म व्यावसायिक नहीं हो जाती। आप क्या कहते हैं या किस तरह से फार्म का इस्तेमाल करते हैं, उससे फर्क पड़ता है।

आपकी फिल्मों में कौन-सा रस प्रमुख है?

यह तो आलोचक बताएँगे। मैं यह सोचकर फिल्म नहीं बनाता। चरित्र की प्रमुखता और विषय के महत्त्व से रस निर्धारित होता है। फार्म के स्तर पर मैं अवश्य ही विशेष से सामान्य की यात्रा आसान मानता हूँ। सामान्य से विशेष की यात्रा मुश्किल होती है। मैंने अब तक कोई अच्छा उदाहरण इसका नहीं देखा। विशेष चरित्र के जरिए हम बहुत कुछ कह सकते हैं, क्योंकि उस चरित्र के साथ जुड़ जाते हैं। फिर वह चरित्र को महसूस करता है, दर्शक भी वही महसूस करते हैं। उसके जरिए आप 'शेड्स' और जटिलताएँ दिखा सकते हैं। वह बहुत प्रभावशाली होता है।

आपकी फिल्मों में प्रेम का भाव तीव्र होता है, मगर वह बँधा होता है। उससे एक तनाव पैदा होता है, रोमांस की कमी रह जाती है।

प्रेम काफी तीव्र है मेरे यहाँ। उसे अभिव्यक्त करने का तरीका अवश्य अलग है। यह अत्यंत निजी और व्यक्तिगत पसंद होती है कि किसी भी भावना को आप कैसे व्यक्त करते हैं। फिल्मों में एक नाटकीय अंदाज में पेश करता है। दूसरा बड़े

ही रूखे और सूक्ष्म तरीके से करता है। सवाल कि आप वह भावना महसूस करते हैं या नहीं? हिंदी फिल्में देख-देखकर दर्शकों का रसग्रहण भी एकरूप हो गया है। अपने यहाँ किसी भी भावना के अतिरंजित रूप को अभिनय में महत्त्व दिया गया। कोई मरता है तो विलाप होता है। प्रेमी नहीं आता तो विरह गीत होते हैं। भावनाओं को बढ़ाकर प्रस्तुत करने की विधा विकसित हुई है। इसे हिंदी फिल्मों में भी अपनाया गया। फिल्मों में बेटे की मौत पर माँ को 'नहीं' चिल्लाकर विलाप करना ही होगा। अगर वह इस तरह नहीं रोती तो माँ नहीं है। 'हजार चौरासी की माँ' अपने बेटे की मौत पर विलाप नहीं करती।

आप जैसे फिल्मकारों के बारे में माना जाता है कि वे रोमांटिक नहीं होते?

यह एक सामान्य टिप्पणी है। आप मेरी 'दृष्टि' देखिए। प्रेम का आवेग है वहाँ। 'दृष्टि, 'अर्द्धसत्य', 'द्रोहकाल' सभी फिल्मों में प्रेम है। 'द्रोहकाल' में फोन की घंटी पर वह उठता है और अपनी पत्नी का चुंबन लेता है तो बहुत कुछ व्यक्त हो जाता है। वह एक गीत से ज्यादा व्यक्त कर देता है। मुद्दों और विषय पर निर्भर भावनाओं का निर्वाह अलग तरीके से करना पड़ता है।

आपने खुद प्रेम किया है?

बिल्कुल किया है, क्यों नहीं किया है। आप 'तक्षक' देखिएगा। उसमें रोमांस का अलग ही रूप दिखेगा, जो कि महानगर के जीवन में है। जिस तरह के दबाव और तनाव में हम जी रहे हैं, उससे प्रेम में जटिलताएँ आ गई हैं। प्रेम का एक ही स्वरूप नहीं होता। मेरी पृष्ठभूमि और उसकी जरूरत इन सबसे मिलकर ही प्रेम की मात्रा और उसकी अभिव्यक्ति तय होती है।

आपकी फिल्मों में थिएटर का स्पष्ट प्रभाव दिखता है?

बिल्कुल है और वह इसलिए है कि मैं नाटकों से आया हूँ। स्कूल के नाटकों में भाग लेता था। उसके बाद सत्यदेव दूबे के साथ रहा। मैंने उनके साथ नेपथ्य में काफी काम किया है। उनको रिहर्सल करते। कलाकारों को निर्देशित करते और खासकर संवाद अदायगी पर ध्यान देते देखा है। नाटक की समझ और उसे विश्लेषित करने की दृष्टि मुझे दूबे जी से मिली। उनका मेरे विकास में बहुत बड़ा योगदान रहा है। फिल्मकार के तौर पर मेरे विकास में गुरु वी.के. मूर्ति, श्याम बेनेगल और सत्यदेव दूबे के सान्निध्य का योगदान रहा।

दूबे जी के साथ वैचारिक संघर्ष नहीं रहा?

बहुत रहा अभी तक है। लेकिन उनमें जो गुण है, उन्हें ग्रहण करने में क्या दिक्कत है? हम मुद्दों को लेकर झगड़ते रहते हैं। लेकिन दोस्ती तो है ही। मैंने पहली फिल्म 'शांतता, कोर्ट चालू आहे' उन्हीं के साथ की थी। दूबे जी ने मार्क्सवादी

नाटककारों को लेखन के लिए प्रेरित किया और उनके नाटकों को मंचित किया।

तकनीक और विचार का साथ कैसा होता है। तकनीक विचारों के संप्रेषण में सहायक होता है या बाधक? कोई तकनीशियन किस हद तक वैचारिक हो सकता है?

तकनीक के दो पहलू हैं। एक पहलू है मशीन, दूसरा पहलू है उसके इस्तेमाल का तरीका। आप किसी भी दृश्य के संयोजन और शूटिंग के लिए वैचारिक निर्णय लेते हैं कि उक्त दृश्य में किसे प्रमुखता दी जाए। उसे कैसे उभारा जाए यह वैचारिक स्तर पर होता है। निर्देशक के तौर पर मेरा हर निर्णय वैचारिक स्तर पर होता है, फिर कैमरामैन उसे फिल्म पर उतारता है। अगर प्रतिक्रियावादी विचार है तो सब कुछ उसी तरह होगा। दृश्य संवाद और चरित्रों की प्रमुखता उसी हिसाब से होगी।

कैमरामैन विचार के स्तर पर प्रभावित नहीं कर सकता, क्योंकि वह निर्देशक की बात मानता है। क्या यही दबाव था कि आप कैमरामैन से निर्देशन की तरफ आए?

अगर सैद्धांतिक रूप से देखें तो कैमरामैन का योगदान वैचारिक स्तर पर नहीं होता, क्योंकि वह स्क्रिप्ट नहीं लिखता। मैं शुरू से खुद को फिल्मकार मानता रहा। पेशे के लिए मैंने कैमरामैन का काम चुना। बंगलूर में पढ़ाई करते समय हमें पहले दो साल फिल्म निर्माण के सभी क्षेत्रों की जानकारी दी जाती है। फिर एक साल की विशेषज्ञता होती है। जो मैंने सिनेमैटोग्राफी में ली। इस तरह मेरे सोचने का तरीका हमेशा फिल्मकार का रहा। श्याम बेनेगल या सत्यदेव दूबे के साथ जो फिल्म बनाई तो वे लोग भी अपना कैरिअर शुरू कर रहे थे। स्क्रिप्ट पर मैं उनके साथ बैठता था। कभी यह नहीं महसूस हुआ कि मैं सिर्फ कैमरामैन हूँ। हम फिल्म निर्माण की पूरी प्रक्रिया में शामिल रहते थे। यह मेरा सौभाग्य है कि शुरू से ही अच्छे लोगों का साथ मिला। कैमरामैन और निर्देशक का अच्छा तालमेल हो तो कैमरामैन काफी जोड़ता है। दुनिया के सभी बड़े निर्देशकों की अपनी कैमरामैन के साथ अच्छी समझदारी रही है या फिर वे स्वयं कैमरामैन रहे हैं। कैमरामैन और निर्देशक की सही समझदारी से फिल्म को खास व्यक्तित्व मिल जाता है। विचार तभी प्रस्फुटित होता है। शब्दों में जो विचार व्यक्त है, उसे दृश्य और ध्वनि में बदलने का काम तो बाद में होता है। पहले शब्द पर मेहनत होती है।

विचार के लिए शब्द आज भी जरूरी है?

बिल्कुल जरूरी है। मैंने कभी यह नहीं माना कि सिनेमा सिर्फ दृश्यों से होता है। ध्वनि आने के बाद वह सिर्फ दृश्य माध्यम नहीं रह गया। इसे दृश्य-श्रव्य माध्यम कहा गया है। फिल्म देखते समय आप दृश्यों के साथ जो सुनते हैं, वह भी उसका हिस्सा है। वह उसे अर्थ देता है मान लीजिए एक औरत बैठी है। दृश्य में केवल औरत है। साउंड ट्रैक पर आपने मंदिर की घंटियाँ सुनीं। उस औरत ने इस आवाज पर आँखें बंद कीं तो आप समझ गए कि उसने ईश्वर का स्मरण किया या वह

धार्मिक स्वभाव की है। दृश्य में कुछ भी नहीं कहा जा रहा है। अब साउंड ट्रैक पर 'राम नाम सत्य है' चला दीजिए। वह औरत वैसे ही आँखें बंद करे तो भी आप समझ जाएँगे कि उस औरत का कोई प्रिय व्यक्ति गुजर गया। दृश्य में समान अभिनय रहने पर भी ध्वनि से अर्थ बदल गया। दृश्य और ध्वनि के संयोग से ही अपेक्षित दृश्य बनता है। मैं शब्दों के खिलाफ नहीं हूँ। मैं यह नहीं मानता कि शब्द कम होने से या फिल्म में चुप्पी होने से वह बड़ी फिल्म हो जाएगी। कई बड़े फिल्मकार हैं, जिनकी फिल्मों में संवाद बंद ही नहीं होते। संवाद इतने महत्त्वपूर्ण होते हैं कि ध्यान हटा तो पूरा दृश्य अबूझ रह जाता है। क्या वह सिनेमा नहीं है? फिल्म में विचार बातचीत से ही जाहिर होगा। वह बातचीत शब्दों में ही होगी। सिनेमा केवल दृश्य माध्यम तब था, जब वह मूक था।

कहते हैं दृश्य माध्यम की लोकप्रियता से साहित्य और शब्दों का खतरा बढ़ गया है?

मुझे नहीं लगता कि सिनेमा की वजह से साहित्य खत्म हो रहा है। मैं तो अलग प्रवृत्ति से देख रहा हूँ। सिनेमा और टी.वी. में शब्दों से उद्दीप्त भाषा नहीं आ रही है। रोजमर्रा की भाषा का बहाना बनाकर एक साधारण पाठ ही पेश कर दिया जाता है। अधिकतम दर्शकों तक पहुँचने की लालसा में भाषा के तनाव को छोड़ा जा रहा है। किसी भी भाषा का सौंदर्य इसी तनाव में होता है। भाषा को हथियार या उपकरण की तरह इस्तेमाल किया जा सकता है, वह सिनेमा में नहीं हो रहा है। भाषा दृष्टि है। वह विचार भी है। विचार विकसित होंगे तो भाषा भी विकसित होगी। भाषा अलग ही नहीं हो सकती। फूहड़ दृश्यों को शिष्ट और समृद्ध भाषा में व्यक्त नहीं किया जा सकता। इसी प्रकार उच्च भाव साधारण शब्दों में नहीं व्यक्त हो सकते। कुछ लोगों ने कहा कि 'हजार चौरासी की माँ' में नंदिनी की भाषा समझ में नहीं आती। वास्तव में नंदिनी या मेरे दूसरे चरित्र कठिन नहीं बोलते। होता यह है कि दर्शक का ध्यान केंद्रित नहीं होता ऐसे विषय में। इसलिए भाषा कठिन और दुरूह हो जाती है। नई अवधारणाएँ हैं तो भाषा अलग होगी ही। अब आप अवधारणाओं को समझना नहीं चाहते और भाषा को दोषी ठहरा देते हैं। मुझे लगता है कि भाषा की गूढ़ता से लोग परहेज करने लगे हैं।

लेकिन साहित्य पर खतरे की जो बात कही जा रही है?

वह डर है। एक तरह से असमर्थ और अयोग्य लेखकों को डर है। सिनेमा या टी.वी. साहित्य को कभी खत्म नहीं कर सकता। हो सकता है लोग पढ़ना बंद कर दें और नई तकनीक से उसे सुनने लगें। किताबें न पढ़ें, इंटरनेट पर पढ़ने लगे। पश्चिम में मीडिया विकसित है, फिर भी लाखों डालर और पौंड में किताबें बिक रही हैं तो वह क्यों है? दुर्भाग्य से भारत की भाषाओं की साहित्य उस हिसाब से नहीं बिक रहा है, पर हमेशा ऐसा नहीं रहेगा लेखकों को आत्मावलोकन भी करना

चाहिए। मुझे तो लगता है कि दोनों एक-दूसरे के सहयोगी और पूरक हो जाएँगे। मैंने 'तमस' पर फिल्म बनाई और उसके बाद 'तमस' के कई संस्करण निकले। दूसरी भाषाओं में अनुवाद हुआ।

लेकिन सारे साहित्य को यह सौभाग्य नहीं मिलता कि उन पर फिल्म बने?

यह बात भी सही है। असर है और रहेगा भी। फिल्म से ज्यादा टी.वी. ने लेखन को प्रभावित किया है। जो संघर्षशील लेखक थे और थोड़ा भी अच्छा लिखते थे, उन्हें टी.वी. ने उठा लिया। उसमें धन मिलता है और पर्दे पर नाम आने लगता है। उसकी वजह से ईमानदार और गंभीर लेखक भी पस्त हो गए हैं। इसी कारण मीडिया पर लेखन हो रहा है। चूँकि माहौल भी वैसा है, इसलिए तारीफ भी मिल जाती है। विचारों के स्तर पर उद्वेलन नहीं है। समाज में नहीं है तो साहित्य में भी नहीं है। फिर भी गंभीर लेखन कर रहे हैं। लेखकों को टी.वी. से सावधान रहने की जरूरत है। वहाँ हिंदी फिल्मों से भी सरलता चाहिए। दिमाग पर जोर न पड़े। टी.वी. में क्वालिटी से अधिक मात्रा पर ध्यान रहता है, आप ज्यादा-से-ज्यादा कितना लिख सकते हैं?

(जनसत्ता (सबरंग) : 19 अक्तूबर, 1997)

मैं एक किसान की तरह हूँ : बासु भट्टाचार्य

बांद्रा में जॉगर्स पार्क वाला यह कोना आधुनिक बंबई में प्रकृति की छापामारी का कौशल दर्शाता है। ठीक सामने रिहाइशी मकानों की कतार में 'गोल्ड मिस्ट' की पहली मंजिल पर रहते हैं फिल्मकार बासु भट्टाचार्य। प्राचीन वस्तुओं, पेंटिंग्ज, तस्वीरों से पटा पड़ा घर। हरे-भरे, सही मानों में दुनिया भर के पौधों से लदी-फँदी खुली छतनुमा बाल्कनी-बासुदा का फुर्सत का समय यहीं बीतता रहता है। पेड़-पौधों के बीच प्रस्तर ताम्र और लौह मूर्तियाँ, अजीबोगरीब आकार प्रकृति से बासुदा के संवाद की झलक देते हैं।

कहते हैं हरापन जिंदगी का प्रतीक है। सचमुच बासुदा अभी तक हरे हैं। शरीर से, दिमाग से और अपने खयालों में। हिंदी फिल्मों में उन्होंने अपनी अलग पहचान बनाई है। 'तीसरी कसम' से लेकर 'पंचवटी' तक की यात्रा बासुदा ने फिल्मी दुनिया के राजपथ से नहीं की है और न ही कभी उन्होंने समांतर या कला फिल्मकार होने का दावा किया। फिल्मी जंगल के बीच उन्होंने अपनी फिल्मों के रूप में एक अलग पगडंडी दी है।

छूटते ही वे सुना देते हैं :

'यदि कोई मेरे काम से अच्छी तरह परिचित हो और फिर अपने प्रत्यक्ष ज्ञान के आधार पर मेरे काम के बारे में सवाल करे तो इंटरव्यू अच्छा होगा या कोई सार्थक बातचीत होगी।'

'तीसरी कसम' हिंदी की पहली ऐसी फिल्म थी, जो कलात्मक और लोकप्रिय सिनेमा के तत्त्वों को साथ लेकर चली। फिल्म बनाते वक्त आपने क्या सोचा था?

सवाल है कि ऐसी कोई कला हो सकती है क्या जो मनोरंजन नहीं करती। मनोरंजन मनुष्य के परिवेश, उसकी मानसिक स्थिति आदि पर निर्भर करता है। सूर्यास्त देखकर कभी आप खुश होते हैं और कभी आप दुखी होते हैं। यह परिस्थिति पर

निर्भर करता है। फिल्म और कला के बारे में मेरी अपनी धारणा और समझदारी है। समांतर सिनेमा, न्यू सिनेमा, कला फिल्म, लोकप्रिय फिल्म आदि नामों को मैं नहीं समझ पाता, क्योंकि ये सारे वर्गीकरण फिल्म के बारे में बात करने वालों ने किए हैं। फिल्म बनाने वालों ने यह वर्गीकरण नहीं किया। मेरी नजर में मूलतः दो किस्म के कलाकार (चित्रकार, लेखक, फिल्म निर्देशक आदि) होते हैं, एक-दूसरे को प्रभावित करने के लिए कार्य करता है और दूसरे किस्म के कलाकार स्वयं को अभिव्यक्त करना चाहते हैं। स्वयं को अभिव्यक्त करने वाला कलाकार अपेक्षाकृत अधिक गंभीर होता है। किंतु इसका मतलब यह नहीं है कि दूसरे को प्रभावित करने की कोशिश करने वाले कलाकार गंभीर नहीं होते। इस प्रक्रिया में उन्होंने भी अच्छी कृतियाँ दी हैं। कोई भी कला सृजित होने के बाद व्यावसायिक नहीं होती, वह प्रस्थान ही इन उद्देश्यों से करती है। अब कोई व्यावसायिक फिल्म फ्लॉप नहीं हो सकती और न ही कला फिल्म लोकप्रिय हो जाने से व्यावसायिक हो जाती है। यह स्पष्टता आलोचकों और दर्शकों के पास नहीं है। आजकल सभी को विश्वास है कि वह फिल्म समझता है। कला समझता है। वह सुंदर लिख भी लेता है। इसके बाद वह अपना दर्शन (यदि है तो, ज्यादातर नहीं है) दर्शकों पर थोप देता है। मैं इस मामले में थोड़ा भाग्यशाली हूँ। मुझे एक समझदार दर्शक समूह मिला है जो मेरी फिल्मों को समझता है, यदि कोई मुझसे आकर कहे कि आपने बहुत अच्छी फिल्म बनाई है और कोई आकर कहे कि एकदम बकवास फिल्म है। इन दोनों टिप्पणियों में से कोई भी मुझे प्रभावित नहीं करती। मैं केवल यही जानना चाहता हूँ कि आपने मेरी फिल्म समझी या नहीं? पसंद या नापसंद से कोई चीज अच्छी या बुरी नहीं होती। ज्यादातर आलोचक पार्ट टाइमर होते हैं। जिनका मुख्य पेशा है, वे भी मेहनत नहीं करते। उन्हें लगता है कि वे किसी फिल्म को स्थापित कर सकते हैं और किसी फिल्म को रद्दी सिद्ध कर सकते हैं। वे जोड़ या तोड़ सकते हैं। ऐसा जीवन के हर क्षेत्र में हो रहा है। एक संभ्रम की स्थिति है जिससे सारी गलत कहानियाँ पैदा हो रही हैं।

आपकी फिल्मों का दर्शक कौन है?

मैं अपनी फिल्में उन दर्शकों के लिए बनाता हूँ, जिन्हें मैं समझता हूँ। हमारे कुछ मित्र हैं, वे विभिन्न लोगों के जीवन पर फिल्में बनाते हैं किंतु उन लोगों को उन्होंने दूर से देखी चीजों की वास्तविकता सच्ची नहीं होती। अगर आप पूरी तरह से किसी विषय से जुड़े न हों तो उस पर फिल्म नहीं बना सकते। उधार की ली जानकारी से आप विषयों को उनके मूल अर्थ में नहीं समझ सकते। यह जानकारी सतही होगी। किसी विषय को समझने के लिए उससे प्रेम होना आवश्यक है। 'तीसरी कसम' एक सुंदर कहानी है। मेरे एक मित्र ने मुझे वह कहानी बंगाली में अनुवाद करने के लिए दी थी। मुझे यह कहानी इतनी अच्छी लगी कि मैंने उस पर फिल्म

बनाने का फैसला किया। इसके बाद मैं 'अनुभव' बना रहा था। मैं स्पष्ट था कि यह ऐसी फिल्म नहीं होगी, जिसे शतप्रतिशत दर्शक पसंद करेंगे। यह मध्यम वर्ग, उच्च मध्यमवर्ग के लोगों बीच पसंद की जाएगी जिनका एक विशेष आर्थिक, सामाजिक और राजनीतिक परिवेश है। 'आविष्कार' इससे भी आगे की फिल्म थी। 'आविष्कार' के समय राजेश खन्ना और शर्मिला टैगोर अपनी लोकप्रियता की ऊँचाई पर थे। किंतु मेरी वह फिल्म राजेश और शर्मिला के दर्शकों के लिए नहीं थी। मैंने उन्हें केवल अभिनेता और अभिनेत्री के तौर पर लिया था। मैं अकेला निर्देशक हूँ जिसने बड़े सितारों को लेकर छोटी फिल्में बनाई हैं। मैं नहीं चाहता कि मेरे वितरक घाटे में रहें। मैं स्पष्ट तौर पर नहीं कह सकता कि मैंने अपनी फिल्म केवल इन दर्शकों के लिए बनाई है। मैंने कभी पहले दर्शक के बारे में सोचकर फिल्म नहीं बनाई। दोनों चीजें साथ-साथ चलीं। मैं कुछ सोचता हूँ और वह अपने दर्शकों को बताना चाहता हूँ। मुझे विश्वास रहता है कि मैं उन चीजों को अच्छी तरह संप्रेषित कर सकता हूँ।

मनुष्य और मनुष्य के बीच के संबंध और संबंधों की प्रतिक्रिया आपकी फिल्मों का प्रमुख विषय रहा है। ऐसा क्यों है?

मेरे लिए वह बहुत महत्त्वपूर्ण है। सभ्यता के विकास में हर चीज पर सोचा गया है। शोध किया गया, स्कूल, कॉलेज खुले। रिश्ते या संबंध के लिए कोई स्कूल नहीं है। आप इंजीनियर, डॉक्टर बनना चाहते हैं तो उसके लिए स्कूल है? लेकिन आप एक बहुत अच्छा पिता, पति या पुत्र बनना चाहते हैं तो उसके लिए कोई स्कूल नहीं है। इसके लिए पहले हमारे समाज में एक स्कूल हुआ करता था, जिसको घर कहते हैं। घर टूट गया। औद्योगिक सभ्यता और शहर के विकास के साथ संयुक्त परिवार टूट गया। औद्योगिक सभ्यता ने इसे अपने प्रयोजन से तोड़ा और लोगों ने इसे अपना प्रयोजन समझ लिया। उन्होंने इसे व्यक्तिगत विकास के लिए जरूरी समझा। तपन बाबू ने बँगला में इस विषय पर एक फिल्म 'आपनि जन' बनाई थी। अब आप देखिए, बंबई में पति-पत्नी काम करते हैं। उन्हें एक बच्चा होता है। इस बच्चे कमी देखभाल के लिए उन्हें एक माँ नुमा नौकरानी चाहिए। माँ नुमा नौकरानी बंबई में नहीं मिलती, फिर आपको अपने रिश्तेदार याद आते हैं। हालाँकि उनके प्रति आप कभी चिंतित नहीं रहे। अपनी जरूरत से आप उन्हें बुलाते हैं। पति-पत्नी दोनों काम करते हैं। आठ घंटा काम, दो से तीन घंटे आना-जाना, डेढ़-दो घंटे की तैयारी। इसके बाद सात-आठ घंटे का सोना। अब आप सोचिए कि आपको कितना समय मिला। अब जरूरी नहीं है कि दोनों एक ही दफ्तर में काम करते हों, तो इस तरह उनके अपने संबंध के लिए कितना समय मिला? आप दोनों अपना सबसे अच्छा समय दूसरों के साथ बिता रहे हैं। घर लौटने पर एक अभ्यास का बिस्तर है आपका, उस

पर आप सो जाते हैं। उस समय भी आप थके होते हैं। अपने काम की चिंता रहती है। किंतु आप एक रूढ़ि के तहत साथ होते हैं। इन हालात में जिंदगी कैसी होगी। इस बारे में कोई नहीं सोच रहा है। आपका कोई निश्चित योगदान नहीं है, आप आदतन जिए जा रहे हैं। परिस्थिति आपको जिधर ले जाती है। आपको लगता है कि आप स्वयं सोच कर जा रहे हैं। यहाँ कोई भी चीज पसंद या इच्छा की नहीं रह गई है। किसी ने हमारे लिए कोई चीज तैयार की है और हम पसंद करने लगते हैं। उपभोक्ता संस्कृति सब कुछ निगल रही है यहाँ तक कि फिल्म बनाने के हमारे विचार को भी, हम क्या करना चाहते हैं। यह भी वही तय करता है।

मैं महसूस करता हूँ कि रिश्ता अत्यंत महत्त्वपूर्ण है। आज हम सबको शांति और सद्भावना चाहिए। आज सद्भावना यात्रा करनी पड़ती है। घर में, जिंदगी में सद्भावना नहीं है तो देश में सद्भावना कहाँ से आएगी? घर के सारे सदस्य एक साथ नहीं रहते और आप चाहते हैं कि हिंदू-मुस्लिम एक साथ रहें।

आधुनिक सभ्यता के विकास के साथ रिश्तों का विघटन हर देश में हुआ है। किंतु हमारे देश की सामाजिक स्थिति अधिक गंभीर है, क्यों?

उसका कारण है। हम रिश्ते-नातों को बगैर समझे जीते रहे हैं। उनके समाज में वैयक्तिकरण की प्रक्रिया पुरानी है। इसलिए वे एक सीमा तक समझाते हैं। इब्सन का नाटक 'डॉल्स हाउस' सौ वर्ष पूर्व वहाँ के समाज के बारे में लिखा गया और उस नाटक की स्थितियाँ आज हमारे यहाँ प्रासंगिक हैं। हमारा समाज कृषि पर आधारित समाज है और यह अभी भी समाप्त नहीं हुआ है। शहर के बुद्धिजीवियों की याद में अभी भी गाँव बसा हुआ है, एक नॉस्टैलजिक भावना है। पश्चिम ने अपने स्वाभाविक विकास के साथ जीना सीखा। रिश्ते के विघटन के अनुकूल उन्होंने एक समझदारी अर्जित की। हमारे यहाँ यह नहीं हो पाया। वहाँ पुरुष और स्त्री की परस्पर उम्मीद यहाँ से भिन्न है। दरअसल हम दोनों नावों में सवार हैं। हम परंपरा और आधुनिकता को साथ लेकर ठीक से नहीं चल पा रहे हैं।

अगली योजना क्या है?

अपने कैशोर्य काल में मैंने एक कहानी लिखी थी 'जोलेर स्वाद' यानी 'पानी का स्वाद।' इस आधुनिक समाज में जवानी एक प्यास की तरह आती है। यह पयास कैसे बुझे। हमें सिखाया जाता है कि ये करो, ये न करो, ये पढ़ो, ये न पढ़ो। इधर जाओ, इधर न जाओ। लेकिन आपके पास जवानी आएगी तो आप क्या करेंगे? यह नहीं सिखाया जाता। जवानी एक वर्जित विषय है। इसके बारे में नहीं बताया जाता। जवानी की प्यास एक ग्लास पानी से मिटती है। कोल्ड, हाट, साफ्ट, हार्ड आदि चीजें पीने से प्यास नहीं बुझती और आदत भी पड़ जाती है। मैंने इसी प्रतीक का उपयोग किया है। हम लोग एक-दूसरे के लिए कोका कोला, लिमका बन गए

हैं। हम एक-दूसरे के लिए ह्विकी हैं, बीयर हैं, सब कुछ हैं। मगर पानी का गिलास नहीं हैं। आज इस पानी के गिलास की कमी है। सारी चीजें इस तरह बढ़ीं और विकसित हुई हैं कि आदमी जल्दी-से-जल्दी जवान होना चाहता है और जवान होने के बाद बूढ़ा नहीं होना चाहता। आज आदमी पिता बनने को तैयार नहीं, औरत माँ बनने को तैयार नहीं। आप हमेशा वसंत में रहना चाहते हैं। हम प्रकृति के साथ सही तरीके से पेश नहीं आते। कमरे में, कार में, दफ्तर में, हर जगह वसंत का तापमान चाहते हैं। शीत, बारिश, गर्मी का अनुभव नहीं करना चाहते। यह आधुनिक सभ्यता की इच्छा और कोशिश है। इससे संबंध और व्यवहार में आए परिवर्तन के बारे में कौन सोचेगा? यही मेरी आगामी फिल्म का विषय है।

धारावाहिक?

अन्वेषण, अन्वेषण के बाद संजना कपूर के साथ एक सीरियल बना रहा था। एक अमेरिकी महिला थी। वह इस फिल्म में माँ का काम कर रही थी। मगर समय में गड़बड़ हो गई। वह चली गई। दो-तीन एपीसोड ही बने थे। अब पता नहीं कर पाऊँगा या नहीं? मुझे फिर से सारा काम करना होगा, देखेंगे।

नया कोई सीरियल?

नहीं, नहीं, मैं कुछ चीजें पसंद नहीं करता। सौ साल में जितना लिखा गया, उससे कहीं ज्यादा पिछले वर्ष लिखा गया। सीरियल के कारण ऐसा हुआ। और फिर भ्रष्टाचार, हालाँकि मुझे ऐसा कोई अनुभव नहीं है। मुझे कभी किसी को घूस नहीं देनी पड़ी। लेकिन मैंने सुना है कि आजकल रेट बना हुआ है। टेली फिल्म, सीरियल, एपीसोड के अनुसार यह रेट हैं। भगवान जाने क्या सच है? मैं उन कुछ लोगों में से हूँ, जिन्होंने पिछली वर्ष कुछ नहीं जमा किया। मैं किसी 'क्यू' में खड़ा नहीं हूँ और न होना चाहता हूँ। क्या मैं क्लर्कों के पास जाकर अपना रजिस्ट्रेशन करवाऊँ। यदि मैं सीरियल नहीं बनाता तो इससे किसी को कोई नुकसान नहीं होता और मेरा तो बिल्कुल नहीं होता।

किंतु यह आप दर्शकों के साथ गैर जिम्मेदारी निभा रहे हैं?

मैंने अपनी जिंदगी में कभी किसी चीज के लिए आवेदन नहीं दिया। अब जैसे फिल्म के लिए कहानी सुनाने का रिवाज है। मुझसे भी लोगों ने कहा। मेरी पहले शर्त यह होती थी कि पहले तय करें कि हम साथ काम करेंगे। मेरी कहानी आप अनुमोदित नहीं करेंगे। मैं बिकाऊ समझकर किसी को नहीं लेता। मेरा नाम जुड़ते ही बिकाऊ व्यक्ति भी बिकाऊ नहीं रह जाता। मेरी एक समझदारी है मैं उसी के तहत फिल्म बनाता हूँ। लोगों की सफलता से मेरी असफलता बड़ी है। मैं इस मामले में बहुत साफ हूँ। मैं एक किसान की तरह हूँ। मैं किराना की दूकान नहीं चलाता, सीरियल किराने की दूकान की तरह है। किसान की सफलता की अनिश्चितता

मुझे प्रिय है। पकी फसल तो आखिरी समय में भी बर्बाद हो सकती हैं। सीरियल में जो नौकरशाही है, वह खतरनाक है मैं उसका हिस्सा नहीं बनना चाहता

राज कपूर से सुरेश ओबेराय तक ने आपकी फिल्मों में काम किया। इनमें किससे आप अधिक संतुष्ट हैं?

मैं इस मामले में बहुत भाग्यशाली हूँ। राज कपूर, राजेश खन्ना, सुरेश ओबेराय, संजीव कुमार, अकबर खान, वहीदा रहमान, शर्मिला टैगोर, तनूजा इन सबमें से किसी से मुझे कोई परेशानी नहीं हुई। सौभाग्य से इन सभी अभिनेता-अभिनेत्रियों ने मेरे साथ व्यावसायिक तौर पर काम नहीं किया, उन्होंने कलात्मक प्रेरणा से काम किया। मुझे पौधों से प्रेम है। यहाँ इतने सारे पौधे हैं। मैं सभी को पसंद करता हूँ। क्योंकि सबकी अपनी विशेषता है।

किंतु प्यार की मात्रा में अंतर होता है?

नहीं, ऐसा कोई अंतर नहीं होता। अलग-अलग व्यक्तियों के प्रति पृथक प्रेम होता है। यह कम या अधिक नहीं होता। यह भिन्न होता है, पुत्र, पत्नी, मित्र, पुत्रवधू सभी के प्रति प्रेम और चिंता भिन्न होती है। हाँ प्रेम और अधिकार के पीछे आर्थिक पृष्ठभूमि होती है :

अभी की हिंदी फिल्मों में प्रेम की प्रधानता बढ़ी है। आप क्या सोचते हैं?

दुनिया सिर्फ गोल ही नहीं है। घूमती भी है। इसलिए हर बिंदु फिर से वापस आता है। हर चीज एक पराकाष्ठा पर पहुँच कर समाप्त हो जाता है। फिर दूसरी चीज आती है और रामय के साथ उसका भी यही हश्र होता है। एक खास किस्म का रोमांस, हिंसा, सैक्स सदियों से जीवित है। नाटक, साहित्य, संगीत में यह प्रक्रिया चलती रहती है। यह आज है, कल खत्म हो जाएगा।

भारतीय फिल्म का एक अंतर्राष्ट्रीय दर्शक वर्ग है, मगर हिंदी फिल्मों में अंतर्राष्ट्रीय मुद्दों और समस्याओं को कम महत्त्व दिया गया है। क्या हम विषय वस्तु को विस्तृत कर अधिक दर्शकों को आकर्षित नहीं कर सकते? खासकर गंभीर दर्शकों को।

हमारे अधिकांश फिल्म निर्माता और निर्देशक मनोरंजन के कूप के मंडूक हैं। फिल्म उद्योग के आरंभ के समय कुछ समझदार व्यक्ति थे। दूसरे विश्व युद्ध के बाद अपना मनोरंजन करने के लिए लोग फिल्म बनाने आए। आज फिल्म उद्योग में बड़ी मात्रा में काला धन लगा हुआ है। काले धन के साथ आने वाले काले दिमाग के साथ आते हैं। पैसा देने वाला सिर्फ पैसा नहीं देता अपनी पसंद-नापसंद भी बताता है।

और फिर अंतर्राष्ट्रीय मुद्दा क्या है? बूँद और समुद्र दोनों अंतर्राष्ट्रीय है। 'पथेर पाचाली' का विषय इतना स्थानीय है कि वह अंतर्राष्ट्रीय है। 'राशोमन' के साथ

भी यही बात है। युद्ध के प्रभाव पर हमारे यहाँ फिल्में नहीं बनीं। हमारे यहाँ फिल्म बन सकती थीं। स्वतंत्रता आंदोलन पर फिल्में बनीं, पर उनकी संख्या और क्वालिटी दुर्लभ है। देश के बँटवारे पर दो-तीन फिल्म बनीं, भारतीय सोच में कठोर वस्तुनिष्ठता नहीं आ पाती। समाहित और समायोजन की प्रवृत्ति भारतीय दर्शन में प्रधान रही। दूसरे विश्वयुद्ध का सीधा प्रभाव भारत पर नहीं पड़ा। वह हमारे अनुभव में नहीं आता। हमारे यहाँ एक समस्या और है कि हम गंभीर विषयों में भी मनोरंजन का तत्त्व रखना चाहते हैं। यह भारतीय थाली की तरह है। इसमें करेला, रसमलाई, दही, पापड़, घी सब कुछ चाहिए। यह नवरस से आया है। हम हर प्रस्तुति में नवरस चाहते हैं। एक रस को लेकर चलने का अनुशासन नहीं है।

अंग्रेजी या फ्रेंच फिल्मों को जो अंतर्राष्ट्रीयता प्राप्त है, वह हिंदी फिल्मों को नहीं मिल सकती क्या।

इसका एक व्यावहारिक पक्ष है। इन दोनों के पास अनेक उपनिवेश थे। आधी दुनिया ब्रिटिश साम्राज्य में थी इसलिए आधी दुनिया ने अंग्रेजी सभ्यता का आदर करना सीखा। इसलिए उनकी फिल्में आसानी से अंतर्राष्ट्रीय हो जाती हैं। उपनिवेशवादी रवैया भी काम करता रहा है। मेरी नजर में मूक फिल्में ही अंतर्राष्ट्रीय थीं, भाषा आने से सवाक फिल्मों में उसका वर्गीकरण हुआ। फिर जो भाषा दुनिया में अधिक जानी और समझी जाती थी, उसे वरीयता मिली। चीनी, जर्मन, हिंदी फिल्म का अंतर्राष्ट्रीय स्वरूप नहीं है। हाँ फिल्मोत्सव में उन्हें सराहा जरूर जाता है। सेक्स और हिंसा की फिल्में भी आसानी से लोकप्रिय हो जाती हैं, किंतु यह लोकप्रियता योगदान नहीं कर पाती।

भारतीय फिल्मों की अंतर्राष्ट्रीयता में एक समस्या भारतीय मानसिकता को सही संदर्भ में समझने की है, अंतर्राष्ट्रीय दर्शक इससे अच्छी परिचित नहीं हैं?

यह सही है, बीबीसी के एक इंटरव्यू में प्रश्नकर्ता ने मुझसे कहा कि मैं भारतीय फिल्में पसंद नहीं करता। पेड़ों के पीछे दौड़ना आदि अच्छा नहीं लगता। मैंने पूछा कि आप समझ कर नापसंद करते हैं, या यों ही कहते हैं। मैं स्वयं नब्बे प्रतिशत अंग्रेजी फिल्में पसंद नहीं करता। मैं आपकी सभ्यता, भाषा और दृष्टि समझने के बाद नापसंद करता हूँ। आप कुछ न जानते हुए नापसंद करते हैं। आपने कभी यह समझने की कोशिश नहीं की कि हम क्यों ऐसा करते हैं। एक जमाने में गुरुदत्त को गंभीर निर्देशक नहीं माना जाता था। आज उनकी फिल्में विश्व में दिखाई जा रही हैं। उन्हें क्लासिक निर्देशक माना जा रहा है। तो फिल्म तो वही है, आपकी दृष्टि बदली है। आज भी फिल्मोत्सवों में वे खास प्रकार की भारतीय फिल्में देखना चाहते हैं, वे अपने बोध और ज्ञान के स्तर पर ही फिल्में स्वीकार करते हैं। वे आज का यथार्थ नहीं देखना चाहते हैं। हमें राजनीतिक, सांस्कृतिक, आर्थिक और बौद्धिक

दृष्टि से परवश रखा गया है। हमें इससे निकलना चाहिए। हमारी शिक्षा व्यवस्था दोषी है। हम सहायक पैदा करते हैं। उनके लिए विश्व की समझ ही अलग है, दरअसल वे यूरोप को भी विश्व समझते हैं। वे भारत, चीन, इंडोनेशिया के बारे में कुछ नहीं जानते। फ्रांस, अमेरिका, ब्रिटेन के सर्वोत्तम को हम जानते हैं और स्वीकार कर लेते हैं। वे नहीं जानते, इसलिए स्वीकार भी नहीं करते। भारत में हुआ दंगा उनके लिए अंतर्राष्ट्रीय महत्त्व का समाचार है। किंतु कोई उपलब्धि उनकी नजर में समाचार ही नहीं है।

भारतीय फिल्म परिदृश्य के बारे में आपकी राय?

पिछले कुछ दशकों में काफी अच्छा काम हुआ है। बहुत सारे लोग काम कर रहे हैं। राजनीतिक, आर्थिक और व्यावसायिक बाधाओं के बावजूद हमारे फिल्मकार काम कर रहे हैं। मेरे खयाल में यूरोप में कहीं ऐसा काम नहीं हुआ है। एक कारवी फिल्म मुझे अच्छी लगी। कारवी असम की एक बोली है। बरूआ, अदूर, श्याम सभी अच्छा काम कर रहे हैं हम तो पुराने हो गए। इधर के फिल्मकारों में सुधीर मिश्र उल्लेखनीय हैं। फिल्म तकनीक में काफी विकास हुआ है। वीडियो और टी.वी का अतिक्रमण स्थायी नहीं है, यह समाप्त हो जाएगा। इससे सहायता भी मिलेगी।

जनसत्ता (सबरंग) : 7 जुलाई, 1991

तीस लाख में अच्छी फिल्म कैसे बनेगी? : शबाना आजमी

बेहद आत्मीय और रहस्यपूर्ण व्यक्तित्व है शबाना आजमी का। निस्संदेह वह देश की सर्वश्रेष्ठ अभिनेत्री हैं। कई बार उनसे मिलते हुए संदेह होता है कि कहीं वह किसी किरदार को तो नहीं निभा रही हैं। एक साधारण दर्शक के लिए अभिनय और जिंदगी के फर्क को समझ पाना आसान नहीं है। यों भी शबाना आजमी के व्यक्तित्व के कई पहलू हैं। वह अभिनेत्री हैं, वह राष्ट्रपति द्वारा मनोनीत राज्यसभा की सदस्य हैं। वह मशहूर शायर जावेद अख्तर की पत्नी हैं, वह झुग्गी-झोंपड़ी वालों के हक में लड़ती एक्टिविस्ट हैं और इन सबके साथ वह शायर कैफी आजमी और अभिनेत्री शौकत आजमी की बेटी हैं। उनके व्यक्तित्व की जड़ें उनकी परवरिश में जिंदा हैं। माँ शौकत आजमी पृथ्वी थिएटर के नाटकों में काम करती थीं और बेटी शबाना आजमी नींद आने पर नेपथ्य में सो जाती थीं। पिता कैफी आजमी मुशायरों में बेटी शबाना आजमी को ले जाते थे। वहाँ तालियों और इरशाद व मुकर्रर के बीच वह गाव तकिए के सहारे झपकियाँ भी ले लेती थीं। जगने और जागने के माहौल में अभिनय, शायरी, बहस और आंदोलन की गतिविधियाँ थीं। इस माहौल में बराबरी की समझ के साथ शबाना आजमी बड़ी हुईं।

बचपन में पृथ्वीराज कपूर ने शबाना आजमी के लिए खास कपड़े सिलवाए थे और कभी-कभार समूह दृश्यों में उन्हें मंच पर खड़े होने का मौका भी मिलता था। तीन साल की उम्र में पहली बार नर्सरी कविता सुनाने मंच पर उतरीं। उम्र बढ़ने के साथ नाटकों में रुचि बढ़ती गई। कॉलेज के नाटकों में हिस्सा लिया और फिर पुणे फिल्म इंस्टीट्यूट में प्रशिक्षण के लिए दाखिला लिया। वहाँ से वह 30 अप्रैल को निकलीं और 1 मई से 'परिणय' की शूटिंग कर रही थीं। असल पहचान मिली श्याम बेनेगल की 'अंकुर' से। 'अंकुर' ने हिंदी सिनेमा

के दर्शकों को एक सहज, स्वाभाविक और प्रतिभावान अभिनेत्री से मिलवाया। शबाना आजमी ने बार-बार अपनी फिल्मों से अभिनय दक्षता साबित की। पच्चीस साल गुजर गए हैं। इस पच्चीसवें साल में उन्हें फिर से सर्वश्रेष्ठ अभिनेत्री का राष्ट्रीय पुरस्कार मिला है। विनय शुक्ला निर्देशित 'गॉडमदर' में शबाना आजमी अभिनय की ऊँचाइयों को एक बार फिर छूने में कामयाब रहीं। इन दिनों वह श्याम बेनेगल की 'हरी-भरी' में महत्त्वपूर्ण किरदार निभा रही हैं। संयोग की बात है कि इस पच्चीसवें साल में उनके निर्देशक श्याम बेनेगल को भी 'समर' के लिए राष्ट्रीय पुरस्कार मिला। शबाना आजमी के व्यक्तित्व के विभिन्न आयामों को एक साथ छू पाना आसान नहीं है, फिर भी एक कोशिश उनके व्यक्तित्व को समझने का...इस बातचीत में शबाना आजमी निस्संकोच भाव से शामिल रहीं...बातचीत हैदराबाद की 'फिल्म सिटी' में श्याम बेनेगल की 'हरी-भरी' के सेट पर तीन बैठकों में हुई।

अब शबाना आजमी की बातें...बातों से झाँकता उकना व्यक्तित्व...एक बेझिझक साफगोई...

श्याम बेनेगल की फिल्म 'अंकुर' कैसे मिली?

उनका एक सहायक था दीपक...उसने बताया था। पहली मुलाकात में वे बहुत 'वार्म' और थोड़े से 'फ्रॉड' लगे। उन्होंने मुझसे हैदराबादी बोलने के लिए कहा। उसके बाद जहाँ तक मुझे याद है उन्होंने 'अंकुर' और 'निशांत' की कहानी सुनाई। उन्होंने कहा कि मैं ये दोनों फिल्में बना रहा हूँ और तुम दोनों फिल्मों में काम कर रही हो। मैंने घर आकर मम्मी से कहा कि एक 'फ्रॉड' फिल्ममेकर मुझे मिला है...दो मिनट में उसने दो फिल्मों की कहानियाँ सुनाईं और कहा कि तुम दोनों में हो!

बहरहाल, शमा जैदी उस वक्त श्याम बेनेगल के साथ काम नहीं करती थीं। वह हमारी दोस्त थीं। उन्होंने कहा कि श्याम बेनेगल बहुत अच्छे फिल्ममेकर हैं और उनके साथ काम करना चाहिए। फिर मैंने हृषीकेश मुखर्जी से पूछा। उन्होंने बिल्कुल ये ही शब्द कहे थे, 'श्याम बेनेगल बहुत अच्छे टेकनीशियन हैं और करना तुम उसकी फिल्म।' उसके पंद्रह या अठारह दिनों के बाद हम हैदराबाद में शूटिंग कर रहे थे 'अंकुर' की।

श्याम बेनेगल के साथ पहली मुलाकात दिलचस्प थी। अमूमन मैं जींस पहन कर बाहर जाती थी। उस दिन साड़ी पहन रखी थी और बड़ी-सी बिंदी लगाई थी मैंने। तब तक श्याम बेनेगल लक्ष्मी (अंकुर की नायिका) की तलाश से थक चुके थे। शारदा और वहीदा रहमान ने ना कर दिया था। अंजू महेंद्रू के भी बारे में उन्होंने सोचा था। उन्होंने मुझसे तस्वीरें माँगीं मेरे पास अपनी तस्वीर थी, जो कि बहुत

बेहूदा थीं और उस जमाने में मेरा जो आइडिया था स्टार का यानी हैट लगाकर, अजीबोगरीब मुस्कराहट के साथ। उन्होंने उन्हें देखते ही कहा कि रहने दो। हम तुम्हारी तस्वीरें खुद खिंचवाएँगे।

आपकी अभिनय शैली को श्याम बेनेगल ने कितना प्रभावित किया? अगर आपने उनके साथ शुरुआत नहीं की होती तो आपकी अभिनय शैली भिन्न होती क्या?

अगर मैंने श्याम के साथ शुरुआत नहीं की होती तो मुझे लगता है कि मेरा कैरिअर ग्राफ वहाँ पहुँचता ही नहीं, जहाँ आज है। इसके लिए मैं पूरी तरह से उनकी आभारी हूँ। यह भी हो सकता था कि प्रतिभा के बावजूद मौके ही नहीं मिलते तो कैसे पता चलता लोगों को। उन्होंने अलग-अलग तरह की औरतों को निभाने का मुझे मौका दिया। मैं अगर सिर्फ कमर्शियल सिनेमा करती तो इतनी औरतों को नहीं निभा पाती। हिंदी में समांतर सिनेमा की शुरुआत 'अंकुर' से हुई। इसके कारण राष्ट्रीय और अंतर्राष्ट्रीय स्तर पर मुझे बड़ा एक्सपोजर मिला। लगातार दो-तीन फिल्में आईं। उनसे मुझे गंभीर अभिनेत्री की प्रतिष्ठा मिली। यह श्याम बेनेगल और समांतर सिनेमा के कारण हुआ। जिस समय मैं आई, उस समय हेमामालिनी सबसे बड़ी हीरोइन थीं। अगर मैं उनके साथ टक्कर लेती तो वह सफलता की सीढ़ी के आखिरी पायदान पर थीं और मैं नीचे रहती। समांतर सिनेमा के कारण लोगों ने मुझे हेमामालिनी के साथ ही अलग किस्म की अभिनेत्री के तौर पर स्वीकार कर लिया। श्याम बेनेगल मेरे गुरु हैं। उनसे मैंने बहुत कुछ सीखा है। खासकर सिनेमा का सौंदर्यशास्त्र उनसे सीखा है। ऐसा नहीं है कि उनसे बैठकर सीखा है। पच्चीस सालों में काम के दौरान यह सब सीखा मैंने। वे मेरे सबसे बड़े आलोचक और प्रशंसक हैं।

आप और स्मिता पाटिल दोनों ही श्याम बेनेगल की खोज हैं।.क्या कभी प्रतियोगिता या प्रतिद्वंद्विता की भावना भी रही?

प्रतिद्वंद्विता तो अवश्य थी, क्योंकि एक ही तरह की भूमिकाएँ करते थे हम दोनों। एक ही तरह की पारिवारिक पृष्ठभूमि थी हमारी। सचमुच, हम दोनों श्याम बेनेगल की ही खोज थे। इसलिए प्रतिद्वंद्विता तो थी...लेकिन उस प्रतिद्वंद्विता को आज मैं 'मिस' करती हूँ। स्मिता के चले जाने के बाद निश्चित ही मुझे उसकी कमी लगी, क्योंकि प्रतिद्वंद्विता एक स्वस्थ चीज है, उसके कारण आप चौकन्ने रहते हैं और बेहतर से बेहतर काम करते हैं। स्मिता के मामले में मैं ऐसा नहीं कहती कि वह एकदम स्वस्थ प्रतिद्वंद्विता थी। यकीनन स्मिता के लिए जो मैंने टिप्पणियाँ की थीं, वे उचित नहीं थीं। आज उसके बारे में सोचती हूँ तो शर्मिंदगी होती है। बचपना था हमारा। कुछ प्रेस का भी हाथ था, कुछ चीजें उसने कहीं, जिनसे मुझे तकलीफ हुई। कुछ चीजें मैंने कहीं जिनसे उसे तकलीफ हुई। मैं समझती हूँ कि उसका जाना एक बहुत बड़ी क्षति थी। हमें तो इस आंदोलन को आगे बढ़ने में एक साथ आगे

बढ़ना चाहिए था। लेकिन इसमें जो गैर-मामूली बात है कि स्मिता के चले जाने के बाद स्मिता के माता-पिता और बहनों से बहुत गहरा संबंध बन गया है।

आप लोगों को समांतर सिनेमा की वजह से जैसे मौके मिले, वैसे मौके आज की गंभीर अभिनेत्रियों के लिए नहीं हैं?

यह बात जरूर है कि उस तरह की उतनी फिल्में नहीं बन रही हैं, लेकिन नंदिता दास को देखिए...नंदिता दास को बहुत अच्छी फिल्में मिल रही हैं। शायद उस रफ्तार से नहीं मिल रही हैं, जिस रफ्तार से हमें मिली थीं और वे इसलिए मिली थीं कि समांतर सिनेमा 'अंकुर' के साथ ही शुरू हुआ था। उसे कामयाबी मिली थी और कई फिल्ममेकर आए। आज भी फिल्ममेकर हैं, पर वे अंतर्राष्ट्रीय दर्शक के लिए अंग्रेजी में फिल्में बना रहे हैं। उनमें औरतों की भूमिकाएँ ठोस और मजबूत नहीं है। लेकिन मैं मायूस नहीं हूँ। आप तब्बू को देखें, उसे अच्छी भूमिकाएँ मिली ही हैं, लेकिन वह समांतर सिनेमा नहीं है। कमर्शियल सिनेमा में ही उसे अच्छी भूमिकाएँ मिल रही हैं।

आज जिस समांतर सिनेमा की बातें कर रही हैं, वह हिंदी सिनेमा से क्यों खत्म हो गया?

मैं ऐसा नहीं मानती कि वह खत्म हो गया है। उसने एक नया रुख ले लिया है। एक नया मोड़ ले लिया है और उसकी वजह यह है कि हमारे ज्यादातर युवा फिल्मकारों की पृष्ठभूमि मुख्तलिफ है। देव बेनेगल, सुधीर मिश्र, दीपा मेहता, मीरा नायर आदि गाँव से उस तरह से कभी जुड़े नहीं रहे। उनके दृष्टिकोण की भी अहमियत है। वे शहरी हैं, इसलिए शहर की सच्चाई ही दिखा रहे हैं। यह गलत नहीं है। दूसरी बात फिल्मों के फाइनेंस की है। पहले के फिल्मकार ज्यादातर एनएफडीसी पर निर्भर थे। आज एनएफडीसी तीस लाख रुपए देती है। तीस लाख में अंतर्राष्ट्रीय क्वालिटी की फिल्में नहीं बन सकतीं। इस कारण नए फिल्मकारों को बाहर की तरफ देखना पड़ता है। उसकी 'रिकवरी' भी विदेशी बाजारों से होती है। इसलिए वे अंग्रेजी में फिल्म बना रहे हैं। अंग्रेजी में बनाएँगे तो कहानियाँ भी वैसी ही रहेंगी।

आप तो सांसद भी हैं। इस तरह के सिनेमा के लिए सरकार की हिस्सेदारी और जिम्मेदारी क्या हो सकती है और वास्तविक स्थिति क्या है?

देखिए, मैं तो हजारों साल से सरकार को बोलती आई हूँ कि अगर आप अच्छे सिनेमा को सही मायने में एक सेल देना चाहते हैं तो आप थिएटर बनाइए। कम सीटों के थिएटर बनाइए। होता यह है कि एनएफडीसी फिल्में तो बना लेती हैं। लेकिन उसके बाद वह प्रदर्शित ही नहीं हो पातीं। तो फिल्में बनाकर सिर्फ डिब्बे में रखने में कोई फायदा नहीं है। अगर सरकार वितरण-प्रदर्शन की व्यवस्था करे तो नए निर्माता-निर्देशक आएँगे और इस तरह की फिल्में भी बनाएँगे। दरअसल

सरकारी उदासीनता है। आरोप तो फिल्मों के कंधे पर आसानी से मढ़ दिया जाता है कि इसकी वजह से अपराध बढ़ रहा है। इसकी वजह से हिंसा बढ़ रही है। इसकी वजह से नग्नता बढ़ रही है। मेरा कहना है कि अगर इतनी सारी चीजें इसकी वजह से हो रही हैं तो इसे ठीक करने के लिए कदम तो उठाइए। हमें भी मेहनत करनी होगी कि हम उनका (नेताओं का) और सरकार का ध्यान खींच सकें।

मुझे लगता है कि सिनेमा और समाज की सही समझदारी विकसित नहीं हुई। सब कुछ ग्लैमर तक सीमित रहा। फिल्मकारों ने दर्शकों के बीच जाने की कोशिश नहीं की। फिल्में बनीं, देश-विदेश के महोत्सवों में प्रदर्शित और पुरस्कृत भी हुई, पर आम दर्शक उन फिल्मों से वंचित रहा। सिनेमा की समझदारी या चेतना विकसित करने की कोशिश नहीं हुई?

हमारे यहाँ फिल्म सोसायटी का मजबूत आंदोलन नहीं है। जहाँ सोसायटी की गतिविधियाँ हैं। वहाँ थोड़ी समझदारी है। मेरे खयाल में फिल्मकार के ऊपर...खासकर फीचर फिल्म बनाने वालों की जिम्मेदारियाँ डाक्यूमेंट्री फिल्ममेकर से अलग हैं। आनंद पटर्वधन जैसा डाक्यूमेंट्री फिल्ममेकर अपनी फिल्म बनाता है और फिर एक साल की छुट्टी लेकर उन्हें दिखाता है। अगर फीचर फिल्मकार से यही उम्मीद करें तो हम उसके कैरिअर को रोकेंगे। बेहतर होगा कि हम ऐसी पद्धति या प्रणाली विकसित करें, जिससे अच्छी फिल्में बनती हैं, उन लोगों तक यह पहुँच पाती हैं कि नहीं...मुझे पता नहीं।

अपने अनुभव से मैं यह बता सकता हूँ कि तमाम फिल्ममेकर हिंदी वालों से बात करने में रुचि नहीं लेते या हिंदी वाले इन तक पहुँच नहीं पाते। हिंदी मीडिया इन फिल्मों को दर्शकों तक ले जाने का एक जरिया हो सकता है, पर उसे प्राथमिक जानकारी नहीं रहती।

यह तो बहुत ही तकलीफ की बात है। यह बहुत बुरी बात है कि हम जो हैं...एक हद तक अपने इंटरव्यू अंग्रेजी प्रेस को देते हैं। इसकी एक वजह यह है कि इस तरह के फिल्ममेकर अंग्रेजी में सुविधा महसूस करते हैं। कुछ हद तक पहुँच की भी बात है। मैं आपसे बिल्कुल सहमत हूँ कि खास कोशिश करनी चाहिए... इन फिल्मों को हिंदी पट्टी में पहुँचाने की। जिनके लिए ये फिल्में बनी हैं। जिनकी समस्याओं पर ये फिल्में बनी हैं...उन तक पहुँचाने की खास व्यवस्था होनी चाहिए।

क्या कोई फिल्मकार अपनी मातृभाषा से अलग भाषा में सही तरीके से फिल्म बना सकता है। श्याम बेनेगल के अनुभव से बताएँ?

श्याम बेनेगल भले ही उर्दू-हिंदी पढ़ नहीं पाते हों, पर वे इन दोनों भाषाओं को अच्छी तरह समझते हैं। यह सच है कि वे उतना अच्छा नहीं बोल पाते। एक स्तर पर अगर वे ज्यादा बेहतर इन भाषाओं को जानते तो ज्यादा बेहतर होता...

यकीनन। लेकिन श्याम की फिल्में बहुत ज्यादा संवादों पर निर्भर नहीं करतीं...उनमें बिल्कुल लफ्फाजी नहीं होती। हाँ, सत्यजित राय हमेशा मुझे कहते रहे हैं कि मैं हिंदी में फिल्म नहीं बनाऊँगा, क्योंकि मैं वह भाषा नहीं जानता। शायद वे हिंदी के साथ पूरा इंसाफ नहीं कर पाते। लेकिन यह तो एक फिल्ममेकर की चाह और स्वतंत्रता है कि वह किस भाषा में काम करना चाहता है।

अभिनय की ऊँचाइयों पर पहुँचने और सब कुछ हासिल कर लेने के बावजूद वह क्या चीज है, जो आज भी आपको अभिनय के लिए प्रेरित करती है?

एक तो अभिनय मुझे पसंद है, अभिनय वह काम है, जिसमें मुझे सबसे ज्यादा मजा आता है। मैंने अपना काम बहुत कम कर दिया है। एक साल में एक ही फिल्म करती हूँ। एक एक्टिविस्ट, राज्यसभा की एक सांसद और एक अभिनेत्री के तौर पर मेरे काम जुड़े हुए हैं। ये बिल्कुल अलग-अलग धाराएँ नहीं हैं। कुछ मुख्य हैं, जो मेरे लिए महत्त्वपूर्ण हैं। फिल्म एक महत्त्वपूर्ण माध्यम और जरिया है। मैं अभिनय करना बंद नहीं करना चाहती। इसके कारण ही मैं इस जगह पहुँची हूँ कि लोग मेरी बातें संजीदगी से सुनते हैं...चाहे वह संसद में हो या स्लम में हो...लोग मेरी बात इसलिए मानते हैं कि मेरी छवि गंभीर किस्म की है। अभिनय से मुझे मदद मिली है। मैं इसे नहीं छोड़ सकती। अलावा इसके कि मैं अभिनय का आनंद उठाती हूँ।

राज्यसभा का सदस्य होना कितना रास आया?

बहुत अच्छा लगा, क्योंकि मुझे मौका मिला है कि मैं लोगों की आवाज उस जगह तक ले जाऊँ, जहाँ मुद्दों पर बहस होती है और नीतियाँ बनती हैं। वह यकीनन एक महत्त्वपूर्ण जगह है। वहाँ एक्टिविस्ट की आवाज में ले जा सकती हूँ। यह बहुत ही चुनौतीपूर्ण और महत्त्वपूर्ण काम है। मुझे गर्व है कि मैं उसका हिस्सा हूँ।

क्या कभी किसी राजनीतिक पार्टी से संबद्ध रहीं आप?

नहीं, किसी पार्टी से संबद्ध नहीं रही। अब्बा अवश्य ही सीपीआई के सदस्य हैं। मम्मी नहीं हैं। अब्बा की वजह से मेरा झुकाव वामपंथ की तरफ है। लेकिन मैं किसी पार्टी से जुड़ने के लिए तैयार नहीं हूँ। मेरा मानना है कि किसी पार्टी से जुड़ने पर पार्टी की सच्चाई आप की सच्चाई हो जाती है, जो कि पूरी सच्चाई नहीं है। इस वजह से आप पर बंधन लगते हैं। पूरी तरह से सच नहीं बोल पाते आप। उसको मैं हमेशा एक सीमा समझती हूँ। जब भी मुझसे किसी पार्टी ने चुनाव लड़ने के लिए कहा...मैं कतराती रही।

आप जैसी हस्तियाँ किसी मुद्दे या राजनीति से जुड़ती हैं तो उसकी चर्चा अवश्य होती है, पर क्या उन मुद्दों का समाधान भी होता है। हाल में अरुंधति राय ने भी नर्मदा के मामले को उठाया। इस तरह की भागीदारी का क्या नतीजा निकलता है?

अरुंधति राय को मैं देख रही हूँ। मुझे आज से 16-17 साल पहले की बातें याद आ रही हैं। आज उनका जो विरोध हो रहा है, वैसा ही विरोध मेरा भी हुआ था। इसके लिए जरूरी है कि आप चुपचाप अपना काम करते रहें। बाद में लोग स्वीकार कर लेते हैं। इसमें मीडिया भी दोषी है। वह हमारी भागीदारी को हमारे व्यक्तित्व के रूप में देखता है और प्रचारित करता है। वह मूल मुद्दों को भूल जाता है, लेकिन आप में ईमानदारी है तो लोग आपकी बातें सुनते हैं, यकीनन जब किसी समस्या से कोई हस्ती जुड़ती है तो बात बनती है। उस मुद्दे पर लोगों का ध्यान जाता है। मेरा अपना अनुभव ऐसा ही है।

'गॉडमदर' के लिए आपको राष्ट्रीय पुरस्कार से सम्मानित किया गया। इस फिल्म के बारे में बताएँ?

'गॉडमदर' की कामयाबी का सारा सेहरा विनय शुक्ला के सर पर है। वे इसके लेखक और निर्देशक हैं। एक्टर को अच्छी स्क्रिप्ट मिले। अच्छा लिखा हुआ रोल मिले तो वह चुनौती के लिए खड़ा होता है। विनय शुक्ला ने इसे बहुत अच्छा लिखा है। इसकी भाषा बहुत अच्छी है। हिंदी फिल्मों में औरतों का चरित्र बँधा-बँधाया होता है। या तो वह देवी का रूप धारण कर लेती है या फिर बेहद निगेटिव होती है राँभी की तरह का किरदार जिसमें निगेटिव शेड्स भी हों और जब आप उसको पूरी तरह से जज करें तो आपको लगता है कि वह एक हीरो है। हिंदी फिल्मों में औरतों के चित्रण में ऐसा नहीं देखा गया। हिंदी सिनेमा में औरतों के चित्रण की स्पष्ट धारणाएँ रही हैं। तरीके रहे हैं। विनय शुक्ला एकदम स्पष्ट थे कि वे हिंदी सिनेमा के 'मेनस्ट्रीम' फार्मेट में फिल्म बना रहे हैं। कई बार मुझसे कहते थे कि यह 'मंथन' का यथार्थवाद नहीं है, यह 'गंगा जमना' का यथार्थवाद है। वह बहुत मजबूत और प्रभावशाली किरदार है। उसे निभाते हुए मुझे बेहद आनंद आया। राँभी कुछ बेहद जरूरी सवाल करती है, जो आज के लिए आवश्यक है।

इस भूमिका को निभाते समय क्या चुनौतियाँ थीं?

हर नया किरदार एक चुनौती होता है। 'गॉडमदर' करते हुए बेहद आनंद आया कुछ नया करना पड़ा। इस फिल्म में जब उसे नया-नया पावर मिलता है तो वह समझ नहीं पाती कि कैसे व्यवहार करे, वह खड़े होने में, बातें करने में अपने शौहर की नकल करती है। उसके बात-व्यवहार में मर्दानापन झलकता है। इसका कारण यह है कि वह अंदर से उस ताकत को महसूस नहीं कर पा रही है। जब उसे पावर की ताकत का एहसास हो जाता है तो वह 'रीलैक्स' महसूस करती है। इस फिल्म में दो-तीन दृश्य ऐसे हैं, जो मैंने पहले नहीं किए हैं।

'मदर इंडिया' के बाद एक और मजबूत औरत 'गॉडमदर' में दिखती है।

'मदर इंडिया' के बारे में कोई संदेह नहीं हो सकता। वह इतनी नेक, शरीफ

और अच्छी औरत है। 'गॉडमदर' आज की 'मदर इंडिया' है। वह समझौते भी करती है और अपने आपको सुधारती भी है। इसमें 'ग्रे शेड्स' भी हैं। बहुत सारे लोगों ने कहा कि वह 'आइकोनिक स्ट्रैचर' की है। इस तरह की औरत आपने देखी नहीं होगी। हिंदी फिल्मों से तो वह नदारद है।

शबाना आजमी एक औरत के तौर पर कितनी संतुष्ट और सुखी हैं?

मैं अपने आपको बहुत भाग्यशाली मानती हूँ, क्योंकि जिस तरह के माहौल में पली-बढ़ी हूँ, जिस तरह की परवरिश मुझे मिली है, जिस तरह से मेरे भाई की परवरिश हुई है। उसमें कोई अंतर नहीं था। लड़की-लड़का होने को फर्क नहीं था। कैफी साहब ने 45 साल पहले एक नज्म लिखी थी–उठ मेरी जान मेरे साथ ही चलना है तुझे। तब शायर औरत से कहते थे जा तू रसोई सँभाल, मैं जंग लड़कर आता हूँ। उन्होंने अपनी बीवी को रसोई में नहीं भेजा, जंग में साथ ले गए। फिर मेरी शादी ऐसे शख्स के साथ हुई है, जिसे सही मायनों में मैं मानती हूँ कि वे सबसे बड़े फेमिनिस्टि हैं। जहाँ मेरी शादी हुई, जहाँ मैं पली-बढ़ी दोनों में कोई अंतर नहीं रहा। जावेद बहुत गैरमामूली इंसान हैं। उनकी बौद्धिकता, विचारधारा और समझ की मैं बहुत इज्जत करती हूँ। मेरा बचपन बहुत सुखी रहा और अभी मैं सुखी हूँ टचवुड। संतुष्ट हूँ।

जावेद साहब से शादी करने के बाद आप में कुछ बदलाव आया क्या?

हाँ, बदलाव आया। मुझे लगता है कि मुझमें परिपक्वता आई है। पहले मैं कोई चीज गलत है या सही है–इस तरह से सोचती थी। अपनी हर बात सही लगती थी और दूसरों की गलत। अब जावेद के प्रभाव से मैं दूसरों की बातें सुनने लगी हूँ। मुझे लगता है कि मुझमें बड़ा बदलाव यह आया है कि अब मैं समस्याएँ ही नहीं देखती, उनके समाधान के बारे में भी सोचती हूँ। जावेद ने यह समझ दी है कि बातचीत से हर समस्या का समाधान खोजा जा सकता है।

कभी आप दोनों ने फिल्म बनाने की बात नहीं सोची?

जावेद साहब बार-बार कहते हैं कि मैं फिल्म बनाना चाहता हूँ। लेकिन वे भी बहुत ज्यादा मशरूफ हैं और मैं भी बहुत ज्यादा मशरूफ हूँ। शायद कभी भविष्य में...

मुंबई में शिवसेना आपके खिलाफ जिस तरह की भाषा इस्तेमाल करती है, क्या उससे कभी परेशान नहीं होतीं?

देखिए, अगर बाल ठाकरे ये बात बोलेंगे तो मैं बाल ठाकरे की बात को इतने तिरस्कार भाव से लेती हूँ कि उस पर प्रतिक्रिया व्यक्त करना भी अपनी प्रतिष्ठा से कम मानती हूँ। कौन हैं बाल ठाकरे? कि मुझसे पूछें कि अपनी देशभक्ति साबित करो। आप होते कौन हैं मुझसे यह सवाल पूछने वाले...मेरे पास वक्त नहीं है आपके इस सवाल का जवाब देने का। लेकिन अगर यह सवाल मुझसे कोई ऐसा इंसान करे। जिसकी

मैं इज्जत करती हूँ तो तकलीफ होगी। ऐसे किसी इंसान ने कभी मेरी देशभक्ति पर संदेह नहीं किया। मेरे माता-पिता आजादी की लड़ाई में सबसे आगे थे। उनके सामने विकल्प था कि वे पाकिस्तान जाएँ। वे नहीं गए। उन्होंने यह मुल्क चुना, क्योंकि उन्हें पूरा विश्वास और यकीन था कि यह हमारा मुल्क है, यह हमारा देश है। आप होते कौन हैं उनकी बेटी से पूछने वाले। वह तो पैदा भी नहीं हुई थी विभाजन के दौरान...मेरे माँ-बाप ने लड़ाई लड़ी है। उस जंग में वे शामिल थे, जिससे आजादी मिली। आपको हक कैसे मिलता है कि मुझसे यह सवाल करें या मेरे बच्चों से यह सवाल करें। यह मेरा मुल्क है। इसमें कोई संदेह नहीं है। इस देश के लोग मेरे लोग हैं।

कहा जाता है कि शबाना आजमी अभिनेत्री तो बहुत अच्छी हैं, पर वह एक अक्खड़ औरत हैं। उन तक पहुँचना मुश्किल है।

कभी-कभी मैं सुनती हूँ कि ऐसा क़हा जाता है। मैं यह नहीं क़हूँगी कि मैं अक्खड़ हूँ। बिल्कुल नहीं हूँ, क्योंकि मैं लोगों की बहुत ज्यादा इज्जत करती हूँ। लोगों में मेरी बहुत ज्यादा दिलचस्पी है। लोगों को पसंद करती हूँ। लेकिन बहुत ज्यादा मशरूफ होने की वजह से ऐसा हो जाता है कि कुछ लोग बताते हैं कि मेरा मिल पाना बहुत मुश्किल है। कुछ लोग यह भी कहते हैं कि मैं बहुत आसानी से मिल जाती हूँ। दरअसल यह इस पर निर्भर करता है कि किस हालत में उन्होंने मुझसे संपर्क किया। ऐसा भी होता है कि अगर मैं मदद नहीं कर सकती तो बहुत साफ तरीके से कह देती हूँ कि मैं यह नहीं कर पाऊँगी। अगर मैं अपनी असमर्थता जाहिर करती हूँ तो उन्हें लगता है कि मैं उनकी मदद नहीं करना चाहती। यह भी तो होता है कि जब आप लोगों की मदद करते हैं तो उन्हें लगता है कि हर वक्त पर, हर स्तर पर, हर किस्म की मदद कर सकते हैं, जो कि मुमकिन नहीं है। मेरा मतलब किसी को ठेस पहुँचाना नहीं रहता। जैसा कि मैंने कहा...अपनी ताकत मैं यह समझती हूँ कि आम इंसान से बहुत जल्दी जुड़ती हूँ। आप मुझे झुग्गी-झोंपड़ी में देखें तो लगेगा ही नहीं कि मैं स्टार हूँ या फिल्म अभिनेत्री हूँ। लोगों के बीच जाने के लिए मुझे पुलिस के सहारे की जरूरत नहीं पड़ती। मुझे कहीं आँच नहीं आएगी। वे मानते हैं कि मैं उन्हीं का हिस्सा हूँ। बहुत आदर और प्यार देते हैं। अगर किसी को ठेस पहुँची है तो मैं माफी माँगती हूँ।

अपनी परंपरा में किन अभिनेत्रियों को देखती हैं आप?

अपनी परंपरा...इस तरह की बात में मैं यकीन नहीं करती। इसमें एक किस्म का दिखावा है कि मेरी परंपरा कोई आगे बढ़ा रहा है। मुझे लगता है कि तब्बू में सलाहियत है। नंदिता दास में है, मनीषा कोइराला बहुत अच्छी है। ये तीन हैं।

जनसत्ता (सबरंग) : 5 सितंबर, 1999

दर्शक बदल गए हैं, इसलिए फिल्में बदल रही हैं : अजय देवगन

अजय देवगन से यह बातचीत 'भूत' की रिलीज के कुछ दिनों पहले उनके आवास पर हुई थी। सामान्य तौर से अजय पत्रकारों को अपने घर नहीं बुलाते। मेरी मुलाकात भी उनके ऑफिस में तय थी, मगर अचानक उनकी तबीयत थोड़ी खराब हो गई थी और वह घर लौट गए थे। उन्होंने मुझे घर पर ही बुला लिया था। जुहू की एक बहुमंजिली इमारत में ऊपर-नीचे के फ्लैट में आवास है उनका। वह माता-पिता और पत्नी (अब बच्ची भी) सभी साथ रहते हैं। ऊपर के फ्लैट के साथ टेरेस है। हम वहीं बैठे। कॉफी की चुस्कियों के बीच यह लंबी बातचीत हुई। अजय को खोल पाना आसान नहीं है। निश्चित ही वह किसी गुत्थी या ग्रंथि के शिकार हैं। जिंदगी के कुछ पहलुओं पर तो वह बात ही नहीं करते. ..सवाल तक सुनना पसंद नहीं करते। फिल्म इंडस्ट्री के स्टारपुत्रों की परंपरा में अजय देवगन एक अपवाद हैं। वह किसी स्टार के नहीं, बल्कि स्टंट मास्टर (एक्शन डायरेक्टर) वीरू देवगन के पुत्र हैं। फिल्मी इंडस्ट्री की परिधि पर मौजूद वीरू देवगन जैसे तकनीशियनों पर कम ही प्रकाश पड़ता है। ऐसे तकनीशियन के बेटे का स्टार बन जाना आश्चर्य तो नहीं, मगर असमान्य घटना अवश्य है। अजय देवगन ऐसे ही असामान्य अभिनेता हैं, जाहिर है कि उनसे हुई बातचीत सामान्य श्रेणी की नहीं हो सकती थी। राष्ट्रीय पुरस्कार से सम्मानित होने पर उनसे दो-तीन सवाल पूछे थे। वह भी इस बातचीत में मैंने जोड़ दिया है।

पिछले कुछ सालों में व्यावसायिक और क्रिएटिव दोनों ही लिहाज से आपको भरोसेमंद माना जाने लगा है। ऐसा लग रहा है कि आप अपनी फिल्मों के चुनाव के प्रति काफी संजीदा हैं। क्या यह अचानक हुआ है या एक सचेत कदम था?

सचेत तो मैं शुरू से था। फिल्मों के चुनाव के प्रति मैं संजीदा रहा हूँ। पिछले

एक-डेढ़ साल में ऐसा संयोग रहा कि मुझे अच्छे किरदार मिले, जो कि अलग थे। 'दीवानगी' देखिए या '...भगत सिंह' देखिए या फिर 'कंपनी' देखिए। तीनों एकदम अलग थीं। मैं अपने भरोसेमंद होने का श्रेय दर्शकों को देना चाहूँगा। दर्शकों ने पुराने और घिसे-पिटे विषय की फिल्में स्वीकार करनी बंद कर दीं। लोग कहते हैं कि मार्केट खराब है। इंडस्ट्री की हालत खराब है। मुझे लगता है कि यह पीरियड सबसे अच्छा पीरियड है कि दर्शकों ने बकवास और पुरानी चीजें स्वीकार करनी बंद कर दीं। अस्वीकृत कर दीं। बिल्कुल। अब लोगों ने सोचना शुरू किया है कि क्या क्या करें...नया क्या बनाएँगे? इससे हमें भी राहत मिलती है कि लोग नई फिल्में बनाने की कोशिश कर रहे हैं। पब्लिक भी पंसद करने लगी है। इससे हम सभी को फायदा हो रहा है। मुझे लगता है कि कभी भी मार्केट छह महीने से ज्यादा खराब नहीं रहेगा। हमें नई तैयारी करनी होगी कि दर्शकों को अच्छी और नई चीज ही देनी है। वैसा होगा तो मार्केट ठीक हो जाएगा। दर्शक बदल गए हैं, इसलिए फिल्में बदल रही हैं। अलग किस्म के किरदार और अलग किस्म की फिल्में आ रही हैं। इसका फायदा मुझे और दूसरे कलाकारों को भी हो रहा है।

जो बदलाव आ रहा है, उससे किसी ट्रेंड का संकेत मिलता है क्या? कुछ लोग मानते हैं कि छोटे बजट की फिल्में चल रही हैं...

छोटे बजट की कौन-सी फिल्म चल रही है। दर्शकों की इसमें कोई रुचि नहीं है कि आप पैसे बचा रहे हैं या खर्च कर रहे हैं। उन्हें अच्छी फिल्में देखनी हैं। आज शहरों में मल्टीप्लेक्स के टिकट रेट देखिए। पहले कोई भी फिल्म देख लेते थे। आज पहले से नहीं मालूम हो तो लोग खर्च करने को तैयार नहीं हैं। यह तथ्य है। छोटे या बड़े बजट की बात नहीं है। बात है अच्छे और बुरे सिनेमा की। आप अच्छी फिल्म बनाएँ। आप एक करोड़ में बनाएँ या पचास करोड़ में? यह आपका चुनाव है। हर स्क्रिप्ट का अलग बजट होता है। एक फिल्म की माँग हो सकती है बड़े खर्च की। एक कहानी घर के अंदर की है तो कम खर्च होगा। मुझे लगता है कि फालतू खर्च न हो तो काफी है। बजट कोई मुद्दा नहीं है। मुझे तो लगता है कि चार बड़ी फिल्में चलेंगी तो बड़े बजट की बातें होने लगेंगी।

एक तर्क यह भी दिया जाता है कि बड़ी और भव्य फिल्में हों तो दर्शक सिनेमाघरों में देखने आते हैं, क्योंकि टी.वी., सी.डी. या वी.सी.डी. पर उसका भरपूर आनंद नहीं उठाया जा सकता?

दर्शक हैं। वे सिनेमाघरों में आना चाहते हैं, पर फिल्में भी तो हों। मैं भव्यता की बातें नहीं कर रहा हूँ। पिछले दिनों मैंने कुछ ऐसी फिल्में देखीं, जिनके विषय टी.वी. धारावाहिकों में दिख रहे हैं तो फिर आप बताएँ कि मैं क्यों खर्च करूँ? आपको वही बताना चाहिए जो बड़े पर्दे पर अच्छा लगे और फ्री में घर पर नहीं मिलता।

चाहे वह भव्य तरीके से दिखाएँ या अलग तरीके से दिखाएँ। कुछ अलग तो करना होगा ही।

हिंदी फिल्मों का माहौल पहले शुद्ध भारतीय होता था। अभी की फिल्में सिर्फ भारतीयता का एहसास नहीं देतीं।

भारतीयता की फिल्में बनती हैं तो दर्शक रिजेक्ट कर देते हैं। कहते हैं कि यह तो तीस-चालीस पहले देख चुके हैं। मीडिया भी सपोर्ट नहीं करता। आज की पीढ़ी को आठवें दशक की चीजें नहीं दी जा सकतीं। हम लोग फिल्मों में मुद्दे कैसे लाते हैं? सातवें दशक में बहू या सास खलनायक होती थी या परिवार का कोई सदस्य। आठवें दशक में तस्कर आ गए। नौवें दशक में राजनीतिक खलनायक बने। उसके बाद अंडरवर्ल्ड आया और अब आतंकवादी खलनायक हैं। समकालीन समस्याओं पर ही फिल्में बनेंगी न? आज भी पुराने विषय की फिल्में बनती हैं। फिल्म कोई भी हो, भावनाएँ आपको भारतीय रखनी पड़ेंगी। हम कितना भी बदल जाएँ, लेकिन मूल रूप से भारतीय है। हमारी भारतीयता नहीं बदल सकती। सवाल है कि आप प्रेजेंट कैसे करते है? संस्कृति तो नहीं बदली है, पर आचार-व्यवहार बदला है। कभी आप रोज पिता के पाँव छूते होंगे। आज नहीं छूते। इसका मतलब यह नहीं है कि आप आदर नहीं करते। आज अगर रोज पाँव छूते बेटे को दिखाएँगे तो वह नकली लगेगा। आप ही कहने लगेंगे कि क्यों नाटक कर रहा है। क्या हम प्यार नहीं करते या आदर नहीं देते अपने माँ-बाप को?

आप्रवासी भारतीयों का थोड़ा ज्यादा खयाल नहीं रखा जा रहा है क्या? वह भी बिजनेस के लिहाज से?

जो आदमी बिजनेस का खयाल कर फिल्म बनाता है वह अच्छी फिल्म नहीं बना सकता। वही हो रहा है। फिल्म अच्छी चल रही हैं। आपको वितरक का खयाल आता है। आप गाना डाल देते हैं। स्विट्ज़रलैंड चले जाते हैं। आप खर्च भी करते हैं और फिल्म खराब करते हैं। पूरी होते-होते फिल्म बदल जाती है।

पहली फिल्म के साथ कैरिअर की इस चढ़ाई के बारे में सोचा था क्या?

इतना नहीं सोचा था। हाँ, कान्फिडेंस था। क्या करना है और कैसे करना है...यह तो आप फील्ड में आकर सीखते हैं। आप सुधरते और विकसित होते हैं।

हालाँकि आप भी फिल्म इंडस्ट्री से हैं, मगर स्टारपुत्र नहीं हैं। पहली फिल्म के समय कोई ऐसा एहसास था क्या?

मैंने कभी किसी की परवाह नहीं की। यह सही है कि मुझे समतल जमीन नहीं मिली थी। उस समय भी कुछ लोगों ने मेरा समर्थन किया। मेरे पीछे रहे। मैं किसी को दोषी नहीं मानता। आरोप नहीं लगाता। हर आदमी की अपनी राय हो

सकती है। कुछ लोग मेरे खिलाफ बोल रहे थे। उन्हें हक था, क्योंकि वे अनुभवी व्यक्ति थे। उनके अनुभव में मैं सही नहीं था। विश्वास था मेरे अंदर। मैं उस विश्वास से ही चला।

इतना विश्वास अपने ऊपर रहा?

मैं सिर्फ फिल्मों की बातें नहीं कर रहा हूँ। सामान्य जीवन में भी मैं हमेशा विश्वास से भरा रहा।

बड़ा घिसा-पिटा सा जवाब होता है कि मैं तो बचपन में एक्टर बनना चाहता था या फिर मैंने इंडस्ट्री में ही आँखें खोलीं?

जवाब घिसा-पिटा हो सकता है, मगर यही सच है। सच घिसने से और चमकता है। मैं फिल्म इंडस्ट्री का हिस्सा हूँ। मेरे पिता फिल्म इंडस्ट्री का हिस्सा थे। इंडस्ट्री के प्रांगण में ही हम बड़े हुए। काम कैसे होता है, क्यों होता है, बारीकियों और तकनीकी कुशलताएँ क्या हैं? यह सब मैंने अपने डैड से सीखीं। फिर मैं सहायक निर्देशक भी था।

किसके सहायक रहे और कितनी फिल्में कीं?

काफी फिल्में कीं। मैं शेखर कपूर और दीपक शिवदासानी का सहायक रहा। उसके पहले मैंने वीडियो फिल्में भी कीं। एक्टर बनने के बारे में मैं आश्वस्त नहीं था। मेरा झुकाव निर्देशन की तरफ था। कुल मिलाकर इतनी ही बात है कि इंडस्ट्री के बाहर की बात मैं सोच भी नहीं सकता था। एक तो किसी और फील्ड की जानकारी नहीं थी।

क्या आकर्षण था...क्यों फिल्म इंडस्ट्री से बँधे?

मैं आज भी नहीं बता सकता कि क्या खींचता है मुझे या मैं क्यों आकर्षित हूँ। एक वजह तो यही लगती है कि किसी और चीज की जानकारी ही नहीं थी। इंडस्ट्री के बारे में में ही सोच रहे हैं, सुन रहे हैं, कर रहे हैं तो ऐसा विचार ही नहीं आया कि कुछ और करें? ऐसा कुछ नहीं था कि यह अच्छा है। इसलिए रुकना है। यह नहीं था। यही है और इसके अलावा कुछ है ही नहीं। मैं ठीक-ठाक छात्र था। बहुत तेज नहीं था। बी.कॉम हूँ मैं। इतना ज्यादा शौक नहीं था पढ़ाई का कि ये पढ़ूँ और वो पढ़ूँ। कि आगे इतना पूढ़ूँगा और फिर इस या उस फील्ड में काम करूँगा।

आपके पिता बड़े एक्शन डायरेक्टर थे, फिर भी वह डायरेक्टर या स्टार नहीं थे। कभी ऐसा संदेह हुआ कि पता नहीं मुझे फिल्में मिल पाएँगी या नहीं? संक्षेप में क्या खुद को स्टारपुत्रों के समकक्ष या समतुल्य समझा आपने?

ऐसी बातें कभी दिमाग में नहीं आईं। पापा को बहुत आदर मिलता था। सारे

बड़े स्टार उनके पैर छूते थे। जो आदर उस समय उन्होंने हासिल किया था एक इंसान और एक एक्शन डायरेक्टर के रूप में। उससे कभी ऐसा महसूस नहीं हुआ कि मुझमें और दूसरों में कोई फर्क है।

अपनी कौन-सी फिल्में आप सहेज कर रखना चाहेंगे?

यह मुश्किल सवाल है। कुछ फिल्मों में हमारी तारीफ होती है, मगर यह सच है कि हम उन फिल्मों में उतनी ही मेहनत करते हैं, जिनकी तारीफ नहीं होती। कुछ फिल्में चलती हैं, कुछ नहीं चलती हैं मैं ऐसा नहीं कह सकता कि तारीफ वाली फिल्मों में ज्यादा मेहनत की थी। किरदार पर काम किया था आदि-आदि। हम हर फिल्म में मेहनत करते हैं, इसलिए हर फिल्म से जुड़ाव महसूस करता हूँ।

कौन-से किरदार याद हैं?

काफी याद हैं। किरदारों के नाम शायद न बता पाऊँ। यों भी मेरी एक आदत है कि एक किरादार खत्म हो गया, एक फिल्म खत्म हो गई...मैं उसके बारे में भूल जाता हूँ। मैं आगे बढ़ जाता हूँ। मैंने वो किया था। मैंने ये किया था। इसमें नहीं फँसा रहता। पिछला साल निकल गया। खत्म हो गया। इस साल क्या करना है...मैं इसके बारे में सोच रहा हूँ।

क्या इतना आसान होता है अपने काम से अलग हो जाना?

मैं हो जाता हूँ। कई बार लोग कहते हैं कि यह फिल्म करते हुए मजा आया। आज आखिरी दिन है। मुझे बुरा लग रहा है। सच कहता हूँ मुझे बड़ा अच्छा लगता है कि एक फिल्म खत्म हो गई। चाहे जितना भी मजा आ रहा हो। मैं फिल्म खत्म होने की प्रतीक्षा करता हूँ।

आपने थोड़ी देर पहले कहा था कि आप हर फिल्म में मेहनत करते हैं, पर क्या यह संभव है कि आप हर फिल्म में समान ऊर्जा और लगन से मेहनत करें। यानी अपनी योग्यता और प्रतिभा का शत-प्रतिशत निवेश करें?

क्या होता है कि आप हर फिल्म में शत-प्रतिशत देने की कोशिश करते हैं। कई बार फिल्म के निर्माण के दौरान महसूस करते हैं कि कहीं कुछ गड़बड़ है। जिस डायरेक्टर के साथ मैं काम कर रहा हूँ वह मेरी बात नहीं समझ पा रहा है। मैं उसकी बात नहीं समझ पा रहा हूँ। हम एक-दूसरे से सहमत नहीं हो पा रहे हैं। या कहानी गलत हो गई। कुछ और होना चाहिए था। हालाँकि यह जरूरी नहीं है कि मैं हमेशा सही हूँ। तब थोड़ी विरक्ति हो जाती है। लगता है कि यार मेरे हिसाब से ठीक नहीं लग चल रहा है। ये भी ठीक नहीं लग रहा है, वो भी ठीक नहीं रहा है। फिर एटीट्यूड बन जाता है कि चलो खत्म करो फिल्म। फिर भी मैं कहूँगा कि अपने काम और किरदार पर मेहनत जारी रहती है। कई बार ऐसा हुआ है कि फिल्म साइन

कर ली है। समझो कि छह महीने-साल भर बाद फिल्में शुरू हो रही, तब आपको लगता है कि यह फिल्म गलत हो गई। नहीं करनी चाहिए थी। वह एहसास आता है, लेकिन उस अहसास को आप दबा जाते हैं। आपको लगता है कि कहा है तो करना है। वैसे में चाहे जितनी भी कोशिश कर लो थोड़ी कमी आ ही जाती है।

अपने कैरिअर में कहाँ से बदलाव मानते हैं?

टर्निंग पाइंट जैसा नहीं बता सकता, मगर 'जख्म', 'हम दिल दे चुके सनम' और 'प्यार तो होना ही था' से बड़ी पहचान मिली। इन तीनों फिल्मों के पहले मेरे पास घिसी-पिटी एक्शन फिल्में आ रही थीं। एक्शन में भी नयापन नहीं बच गया था। मुझे एक्शन पसंद है, पर फिल्में ऐसी हो रही थीं कि एक कहानी में छह एक्शन डालो, चार गाने डालो तो फिल्म सुरक्षित हो जाती है। इन तीनों फिल्मों के बाद मुझे बेहतर संभावनाओं के बेहतरीन किरदार मिलने लगे। इनसे चीजें बदलीं।

क्या किरदारों के साथ कलाकार का भी विकास होता है?

निस्संदेह होता है। आपका नजरिया बदलता है। हाँ, अगर कोई सोच ले कि वह सब कुछ जानता है या मैं ही अंतिम सत्य हूँ तो वह विकास नहीं कर सकता। मेरे खयाल में मृत्युपर्यंत आप सीखते रहते हैं। सीखते कहाँ से हैं आप? आप लोगों से सीखते हैं। डायरेक्टर से सीखते हैं। अपने आप से सीखते हैं। अपनी गलतियों से सीखते हैं। या कुछ अच्छा किया तो उससे सीखते हैं। कई बार तारीफ मिली फिल्मों को देखने का दिल करता है। कई बार मैं 'हम दिल दे चुके सनम' देखता हूँ। आज देखता हूँ तो लगता है कि नहीं यार...मैंने बेहतर काम किया होता। कई बार शर्मिंदगी भी होती है कि यार बेहतर काम क्यों नहीं किया? यह विकास तो चलता रहेगा। जिस दिन यह विकास रुक जाए, उस दिन काम बंद कर देना चाहिए। फिर तो काम करना ही नहीं चाहिए।

हिंदी फिल्मों के अभिनेता के लिए क्या आवश्यक है। ऐसी चीजें, जिनके बारे में आप सोचते होंगे और तैयारी करते होंगे?

कुछ तैयारियों तो होती हैं, पर मूल बात है जन्मजात योग्यता। जन्मजात योग्यता है कि नहीं है। फिर केवल उसे माँजने की जरूरत पड़ती है। शर्म निकालनी पड़ती है कैमरे के सामने। अगर जन्मजात योग्यता नहीं है तो जिंदगी भर जितनी भी तैयारियाँ कर लें, नहीं सीख सकते। आप डांस अच्छा कर लेते हैं या एक्शन में माहिर हैं...यह सब तो अतिरिक्त चीजें हैं। यह सब सीखना पड़ता है। किसी एक्शन दृश्य में घुड़सवारी करनी है तो वह आनी चाहिए।

क्या आपको नहीं लगता कि आपको अभिनेताओं की व्यक्तिगत पहचान खो गई है। आज हर अभिनेता दूसरे का विकल्प बन सकता है, जबकि पहले दिलीप कुमार

की फिल्में देव आनंद नहीं कर सकते थे और देव आनंद की फिल्मों में हम राज कपूर की कल्पना नहीं कर सकते। आज किसी डायरेक्टर को अजय देवगन नहीं मिल रहे हैं तो वह शाहरुख खान को ले लेता है। कई बार उसी प्रोजेक्ट के लिए किसी नए स्टार के बारे में भी सोचा जाता है।

पृथक पहचान तो है। कई डायरेक्टर स्टार की छवि और योग्यता के आधार पर फिल्मों की योजना बनाते हैं। अगर कोई अजय को बदले शाहरुख खान या शाहरुख के बदले किसी और के लिए भी तैयार हैं, वे फिल्में नहीं बना रहे हैं। वे प्रोजेक्ट बना रहे हैं देखिए, अगर आपने किसी एक्टर के बारे में सोच रखा है और उसकी तारीखें नहीं मिल रही हैं तो विकल्प में आए एक्टर को किरदार में जँचना चाहिए। या फिर आप स्क्रिप्ट बदलेंगे। ऐसा नहीं हो सकता कि एक ही स्क्रिप्ट में किसी को भी डाल दें। जो लोग ऐसा करते हैं, उनकी फिल्मों का हाल देख लीजिए। अभी कोई मुझे कॉलेज स्टूडेंट का रोल देगा तो मैं खुद ही नहीं करूँगा। लेकिन मुझसे सीनियर लोग कर रहे हैं। अभी सभी मुझसे बड़े हैं। मैं केवल 33 साल का हूँ। बाकी सब 37-38 साल के हैं। मैंने 19 साल की उम्र में अभिनय आरंभ कर दिया था। उनको देखता हूँ तो सोचता हूँ कि क्यों कर रहे हैं ये लोग यार, जबकि मैं नहीं करना चाह रहा हूँ।

कई बार एक्टर अपनी छवि में कैद हो जाता है। फिर आप उससे निकल नहीं पाते हैं?

कई बार इस बारे में सोचता हूँ। सोचता हूँ कि आज से दस साल बाद कहीं मैं भी ऐसा तो नहीं हो जाऊँगा। यह डर रहता है। बहुत सचेत रूप से मैं खुद पर अंकुश रखता हूँ। सावधान रहता हूँ कि यह मुझ पर उचित लगेगा या नहीं? मुझे क्या नहीं करना चाहिए? आप किरदार निभा कर घर आ गए तो आप किरदार या हीरो बनकर घर नहीं आए हैं। जो आप रियल लाइफ में है, वापस उसमें आ जाइए। मैं इसकी पूरी कोशिश करता हूँ। मैंने काफी समझदार लोगों को धीरे-धीरे थोड़ा-सा सनकी होते देखा है। वे अपनी छवि में जीने लगते हैं। खुद को जवान महसूस करते हैं। उन्हें कभी कह दो कि आप दूसरे किस्म के रोल करो तो वे नाराज हो जाते हैं। आज मुझे ऐसा डर नहीं है। मैं 33 का ही हूँ। भविष्य में पता नहीं क्या होगा? मेरी कोशिश रहेगी कि ऐसा न हो। मैं दक्षिण के कुछ स्टारों को जानता हूँ, जो घर पर भी उसी स्टाइल से बैठते और बातें करते हैं, जैसे पर्दे पर करते हैं। डर तो लगता है।

अजय देवगन अभी तक अजय देवगन ही हैं?

मैं अभी तक वैसा ही हूँ। मेरे आसपास के लोगों से...मेरे दोस्तों से...परिवार से पूछें तो पता चलेगा कि मैं दस साल पहले जैसा था, वैसा ही हूँ। आप कभी

नहीं पाएँगे कि मैं इतराया फिर रहा हूँ कि मुझे अवॉर्ड मिल गया या ये हो गया, वो हो गया। मुझे लगता है कि आज अवॉर्ड मिला कल गालियाँ भी मिल सकती हैं। अवॉर्ड वगैरह से तो जिम्मेदारियाँ बढ़ती जाती हैं। कितने लोग हैं, जो आपको अच्छी फिल्में देंगे। अच्छे किरदार गढ़ेंगे?

आपके सहयोगी कलाकार आपकी बेहद तारीफ करते हैं। मगर एक पत्रकार के तौर पर मेरी यह तीसरी अच्छी मुलाकात है। मुझे लगता है कि आप थोड़े बंद-बंद से रहते हैं। या पत्रकारों के सामने खुलना नहीं चाहते?

मुझे थोड़ा टाइम लगता है खुलने में। किसी नए एक्टर के साथ काम कर रहा हूँ तो पहले दस-पंद्रह दिन उन्हें लगेगा कि या तो मैं बहुत अक्खड़ हूँ या फिर बेहद सीधा-सादा हूँ। जब तक मैं खुलता नहीं, तब तक अंतर्मुखी हूँ। कइयों के साथ खुल ही नहीं पाता। मैं धीरे-धीरे खुलता हूँ।

इसका मतलब है कि आप अपनी राय जल्दी-जल्दी नहीं बदलते?

मेरी राय ठोस होती है। मैं अपनी राय जल्दी-जल्दी नहीं बदलता, पर जल्दी बना लेता हूँ। इस लिहाज से मैं गलत हो सकता हूँ। राय बदलने में मैं समय लेता हूँ।

क्या अंतर्मुखी रहना या जल्दी न खुलना तकलीफदेह नहीं होता?

मैंने जान-बूझ कर ऐसा नहीं करता। मैं ऐसा ही हूँ। 'दिस इस हाउ आई एम।' मैं कोशिश भी करूँ तो जल्दी नहीं खुल सकता। मीडिया में काफी ऐसे लोग हैं, जिनसे अच्छी दोस्ती है। ऐसा नहीं है कि मीडिया या पत्रकारों से खास दूरी रखता हूँ। मैं ऐसा हूँ।

यह स्वभाव फिल्मों में आने के बाद बना है?

नहीं, बचपन से मैं ऐसा ही हूँ। फिल्मों में आने के बाद बिल्कुल नहीं बदला हूँ। कुछ लोग कहते हैं कि तुम्हें अब बदलना चाहिए। तुम्हारे अंदर खामियाँ हैं। तुम मीडिया के लोगों से ज्यादा नहीं मिलते। मैं बदल नहीं सकता।

अपने दोस्तों के बारे में बताएँगे?

मेरे छह-सात दोस्त हैं। उनसे नियमित नहीं मिलता, पर मिलने पर यह नहीं लगता कि काफी दिनों के बाद मिल रहा हूँ। मैं उन पर भरोसा करता हूँ। वे मेरे परिवार की तरह हैं। पिछले 20 सालों की दोस्ती है। फिल्म इंडस्ट्री से समीर आर्या हैं। वह कैमरामैन हैं। महिंद्रा-महिंद्रा में एक दोस्त बड़े पोस्ट पर हैं। दो अमेरिका में हैं। वैसे हम लोग छह-सात दोस्त हैं।

आपने बताया कि आपका झुकाव निर्देशन की तरफ था। 'राजू चाचा' के समय वह

अफवाह उड़ी थी कि आप ही निर्देशन कर रहे हैं? क्या वह महज ट्रेनिंग थी?

ट्रेनिंग की जरूरत नहीं है। मुझे पूरा विश्वास है कि मैं जब चाहूँ, तब निर्देशन कर सकता हूँ। 'राजू चाचा' का निर्देशन अनिल देवगन ने ही किया था। यह मेरी होम प्रोडक्शन थी, इसलिए प्रोड्यूसर के नाते मेरी ज्यादा हिस्सेदारी थी। उससे ज्यादा कुछ नहीं।

'राजू चाचा' का अनुभव कैसा रहा? क्या उसे बुरा अनुभव मानते हैं?

बिल्कुल नहीं। उस फिल्म पर मुझे गर्व है। आज भी कोई वह फिल्म देखता है तो कहता है कि फिल्म में 'पैशन' दिखाई पड़ता है। फिल्म में गलतियाँ रही होंगी, तभी नहीं चली। मैं नहीं कहूँगा कि फिल्म दोषरहित थी।

कब उतर रहे हैं डायरेक्शन के मैदान में?

अभी नहीं। हो सकता है बाद में आऊँ। अभी तो मैं इतनी फिल्मों में व्यस्त हूँ। यह व्यस्तता थोड़ी कम हो तो सोचूँ।

अपनी फिल्मों का चुनाव किस आधार पर करते हैं?

रोल, डायरेक्टर, प्रोड्यूसर, कैरेक्टर, स्क्रिप्ट कर चीज आपको देखनी पड़ती है, क्योंकि फिल्ममेकिंग इज ए टीम वर्क। एक अकेला आदमी फिल्म नहीं बना सकता। पूरी टीम कैसी है। हर चीज देखकर जब आप संतुष्ट होते हैं तो फिल्म साइन करते हैं।

आप बहुत व्यस्त हो गए हैं। कैसा लग रहा है?

यहाँ इतना काम है कि हर आदमी व्यस्त हो सकता है। सबका अपना चुनाव है। आज हर आदमी के पास पर्याप्त काम है। मेरी बात छोड़िए। इन दिनों हर अभिनेता रोजाना एक-दो फिल्में छोड़ रहा है। सब काम करना चाहें तो सबको काम मिलेगा। आप देखिए कि गिन कर सात-आठ एक्टर हैं, जो थोड़े-बहुत बिकाऊ हैं और निर्माता कितने हैं? सैकड़ों? सभी को फिल्म बनानी है।

फिर आप कैसे चुनाव करते हैं या मौका देते हैं?

आज अच्छी कहानी ही काफी नहीं है। अच्छा रोल हो और डायरेक्टर अच्छी नहीं हो तो फिल्म करने का फायदा नहीं है। एक अच्छी कहानी को एक खराब डायरेक्टर खराब कर सकता है। डायरेक्टर भी गिन-चुन कर सात-आठ ही हैं, जिनकी अपनी स्टैंडिंग है। जिन पर आप भरोसा कर सकते हैं। आज निर्माता आते हैं और किसी ऐरू-गैरू डायरेक्टर का नाम लेते हैं। तो आप बिना कहानी सुने मना कर देते हैं।

डायरेक्टर और एक्टर की परस्पर समझदारी कितनी आवश्यक है?

अगर परस्पर समझदारी न हो तो अच्छी फिल्म नहीं बन सकती। परमार्मेंस नहीं मिल सकता। अपने सभी निर्देशकों के साथ मेरा संबंध विशेष रहा। रामू, राजजी, अनीस भाई या प्रकाश झा के साथ मेरे संबंधों की आप कल्पना नहीं कर सकते। एक पाइंट के बाद हम एक-दूसरे को समझने लगते हैं। यह समझदारी जरूरी है। अगर उसको रोमांटिक रंग दें तो प्रेमी-प्रेमिका का संबंध कह सकते हैं।

किसी किरदार को निभाते समय अपने विचारों के प्रति कितनी जिद्द करते हैं?

जिद्दी तो हूँ। मेरा अप्रोच यह रहा है कि आप डायरेक्टर हैं और आपकी बात मेरी समझ में नहीं आ रही है और मैं आपको कुछ समझाने की कोशिश कर रहा हूँ तो इसमें इगो (अहं) नहीं है। या तो आप राजी कर लें या मैं राजी कर लूँ। जो जिसको राजी कर लेगा, फिर उसी के हिसाब से चीजें चलेंगी। अगर ऐसा नहीं होगा तो मैं परफॉर्म ही नहीं कर पाऊँगा। अंदर से राजी होने पर ही कुछ कर सकूँगा। यह मुश्किल काम नहीं है। अहं को किनारे कर बातें की जा सकती हैं।

भगत सिंह जैसे किरदार तो आपके अनुभव में नहीं रहे हैं। कहते हैं कि अभिनय अतीत के अनुभवों और निरीक्षणों को जीना है। आप क्या मानते हैं?

भगत सिंह का पूरा श्रेय मैं राजजी को दूँगा, क्योंकि भगत सिंह के बारे में मैं उतना ही जानता था, जितना मैंने कोर्स में पढ़ा। वह बहुत ही कम था। दो पृष्ठ से ज्यादा नहीं पढ़ा था मैंने। क्योंकि उन्हें दबा दिया गया, मुझे नहीं मालूम? जब मैंने फिल्म साइन की तो इतना ज्यादा डिटेल वर्क किया हुआ था कि मुझे कुछ करने की जरूरत नहीं पड़ी। मुझे सिर्फ सुनना था और उनकी चीजें पढ़नी थीं। उनके बारे में सब कुछ विस्तार से जमा किया गया था।

यहाँ तो सहयोग मिल गया। मान लीजिए ऐसा न हो पाए तो?

फिर अपने निरीक्षण और सोच (कल्पना) के आधार पर किरदार गढ़ते हैं। किसी को फॉलो करें या नहीं करें। यह सब आप सोच लेते हैं कि वह कैसा इंसान होगा? कैसे सोचता होगा तो कैसा व्यवहार करता होगा। लेकिन मैंने कभी किसी किरदार पर बहुत ज्यादा होमवर्क नहीं किया। 'दीवानगी' करते समय यह सब रिसर्च नहीं किया कि स्प्लिट पर्सनैलिटी का इंसान कैसा व्यवहार होगा? क्या करेगा? कुछ डॉक्टर दोस्तो से पूछा था। उनकी बातचीत के बाद मैंने किरदार गढ़ लिया। मुझे खुद नहीं मालूम रहता कि क्या करने वाला हूँ, कैसे करने वाला हूँ। दिमाग में एक बात बैठी रहती है। फिल्म शुरू करते समय पहले दो-तीन शॉट लगते हैं। एक नोट सही मिल जाए तो फिर देर नहीं लगती। एक लेवल बना रहता है।

काम करने का पहले का तरीका अच्छा था या आज का?

आज का तरीका अच्छा है। भागीदारी ज्यादा रहती है। फिल्म एक लय में

खत्म होती है। एक समय में एक फिल्म हो तो आप ध्यान लगा पाते हैं। पहले तो भूल जाते थे कि पिछली बार क्या हुआ था। कहानी तक भूल जाते थे।

कितनी बार आपको तैयार स्क्रिप्ट मिली है?

अब मिलने लगी है। पहले नहीं मिलती थी। पहले लोग उस तरीके से काम ही नहीं करते थे। पहले पाँच-छह साल हम लोगों ने एक साथ बारह-बारह फिल्में की हैं। सुबह किसी और की फिल्म, शाम को किसी और की फिल्म...कुछ था ही नहीं। पूरा स्टाइल ही बदल गया है, जो कि बहुत अच्छा है। आज आप बोलेंगे तो कि वैसे काम करो तो काम ही नहीं करेंगे।

एक नया डायरेक्टर आपसे कैसे मिल सकता है?

कोई भी मिल सकता है। मेरा ऑफिस है। मैं नए डायरेक्टरों के लिए खुला हूँ। दो नए निर्देशक के साथ काम कर रहा हूँ। मैं जानता हूँ कि नए के लिए मुश्किल होती है। उन्हें काम मिलना चाहिए। काम नहीं करेंगे तो साबित कैसे करेंगे। हमारी मुश्किल रहती है कि करें न करें? अच्छा होगा, नहीं होगा? वह एक मुश्किल और असुरक्षा रहती है। हाँ, स्क्रिप्ट अलग और विशेष है तो जरूर आसानी हो जाती है। मैं लेखक से कहानी नहीं सुनता। मैं चाहता हूँ कि डायरेक्टर सुनाए। उसका विजन क्या है? वह सामने आए। एक डायरेक्टर कहानी नहीं सुना सकता तो कहानी बना भी नहीं सकता।

अपने निर्देशकों की विशेषताएँ बताएँगे क्या?

सबकी अपनी विशेषताएँ हैं। संतोषी जी अच्छे लेखक और अभिनेता हैं। उससे मदद मिलती है। उसमें नाटक वाली बात है। वह ड्रामा क्रिएट कर सकते हैं। वह कंटेट पर जोर देते हैं। वह कोशिश कर एक अच्छा कैमरामैन ले लेंगे, मगर फिर हस्तक्षेप नहीं करेंगे। वे हमेशा एक्टर पर अधिक ध्यान देते हैं। रामू तकनीकी रूप से भी माहिर हैं। वह भी अच्छे लेखक हैं, मगर उनकी शैली बिल्कुल अलग है। वह हमेशा यही सोचते रहते हैं कि कोई नई चीज कैसे करूँ? उसको नए तरीके से कैसे दिखाऊँ? संतोषी जी खुद एक्ट करते हैं और दिखाते हैं। रामू एक्सप्लेन करते हैं। दोनों की अलग शैलियाँ हैं। भट्ट साहब इतनी अच्छी तरह से बता देते हैं कि आप तैयार हो जाते हैं। 'जख्म' के समय मैं सेट पर गया तो पहले ही दिन उन्होंने बता दिया। उन्होंने अपने एहसास और किरदार की संभावनाओं के बारे में बताया। मैंने उनसे इतना ही कहा कि लीजिए मैं यहाँ खड़ा हूँ। अगर आप कहेंगे तो एक्टिंग करूँगा। आपको मैं समझ गया। शक्ल पर गया तो अच्छा है, न आया तो कुछ नहीं कर सकते। उन्होंने एक बार भी नहीं रोका और न ही टोका। उनका नतीजा सामने है। भट्ट साहब की जगह कोई और डायरेक्टर होता तो असुरक्षित हो जाता कि कुछ तो एक्ट कर। भट्ट साहब बहुत साहसी हैं। 'जख्म' साहसी फिल्म थी। अनीस भाई भी अच्छे लेखक हैं। वह कमर्शियल ड्रामा

अच्छा करते हैं। प्रकाश झा की फिल्मों में लॉजिक मिलता है। आपको ऐसा नहीं लगता कि आप बेवकूफी कर रहे हैं। अलग-अलग शैली के लोगों के साथ काम करना मजेदार होता है। हमारे अंदर विविधता आती हैं वे हमें ढालते हैं।

'जख्म' के बाद कहा जाने लगा कि आप आँखों से बोलते हैं। फिर रामगोपाल वर्मा ने 'कंपनी' में आपको चश्मा क्यों पहना दिया?

रामू और मैं दोनों इस बात पर सहमत थे। सिर्फ बॉडी लैंग्वेज से बात करनी थी। आँखों पर चश्मा इसलिए लगाया कि वह आदमी क्या सोच रहा है, यह दर्शकों को मालूम नहीं होना चाहिए। इंटरवल सीन में मेरा कोई डॉयलॉग नहीं है। मैंने चश्मा लगा रखा है। विवेक मुझे गालियाँ दे रहा है। मैं खामोशी से उँगलियों से खेल रहा हूँ। वह इसलिए काम कर गया कि यह आदमी चश्मे के अंदर कितने गुस्से में है, वह नजर नहीं आ रहा है। वह वर्क किया। रामू ने बहुत अच्छा फैसला लिया था।

क्या आप इस राय से सहमत हैं कि आपकी आँखें अधिक एक्सप्रेसिव हैं और आप अपनी आँखों का भरपूर इस्तेमाल करते हैं?

मैं भरपूर इस्तेमाल करता हूँ आँखों का। मेरा यकीन है कि एक्टिंग शक्लें बनाना या चेहरा बिगाड़ना नहीं है। आप नॉर्मल लाइफ में यह सब कहाँ करते हैं। आँखें तो आपके व्यक्तित्व की किताब होती हैं। उन्हें पढ़ा जा सकता है। आँखें खिड़की हैं, अगर आप आँखों से अभिव्यक्त कर सकते हैं तो बाकी किसी चीज की जरूरत ही नहीं पड़ती। मैं इस पर यकीन करता हूँ।

आपकी आँखों की उदासी की कोई खास वजह है क्या?

मेरी आँखें ही ऐसी हैं। उदासी वाली बात नहीं है।

भट्ट साहब ने इसका उल्लेख किया है कि एक लेख में...

हाँ, भट्ट साहब ने ही कहा था कि उसकी आँखों में एक दर्द है।

क्या आज के माहौल में कोई देवदास हो सकता है?

होने वाले होते ही हैं। (खुली हँसी) काफी ऐसे बेवकूफ हैं। आज की पीढ़ी वैसी नहीं है। आज की पीढ़ी आगे बढ़ जाती है। जीवन में आगे बढ़ना होता है। ऐसी चीजों के लिए कल्पना ठीक नहीं है, जो छूट गईं या नहीं मिलीं। ठहरने की जरूरत नहीं है।

कैरिअर और इमोशनल संतुष्टि के बाद क्या बाकी रह गया है?

मैंने पहली फिल्म के बाद भी नहीं सोचा था कि कुछ पाना चाहता हूँ। 'टेक लाइफ बाइ द डे' (हर दिन को जिओ)। कल की कल देखी जाएगी। कल के तनाव में आज क्यों खराब करें।

आपके फैलते बिजनेस को देखकर नहीं कहा जा सकता कि आप कल के बारे में नहीं सोचते?

कल के बारे में योजनाएँ नहीं बनाता। बिजनेस भी मैं आज की सोच पर करता हूँ। कुछ पसंद आया तो ओके कर दिया। फिर वह काम चलता रहता है। वह आज का ही डिसीजन है। एक बार जो सोच लेता हूँ, वही करता हूँ। कन्फ्यूज नहीं होता।

कभी कन्फ्यूज नहीं रहे?

99.9 प्रतिशत नहीं रहा।

अपने कैरिअर में किनका योगदान मानते हैं। आम तौर पर एक्टर किसी को श्रेय नहीं देता। वह मानता है कि यह सब तो उसे मिलना ही था।

लेकिन पुरस्कार लेते समय तो कई लोगों को धन्यवाद देते हैं एक्टर। मैं अपने डायरेक्टर को श्रेय देता हूँ। उनके योगदान से ही सब संभव होता है। अगर आप मानसिक शांति में न हों तो काम नहीं कर सकते। मानसिक शांति का श्रेय निस्संदेह परिवार को जाता है। घर में सब कुछ ठीक है, तभी मैं कैरिअर और सफलता को सँभाल पा रहा हूँ। मुझे उनका समर्थन मिला हुआ है। मुझे नहीं लगता कि मैं अकेला हूँ। दरअसल यह श्रेय उन सभी लोगों को जाता है, जो आपके आसपास हैं...रहते हैं। वे आपको ताकत और ऊर्जा देते हैं।

एक्टिंग के अलावा समाज में आपका क्या योगदान है?

जो भी मैं करता हूँ, उसके बारे में कभी बोला नहीं। मैं जितना योगदान कर सकता हूँ, करता हूँ। उसके बारे में बताता नहीं। यह प्रचार के लिए नहीं है। अपने दिल की खुशी के लिए है। मैं अपने हिस्से का योगदान करता हूँ।

एक्टर अजय देवगन को देश की कौन-सी समस्या खलती है?

ईमानदारी की बात करूँ। हमारा देश उस स्थिति में पहुँच गया है कि अब मरम्मत मुश्किल है। सही कह रहा हूँ। कहने के लिए हजार बातें हो सकती हैं। आजकल देशभक्ति की बातें होती हैं। आप बताएँ कि देशभक्ति कहाँ बची है? आज ऐसा भ्रष्टाचार है कि मुझे नहीं लगता कि यह सिस्टम साफ हो सकता है। इसमें मेरी, आपकी, हम सभी की गलती है कि हमने इस भ्रष्टाचार को सिस्टम का हिस्सा मान लिया है। अगर कहीं फँस गए तो पैसे देकर निकल जाओ। मौका और अधिकार मिले तो भी आप कुछ नहीं कर सकते। धीरे-धीरे बदलाव लाने की हिम्मत रखने वाले भी सिस्टम का हिस्सा बन जाते हैं। अपने यहाँ हर स्तर पर भ्रष्टाचार है। हमें भ्रष्टाचार के खिलाफ गुस्सा नहीं आता। इस एटीट्यूड को कैसे बदलेंगे।

क्या किसी और सामाजिक जीवन में जाना चाहेंगे?

हम तो एक एक्टर के तौर पर ही योगदान कर सकते हैं। अगर आपको लगता है कि आप कुछ बदल सकते हैं तो खुद को बदलिए, घर को बदलिए। अपने आसपास के दो-चार को बदल लीजिए। एक इंसान के लिए एक जिंदगी में इतना ही काफी होगा। मुझे नहीं लगता कि एक्टिंग छोड़कर मैं कुछ और करूँगा। यही सच है। मैं एक्टर हूँ। बोलने के लिए अच्छी बातें कर सकता हूँ। पाठकों के लिए मैं अच्छी-अच्छी बातें नहीं कर सकता। मैं उन्हें भ्रम में नहीं रख सकता। मैं ईमानदारी से कहना चाहता हैं कि मेरे इस इंटरव्यू को पढ़ रहा आदमी खुद सोचे कि वह कितना बदलना चाह रहा है खुद को। खुद को बदलो। मेरी तरह हर आदमी खुद को बदले तो इस इंटरव्यू के बाद कई लोगों में बदलने की भावना आ सकती है।

अपनी अभिनेत्रियों के साथ कैसा अनुभव रहा?

मैं उनके बारे में अधिक बातें नहीं करता। शुरू-शुरू में दो-चार झगड़े हुए हैं। वह तो बस...।

आदर्श तो रहे होंगे?

आदर्श की बात करें तो मैंने कभी नहीं सोचा कि इसकी तरह बनना है या उसकी तरह बनना है। इस तथ्य को आप नहीं भूल सकते कि हमारी पीढ़ी के अधिकांश अमिताभ बच्चन को देखते हुए बड़े हुए। आज मैं 'मुगले आजम' देख रहा था। दिलीप साहब को देखकर लगता हैं हमारे दिमाग में अमिताभ बच्चन हैं। वे हमारे सिस्टम का हिस्सा हैं। हमारी पीढ़ी के हर अभिनेता के लिए यह बात होगी। एक्टिंग में या नार्मल लाइफ में भी हम उनकी तरह प्रतिक्रिया कर बैठते हैं। हम सोच-समझकर ऐसा नहीं करते उनकी छाप है।

उनके अलावा?

उनके अलावा कई महान अभिनेता हैं, मगर कोई आदर्श नहीं है। आदर्श बताने के लिए एक्टिंग के पीछे भी जाना पड़ेगा।

समकालीनों में कौन अच्छे लगते हैं?

गोविंदा श्रेष्ठ हैं। नए में अक्षय खन्ना अच्छे लगते हैं।

किसी से प्रतिस्पर्धा महसूस करते हैं?

नहीं, मुझे लगता है कि जो मैं कर सकता हूँ, वह सामने वाला नहीं कर सकता। जो सामने वाला कर सकता है, वह मैं नहीं कर सकता। मेरी प्रतिस्पर्धा खुद से है। आप खुद से बेहतर होते हैं। यह बात हमेशा रहती है।

यह जाँच और सुधार कौन करता है?

मैंने एक ही काम किया है कि चमचे नहीं पाले। मैं झूठी तारीफ नहीं बर्दाश्त

कर सकता। मेरे परिवार के लोग और काजोल एक सेकेंड में पकड़ लेते हैं कि तुम्हारी रुचि नहीं है।

क्या यह सच है कि कामयाब आदमी अकेला हो जाता है?

मैं ऐसा नहीं सोचता। यह आपका निर्णय होता है। कामयाबी की वजह से कोई अकेला नहीं होता। मैं भाग्यशाली हूँ कि मेरे आसपास ऐसे लोग हैं। मुझे यह असुरक्षा नहीं होती कि यह आदमी मुझसे इसलिए दोस्ती कर रहा है कि मैं आज अजय देवगन हूँ। लोग डरने लगते हैं कि हर आदमी उससे फायदा उठाना चाहता है। यह समस्या मेरे साथ नहीं है।

अभी के एक्टर अपने काम और जीवन में पहले की पीढ़ी से अलग हैं?

सही है। मैंने बताया न कि दक्षिण के एक स्टार हैं। उनका परिवार उन्हें छोड़ गया है। डायनिंग टेबल पर अकेले खाना खाते हैं, मगर स्टाइल नहीं छोड़ते। यह तो उनकी अपनी गलतियाँ हैं।

एक्टिंग की प्रक्रिया में कहाँ सबसे ज्यादा मजा आता है?

एक फिल्म के लिए लगभग सौ दिन काम करने हैं। अगर मजा न आए तो काम नहीं कर सकेंगे। सुबह नौ से रात को नौ बजे तक काम कर रहा हूँ तो ऐसी ट्यूनिंग हो जानी चाहिए कि दिल लगा रहे। मुझे फिल्ममेकिंग की प्रक्रिया में हर चरण में मजा आता है।

पुनश्च

फिर से राष्ट्रीय पुरस्कार पाकर कैसा लगा?

मुझे इस बात की खुशी है कि यह पुरस्कार 'दि लीजेंड ऑफ भगत सिंह' के लिए मिला। इस फिल्म में हम लोगों ने काफी मेहनत की थी। पुरस्कार मिलने का मतलब है कि हमारी मेहनत को पहचान मिली। हमारी मेहनत सफल रही।

भूत' की सफलता के संबंध में क्या कहेंगे?

मैंने कहा था और आज भी मानता हूँ कि बदले हुए दर्शकों के कारण फिल्में बदल रही हैं। दर्शक बदली हुई फिल्में देखना पसंद करते हैं। 'भूत' इसी कारण पसंद आई। यह सिर्फ महानगरों में ही नहीं, छोटे शहरों में भी चल रही है।

'गंगाजल' कैसी फिल्म है?

यह प्रकाश झा की फिल्म है।